Madame
Blavatsky

Gary Lachman

Madame Blavatsky

A Mãe da Espiritualidade Moderna

UMA BIOGRAFIA

Tradução:
MARCELLO BORGES

**Editora
Pensamento**
SÃO PAULO

Título original: *Madame Blavatsky – The Mother of Modern Spirituality.*

Copyright © 2012 Gary Lachman.

Copyright da edição brasileira © 2014 Editora Pensamento-Cultrix Ltda.

Texto de acordo com as novas regras ortográficas da língua portuguesa.

1ª edição 2014.

Editor: Adilson Silva Ramachandra
Editora de texto: Denise de C. Rocha Delela
Coordenação editorial: Roseli de S. Ferraz
Preparação de originais: Marta Almeida de Sá
Produção editorial: Indiara Faria Kayo
Assistente de produção editorial: Estela A. Minas
Editoração eletrônica: Fama Editora
Revisão: Claudete Agua de Melo e Yociko Oikawa

CIP-BRASIL. CATALOGAÇÃO NA PUBLICAÇÃO
SINDICATO NACIONAL DOS EDITORES DE LIVROS, RJ

L143m
Lachman, Gary
    Madame Blavatsky : a mãe da espiritualidade moderna / Gary Lachman; tradução Marcelo Borges. — 1. ed. — São Paulo : Pensamento, 2014. 280 p. : il. ; 23 cm.
    Tradução de: Madame Blavatsky : the mother of modern spirituality.
    ISBN 978-85-315-1860-7
    1. Blavatsky, H. P. (Helena Petrovna), 1831-1891. 2. Espíritas — Brasil — Biografia. I. Título.

14-09524
                                                    CDD: 920.91339
                                                    CDU: 929:133.9

Direitos de tradução para o Brasil adquiridos com exclusividade pela
EDITORA PENSAMENTO-CULTRIX LTDA., que se reserva a propriedade literária desta tradução.
Rua Dr. Mário Vicente, 368 – 04270-000 – São Paulo – SP
Fone: (11) 2066-9000 – Fax: (11) 2066-9008
http://www.editorapensamento.com.br
E-mail: atendimento@editorapensamento.com.br
Foi feito o depósito legal.

Aos Mestres,
sejam eles quem forem.

Eu estava à procura do desconhecido...
— HELENA PETROVNA BLAVATSKY

SUMÁRIO

Introdução

QUEM FOI MADAME BLAVATSKY?

De todos os nomes associados à espiritualidade moderna, o de Madame Helena Petrovna Blavatsky — ou HPB, como ela preferia ser chamada — certamente é um dos mais controvertidos. Embora ela tenha morrido há mais de um século, seu nome ainda aparece em discussões sérias sobre "sabedoria antiga", "ensinamentos secretos" e "conhecimento interior", e a maioria concorda em afirmar que sua Sociedade Teosófica (também chamada de TS, suas iniciais em inglês), que ela fundou em Nova York em 1875 com seus colegas Henry Steel Olcott e William Quan Judge, foi mais ou menos o ponto oficial de partida do moderno renascimento espiritual. Quando digo "moderno renascimento espiritual", refiro-me ao atual interesse disseminado pelo conhecimento direto e imediato da realidade espiritual e de sua vivência e pelo relacionamento mais profundo com o cosmos do que aquele que as religiões tradicionais e a ciência convencional podem oferecer. Representado por uma coleção heterogênea de diferentes interesses ocultistas, esotéricos ou espirituais, hoje esse renascimento costuma estar popularmente associado com o "Movimento Nova Era", embora de maneira equivocada. A origem desta fome radical por uma noção de significado e de propósito que os órgãos oficiais não conseguem mais oferecer pode ser localizada no século XIX — na verdade, vou analisar neste livro algumas de suas fontes —, e creio que pode-se dizer que ela foi inspirada por Blavatsky. Com efeito, em 1970, num artigo para a revista *McCall's*, o romancista Kurt Vonnegut apelidou Blavatsky de "a Mãe Fundadora do Ocultismo na América".[1]

Contudo, não é preciso ser teosofista para ter sentido a considerável presença de Blavatsky. Sua contribuição para o moderno pensamento espiritual, e para a cultura moderna em geral, é tão grande que pode ser negligenciada, assim como alguma característica proeminente de uma paisagem pode ser negligencia-da – quer dizer, tomada como líquida e certa. No entanto, se o presente de Bla-vatsky para nossa moderna consciência espiritual fosse removido subitamente, ele arrastaria consigo praticamente tudo que associamos ao próprio conceito de espiritualidade moderna. E aqueles que tivessem tomado como líquida e certa a contribuição de Blavatsky certamente perceberiam a perda.

Reforçando minha posição: quem quer que medite, ou se considere bu-dista, ou se interesse pela reencarnação, ou tenha refletido sobre o *karma*, ou se dedique ao desenvolvimento de uma "consciência superior", ou tenha se questionado sobre a existência da Atlântida, ou pense que os antigos possam ter conhecido algumas coisas que não conhecemos, ou leia sobre esoterismo, ou frequente um centro de saúde "alternativo" ou uma loja de produtos naturais perceberia se a espiritualidade moderna se tornasse, de algum modo, "livre de HPB". E isso incluiria, evidentemente, um bom número de pessoas que nunca ouviram falar de Blavatsky, ou que têm apenas a mais vaga ideia do que seja a teosofia ou de seu lugar na história da consciência ocidental. Vale dizer, a maioria das pessoas. No mínimo, nosso interminável fascínio pela "sabedoria do Oriente" não teria chegado ao ponto em que chegou, ou teria levado muito mais tempo para fazê-lo, se não fosse por seus esforços e os de seus primeiros seguidores. Já foi dito que toda a literatura russa moderna emergiu de um conto de Nikolai Gogol, "O Capote". Do mesmo modo, pode ser dito que pratica-mente todo o ocultismo e esoterismo modernos emergiram do amplo peito de sua conterrânea mais jovem e contemporânea, Helena Petrovna Blavatsky.

No entanto, apesar de ter sido uma das mais notáveis mulheres do século XIX, Blavatsky é, para o público em geral, praticamente desconhecida. Quando a mencionei recentemente, ao me perguntarem em que eu estava trabalhando, na maioria das vezes a reação foi um menear da cabeça e um olhar intrigado, apesar de alguns conhecidos arriscarem perguntas como "Ela não era uma para-normal?", ou "uma fraude?", ou "uma charlatã?". Mas aqueles que a conhecem e sabem qual foi sua contribuição para o pensamento ocidental têm uma postura diferente. Como o historiador do esoterismo Christopher Bamford, eles se per-guntam por que ela não é, como Bamford acredita que ela deveria ser, elencada junto a Marx, Nietzsche e Freud como uma das "criadoras do século XX".[2]

Podemos achar que Bamford posiciona num lugar elevado demais as alegações de Blavatsky, mas ele o faz por bons motivos. Quando Blavatsky morreu
em Londres, em 1891, o movimento teosófico tinha se difundido, passando de
Nova York para a Índia, a Europa e muito além, incluindo entre seus seguidores
nomes importantes como Thomas Edison e Mohandas Gandhi.[3] E, nos primeiros anos do século XX, ele foi uma força de respeito, como se diz popularmente, influenciando importantes desenvolvimentos não apenas na espiritualidade
e no esoterismo, mas também na política, na arte, na religião e muito mais.
Alguns dos indivíduos que foram influenciados positiva ou negativamente
por Blavatsky incluem o poeta T. S. Eliot, que a satirizou em *Terra Devastada*,
obra seminal da poesia moderna;[4] o artista Wassily Kandinsky, cujas pinturas
abstratas são influenciadas por ideias teosóficas; L. Frank Baum, criador de *O
Mágico de Oz*, que se tornou membro da Sociedade Teosófica em 1892;[6] Abner
Doubleday, herói da Guerra Civil e suposto inventor do beisebol, que se tornou presidente da seção norte-americana da Sociedade Teosófica em 1878; o
compositor Alexander Scriabin, cuja obra exuberante, extática, está repleta de
motivos teosóficos; e Jawaharlal Nehru, o primeiro dos primeiros-ministros da
Índia, que foi iniciado na Sociedade Teosófica por Annie Besant, socialista e
livre-pensadora que se converteu à teosofia depois de conhecer Blavatsky, e que,
como presidente da sociedade, ajudou a Índia a conquistar sua independência.[7]
Dizem que até Einstein mantinha um exemplar bastante manuseado da *magnum
opus* de Blavatsky, *A Doutrina Secreta*,* em sua escrivaninha, e alguns teosofistas
chegaram a inferir que a inspiração para a famosa fórmula de Einstein, $E = mc^2$,
teria saído daquele volume denso e ponderoso, uma alegação que muitos acham
difícil de engolir.[8]

Talvez não queiramos acompanhar os seguidores da obra de Blavatsky até
esse ponto, mas precisamos nos perguntar por que, tendo exercido tamanho
efeito na cultura moderna, o nome de Blavatsky não é mais conhecido fora
da "comunidade esotérica". Podemos pensar que as feministas já a estariam
seguindo há muito tempo. Porém mesmo o uso do termo "mais conhecido"
no contexto de HPB é equivocado, se com isso quisermos dizer "corretamente
conhecido", e não meramente famoso — ou infame.

---

* Publicado em seis volumes pela Editora Pensamento, São Paulo, 1980.

Como qualquer um que já tenha tentado escrever seriamente sobre HPB descobre, a pergunta "Quem foi Madame Blavatsky?" não é fácil de responder, em grande parte por causa das consideráveis dificuldades que a própria Blavatsky colocou em seu caminho. Declarar que HPB é um somatório de contradições não é apenas o mínimo que se pode dizer, é repetir aquilo que praticamente todos que escreveram sobre ela disseram. Blavatsky falou sobre si mesma e sobre sua vida com frequência, com grande vitalidade e amplidão. Porém, como diz seu biógrafo Peter Washington, ela "raramente dizia exatamente a mesma coisa duas vezes".[9] Rudolf Steiner, que tomou por empréstimo mais ideias de Blavatsky do que seus seguidores gostariam de admitir, observou cautelosamente que ela exibia uma "falta de consistência em seu comportamento externo", uma característica que Steiner atribuía à sua alma russa.[10] Seria relativamente fácil para um pesquisador determinado elencar todas as discrepâncias em seus relatos sobre si mesma e declarar que HPB tinha, na melhor das hipóteses, uma percepção flexível do conceito da verdade — apesar de o lema da Sociedade Teosófica ser "não há religião superior à verdade". Contudo, depois de certo tempo, começa-se a perguntar — pelo menos foi o que eu fiz — se haveria algum propósito consciente por trás de um caos como o dos Irmãos Marx e das frases com duplo sentido, e começa-se a sentir que ela fez um "esforço proposital... para parecer suspeita e indigna de confiança, para tornar impossível a tarefa do biógrafo".[11]

Algumas pessoas, enfrentando esse problema, acabaram irritadas. A historiadora de religião Maria Carlson, cujo estudo da teosofia na Rússia reitera muitos dos mitos e conceitos equivocados sobre HPB, conclui que "uma biografia precisa e completamente fática dessa mulher notável nunca será escrita".[12] Para James Santucci, um historiador mais brando para com HPB e a teosofia, Blavatsky "permanece um enigma para qualquer investigador justo de sua vida e seus escritos".[13] Johnson, talvez o mais controvertido estudioso de HPB nos últimos anos, observa que, no caso de Blavatsky, "os esforços do erudito para descobrir a verdade são frustrados pela ocultação proposital da história".[14] Sylvia Cranston, cujo relato imenso, mas não exaustivo, apresenta a mais completa visão "pró-HPB", avisa: "Após sua partida da Rússia, a vida de HPB não é fácil de documentar".[15] O historiador do esoterismo Nicholas Goodrick-Clarke confirma que só depois que ela aparece em Nova York em 1873, aos 42 anos, é que "sua carreira admite uma documentação continuada", e que as referências de Blavatsky a seus "Mestres" durante o período que K. Paul Johnson chama de seus "anos velados" são "quase todas uma retrospectiva da fase posterior de sua vida, na Índia".[16]

Até o primeiro biógrafo de Blavatsky, o teosofista e jornalista A. P. Sinnett, enfrentou alguns obstáculos quando tentou reabilitar a reputação de HPB após as primeiras acusações de fraude que a acompanharam pelo resto da vida e continuam a assombrar seu legado até hoje. "Dos 17 aos 40", ela lhe disse, "cuidei, durante minhas viagens, de varrer quaisquer vestígios de mim mesma onde quer que fosse... nunca permiti que as pessoas soubessem onde eu estava ou o que eu estava fazendo."[17] Ela reafirmou isso com relação a seu passado alguns anos depois, numa carta para alguns seguidores: "Até para meus melhores amigos", disse a seus correspondentes, "nunca fiz mais do que relatos fragmentados e superficiais de [minhas] viagens, e não me proponho a saciar a curiosidade de ninguém, muito menos a de meus inimigos".[18]

A ATITUDE DESCONSTRUTIVA DE BLAVATSKY para com seu passado pode ter sido gerada por um sentimento que ela manifestou em um de seus últimos textos. Em *A Voz do Silêncio*,* uma tradução de excertos de *O Livro dos Preceitos de Ouro* — uma obra do "budismo tibetano esotérico" que, como as "Estâncias de Dzyan", de seu livro mais famoso, *A Doutrina Secreta*, mais de um estudioso do Tibete afirmou que nunca existiu —, ela escreveu: "Um único pensamento sobre o passado que tu tenhas deixado para trás arrastar-te-á para baixo e terás de começar a escalada novamente. Mata em ti mesmo toda lembrança das experiências passadas. Não olha para trás, ou te perderás".[19]

Um crítico poderia observar que essa era uma filosofia conveniente para alguém que tinha um passado digno de ser esquecido, e todos os detratores de HPB concordam que ela o tinha. No entanto é uma postura diante do passado adotada também por outros gurus questionáveis. O grego-armênio-russo G. I. Gurdjieff — do qual, coerentemente, a verdadeira nacionalidade permanece em discussão — tinha muito em comum com HPB, e ele também se esforçou para obscurecer seu passado e criar uma lenda. Mais recentemente, Carlos Castañe-

---

* Publicado na coleção "Clássicos Pensamento", Editora Pensamento, São Paulo, 2010.

da tomou precauções para eliminar todos os traços de sua vida antes de seu aparecimento como guru e autor de *best-sellers* na década de 1970, fazendo o possível para se manter incógnito até sua morte em 1998. Ele também instruiu seus seguidores a fazer o mesmo, com resultados duvidosos.[20] Manter-se longe dos holofotes e rejeitar o próprio passado não são práticas incomuns na senda mística. O filósofo neoplatônico Plotino, com quem Blavatsky sentia muitas afinidades, ficou famoso por se recusar a ser retratado ou a revelar quaisquer informações sobre sua vida, alegando que essa faceta "pública" dele não era importante, uma vez que seu "verdadeiro eu" era seu espírito imaterial, almejando o Absoluto. Podemos admitir a dedicação de Plotino, e séculos demais se passaram entre sua época e a nossa para que nos perguntemos se havia algo que ele não queria que seus contemporâneos soubessem. Porém, geralmente não concedemos o mesmo benefício da dúvida a adeptos mais recentes dessa crença, e quando sabemos que eles se esforçam para tornar propositalmente difícil as coisas para quem quer que deseje acompanhar suas carreiras, soam os alarmes e as sobrancelhas se alteiam.

No ENTANTO, O PROBLEMA NÃO está apenas em Blavatsky. Se a vida de Blavatsky torna-se sujeita a corroborações independentes apenas depois de sua chegada a Nova York em 1873, os relatos de sua vida antes dessa época feitos por terceiros são igualmente suspeitos. Sua irmã, Vera Zhelihovsky, cujo relacionamento com HPB era, na melhor das hipóteses, tempestuoso, fez relatos dos primeiros anos de Blavatsky, mas mudava de tom quase tão frequentemente quanto a própria Blavatsky. Pode ser pertinente lembrar que Vera foi uma autora de livros infantis de sucesso. Em dado momento, voltando-se contra sua irmã, ela forneceu munição daninha para o russo Vsevolod Solovyov, escritor de ficção histórica e autor de uma sensacional, caluniosa e altamente duvidosa "memória" de seu breve período com HPB em Paris em 1884, digna de tabloide.[21] Posteriormente, Vera escreveu uma crítica mordaz a Solovyov e seu livro. Outros relatos antigos — como o da tia de Blavatsky, Nadya Fadeyev, por exemplo — são igualmente suspeitos, e, juntamente com vários outros relatos também duvidosos, suas "reminiscências" contribuem para criar aquilo que o historiador do esoterismo Joscelyn Godwin chama de "hoste de testemunhas inconfiáveis sem a qual não poderia existir a história da teosofia".[22]

Mas a família e os amigos não são as únicas fontes de dificuldades para compreender a história de Blavatsky. Praticamente desde o início de sua carreira pública, HPB recebeu muitas críticas da imprensa, tanto de jornalistas hostis quanto de pessoas ansiosas por apimentar uma história já incomum. E, com o caráter excêntrico de Blavatsky, praticamente tudo que diziam a respeito dela parecia plausível. Por isso, um jornalista da *Commercial Gazette* de Cincinnati, visitando HPB em Londres em 1889, informou seus leitores de que "Ouve-se que ela tem 500 anos e que renova sua idade no Extremo Oriente sempre que necessário", e repete a história de que "notas de dinheiro novinhas são impro-visadas após um momento de reflexão", comparando uma tarde na casa de Blavatsky no Holland Park a uma audiência com o papa, à escalada do Monte Branco e a uma peregrinação à Meca.[23] A essa altura, não há dúvidas de que Blavatsky já estava cansada de corrigir esses exageros e essas falsidades, e, de qualquer modo, em muitas ocasiões, ela nem se deu ao trabalho, parecendo concordar com o ditado do *show business* que diz que não existe propaganda ruim, contanto que escrevam seu nome direito. Porém essas notícias, e outras pouco menos fantasiosas, tornaram-se fonte de relatos mais duradouros sobre sua vida e sua carreira e formam a base da lenda de Blavatsky. Certa vez, Colin Wilson disse sobre Rasputin, conterrâneo de Blavatsky, que ele parecia "possuir a qualidade peculiar de induzir uma imprecisão desavergonhada em todos que escreviam sobre ele".[24] O mesmo poderia ser dito sobre Madame Blavatsky.

PODE-SE PRESUMIR que os jornalistas de tabloides não passam tempo suficiente averiguando os fatos, mas será que os estudiosos sérios são diferentes? Mesmo assim, apesar de décadas de história teosófica a servir de fonte, parece que não é esse o caso. Logo, John Gray, professor emérito de Pensamento Europeu da London School of Economics — considerado um dos mais importantes pensa-dores sociais e filosóficos de nossa época —, em seu recente livro *The Immortali-zation Commission: Science and the Strange Quest to Cheat Death*, conseguiu, num curto parágrafo, repetir diversas informações equivocadas sobre HPB e apresen-tou um tipo de "fato" a seu respeito que simplesmente engrossa as camadas de equívocos que formam a narrativa anti-Blavatsky-padrão.[25]

É de se perguntar por que, se acadêmicos respeitados, que supomos ser os guardiães da precisão erudita, podem disseminar rumores e considerar como fatos informações de terceira mão, Blavatsky é criticada por eles por contar histórias sobre si mesma, especialmente se muitos desses "fatos" foram expostos como imprecisos e considerando que os relatos mais confiáveis estão disponíveis para leitura. No entanto, a resposta é clara: as histórias são muito boas e o retrato de Blavatsky como "guru fraudulenta" está arraigado demais na consciência coletiva para que alguém se dê o trabalho de fazê-lo.[26] Exceto, evidentemente, pelos apoiadores de Blavatsky, cujos esforços naturalmente parecerão suspeitos para esses especialistas, e por "investigadores equilibrados" que se deem o trabalho de tentar chegar a uma visão balanceada.

CERTA VEZ, O HISTORIADOR CULTURAL Jacques Barzun comentou que parte de seu trabalho consistia em acompanhar a história das reputações. Isso significava mostrar como, digamos, o "tosco, bárbaro e ignorante" Shakespeare do início do século XVII, que, segundo o diarista Samuel Pepys, escreveu a "mais insípida e ridícula peça a que já assisti" (*Sonho de uma Noite de Verão*), tornou-se o "gênio imortal" que conhecemos hoje, e quais os fatores envolvidos na transformação de um no outro.[27] Está implícito nisso mostrar como algumas reputações tornam-se unilaterais e equivocadas. Não é uma questão de obscuridade, de se tomar um escritor, um pensador ou um artista que ninguém conhece e torná-lo mais conhecido. Pelo contrário, significa desbastar os mitos e conceitos falsos que se acumularam ao redor de uma figura que todos acreditam que conhecem bem, mas a cujo respeito estão, na verdade, bastante enganados. As lendas, os mexericos e as repetições desnecessárias juntam-se em torno do escritor ou do artista como uma casca até que eles raramente sejam vistos "em carne e osso", se é que chegam a sê-lo. Como escreveu Barzun, "O destino dos gênios é engendrar uma visão convencional, um simulacro plausível da figura real, que o biógrafo atento precisa destruir antes de poder tentar fazer um retrato fiel. Esse trabalho preliminar acarreta muitas coisas, a reorientação da mente comum em torno da evidência e a retificação de raciocínios equivocados". Mesmo assim, com tudo isso, ainda não há garantias de que o velho retrato equivocado vá se dissolver, surgindo outro mais preciso. "Sob o esforço para assimilar tudo isso", escreve Barzun, "a mente comum tende a se tornar suspicaz e em pouco tempo volta à sua crença habitual. É por isso que a opinião convencional persiste, mesmo diante da erudição acadêmica e das biografias críticas."[28] "Educar o educado", diz Barzun, "é sabidamente difícil", e depois que o público e particularmente os "especialistas" formam suas opiniões, costuma ser uma tarefa de Sísifo modificá-las.

A meu ver, Barzun se saiu notavelmente bem com as reputações que ele consertou, e creio que Blavatsky compartilha o "destino dos gênios" mencionado antes. Mas não acredito que Barzun já tenha tido um assunto tão repleto de armadilhas para seus salvadores potenciais quanto ela.

Entretanto minha preocupação aqui não é narrar as diversas imprecisões que aparecem "na história de Blavatsky" como buracos numa estrada mal cuidada, nem me desculpar por não proporcionar ao leitor a "verdade" sobre HPB. Há sites sobre Blavatsky e a Sociedade Teosófica dedicados a isso, e ao longo do caminho o leitor interessado pode descobrir como chegar até eles. Minha tarefa agora é tentar contar "a história de Blavatsky" da melhor forma possível, e esses comentários preliminares são oferecidos como a admissão geral, desde o início, de que o relato a seguir, tirado de diversas fontes, pode ser verídico ou não. Se isso parece uma desculpa esfarrapada para uma pesquisa malfeita e a incapacidade para "enquadrar Blavatsky", que seja. Minha única defesa é que não sou o único a fazer isso. Como muitos admitiram, "os fatos no caso de Madame Blavatsky" podem até ser duvidosos, mas sem eles não haveria nenhum caso.

O escritor Henry Miller, leitor de Blavatsky, disse certa vez que deveríamos "viver a vida até o limite". Blavatsky fez isso, com certeza, e mais. Se formos acreditar em suas próprias palavras, em toda a sua carreira ela foi uma mulher com uma missão. Enviada ao Ocidente por misteriosos adeptos orientais, ela foi incumbida da tarefa de trazer uma nova espiritualidade para uma civilização que deslizava perigosamente na direção do materialismo cego e letal. Se ela teve sucesso ou não, isso é discutível, mas pessoalmente acredito que poderíamos ficar pior se não tentássemos compreender sua mensagem, vendo se ela contém uma perspectiva para nós nos dias atuais.

Um

DA RÚSSIA, COM AMOR

A primeira vez que encontrei uma referência à Madame Blavatsky foi em 1975. Eu estava morando em Nova York, tocava numa banda de *rock* e tinha começado a me interessar por magia e pelo sobrenatural, bem como por algo que depois soube que era chamado de "esoterismo", e estava ocupado lendo *O Oculto*, de Colin Wilson. Lá, em meio a relatos sobre Gurdjieff, Nostradamus, Rasputin, Aleister Crowley e a Ordem Hermética da Aurora Dourada, surgiu Blavatsky. Mas embora Wilson estivesse convencido de sua importância, havia em seu relato sobre ela uma ambivalência que não estava presente em sua análise de Gurdjieff ou de Crowley. Ele estava convencido de que ela "não poderia ter mantido tantos discípulos apenas usando a fraude para obter a confiança deles" — no meio de sua carreira, aproximadamente, ela fora acusada de fraude e a pecha ficou —, mas também a comparou com o maçom, mago e, segundo a maioria dos relatos convencionais, charlatão do século XVIII Cagliostro, uma identificação que a própria Blavatsky teria aprovado. Ela tinha "o mesmo carisma, o mesmo espírito de aventura, a mesma mistura de humor, malandragem e capacidade psíquica autêntica".[1] Essa incerteza a respeito de Blavatsky deve ter ficado com Wilson. Anos depois, em um livro chamado *The Devil's Party: A History of Charlatan Messiahs*, ela aparece na companhia de David Koresh, Jim Jones e outros personagens duvidosos, e Wilson comenta que "a questão sobre até que ponto Madame Blavatsky era uma fraude deve ser mantida em aberto". Ela era "parte autêntica, parte fraude", mas, "diferentemente de outros messias, ela nunca ficou paranoica e sempre preservou seu senso de humor", uma característica que infelizmente falta em muitos mestres espirituais.[2]

Depois de ler *O Oculto* e praticamente todos os outros livros sobre magia em que pude pôr as mãos, fui estudar Gurdjieff, Crowley e muitos dos personagens descritos por Wilson. Mas, para ser sincero, não levei Blavatsky muito a sério, embora "teosofia" tenha aparecido em uma de minhas músicas escritas naquela época.[3] Afinal, o que dizer das histórias de mahatmas misteriosos no Tibete, das viagens de Blavatsky por aquela região numa época em que era quase impossível para um branco europeu, ainda por cima mulher, entrar naquela terra proibida de cartas, xícaras e outros itens "materializando-se" estranhamente do nada, de histórias sobre as antigas Atlântida e Lemúria extraídas dos místicos Registros Akáshicos, para não falar do jargão teosófico, normalmente desconcertante, e da terminologia tibetana tão difícil de pronunciar? Fiquei interessado pelo relato do ocultismo feito por Wilson porque ele o associou à filosofia, à história, à literatura e à ciência, e os Mestres tibetanos de Blavatsky e suas histórias francamente improváveis não se encaixavam nesse quadro. Também fiquei impressionado pelo fato de que enquanto, digamos, Gurdjieff, tivesse atraído diversos indivíduos criativos e realizados, que já tinham deixado sua marca na sociedade antes de se tornarem seus seguidores — o primeiro que me vem à mente é o filósofo P. D. Ouspensky, bem como o brilhante editor A. R. Orage —, havia algo no tipo de pessoa que era atraída pela teosofia que cheirava a xales da vovó e chás da tarde, a conversas vespertinas de domingo sobre corpos astrais e vidas passadas, mantidas com a mesma tranquilidade com que se fala do clima. Tudo era muito bonito, inofensivo e "espiritual", mas faltava uma nitidez que levou Wilson a igualar algumas das ideias de Gurdjieff ao existencialismo. Só algum tempo depois é que descobri, com certa surpresa, que tanto Gurdjieff quanto Orage tinham começado como teosofistas.

E havia os livros de Blavatsky, as grandes pilhas de *Ísis sem Véu* e *A Doutrina Secreta*.* Seu tamanho não conseguiu me deter, mas, quando folheei esses livros, lendo trechos aqui e ali, havia alguma coisa naquela avalanche de informações que caía de cada página que fez com que minha curiosidade se dissolvesse. Blavatsky parecia incapaz de declarar suas ideias com simplicidade. Ela tinha um estilo intimidante, tempestuoso, de quem não queria convencer o leitor, mas, sim, surpreendê-lo. Saí dessas leituras sentindo-me mais incomodado do que instruído, e com isso justifiquei o fato de parar meus estudos, até ler que o próprio Gurdjieff tinha reclamado do tempo que perdera com *A Doutrina Secreta*.

Assim, embora tivesse compreendido que Blavatsky e a Sociedade Teosófica tinham dado início ao moderno movimento ocultista, achei que poderia respei-

---

* Publicados, respectivamente, em 1991 e 1980 pela Editora Pensamento, São Paulo.

tar o fato, mas poupando-me o trabalho de ter de lidar com as "raças-raízes", "rondas planetárias", "Manvantaras" e "Pralayas" que ocupavam as páginas de seus gigantescos volumes.

No entanto, com o passar dos anos e a continuidade dos estudos, descobri que muitos dos caminhos que eu tinha percorrido levavam de volta a Blavatsky. Parecia claro que praticamente todos sobre quem lia, e sobre quem escrevi mais tarde, tinham alguma dívida para com ela. Reconhecendo isso, finalmente eu me vi tendo de lidar seriamente com uma personagem e um conjunto de ideias que eu conseguira evitar com sucesso durante algum tempo.

EXISTEM, AO QUE ME PARECE, pelo menos três Madame Blavatsky diferentes, embora esteja certo de que essa é uma estimativa conservadora; tal como seu contemporâneo Walt Whitman disse sobre si mesmo, ela continha "multidões". E Whitman, como sabemos, não se deixava abalar por suas contradições. Existe a versão oficial — "enciclopédica" — de HPB, a pitoresca brincalhona e jovial boêmia que enganou muita gente inteligente, mas que no final foi percebida como uma charlatã obesa e desbocada que fumava como uma chaminé — embora, como veremos, sejam bem questionáveis as provas dessa acusação. Depois, existe a versão pró-Blavatsky: a guru santificada, sagrada, seguindo firmemente seu destino, que ocupa as páginas de mais de uma hagiografia e é acolhida por seus seguidores sem críticas, que acreditavam que tudo que ela dizia era a mais pura verdade, e que se mantinha sob os estritos ditames de suas leis, sem qualquer desvio. Esses dois campos separados prosseguem à sua maneira, tendo pouca ou nenhuma comunicação um com o outro, exceto as tijoladas obrigatórias que lançam sobre a grande divisão entre eles. Como você pode imaginar, nenhuma dessas Blavatskys é plenamente satisfatória, e nenhuma faz para ela, ou para aqueles que gostariam de conhecê-la melhor, muito bem, embora deva ser dito que alguns dos relatos críticos são bastante divertidos e legíveis (HPB sempre forneceu bom material), enquanto os hagiográficos começam com um tom elevado e em pouco tempo resvalam para mundos cada vez mais etéreos, deixando rapidamente o leitor interessado, mas não inteiramente convertido, bem para trás.

Então, há a terceira Madame Blavatsky, aquela que descobri ao investigar sua vida e sua época. Essa era uma personagem muito mais fascinante, excitante, surpreendente e "real" do que eu — e suspeito que a maioria das pessoas — imaginava, e merece ser mais conhecida. O que se segue é minha tentativa de fazer exatamente isso.

MADAME BLAVATSKY NASCEU Helena Petrovna von Hahn em 12 de agosto de 1831 em Ekaterinoslav (hoje Dnipropetrovsk), na Ucrânia, então parte do Império Russo. Embora a região tenha se desenvolvido muito antes, a cidade atual havia sido construída menos de um século antes, "para glória de Catarina, a Grande", a monarca livre-pensadora e amiga de Voltaire que, como os leitores da história do esoterismo devem se lembrar, recusou-se a ser iniciada na maçonaria egípcia de Cagliostro, o mago siciliano. É discutível se isso teve alguma influência sobre a carreira posterior de HPB.[4] No antigo calendário juliano, 12 de agosto era 30 de julho, e, segundo a lenda, aqueles que nasciam nessa data adquiriam poder sobre espíritos malignos. Verdade ou não, desde o começo Helena causou problemas, chegando prematuramente durante uma epidemia de cólera que já havia provocado baixas na família de seus avós. Tanta gente morreu tão depressa que os caixões tiveram de ser empilhados, aguardando a vez de serem queimados. A mãe de Helena, a adolescente Helena Andreyevna von Hahn (nascida Fadeyev), que nunca fora muito saudável, ficou doente, e não se esperava que ela ou a filha, que nasceu muito frágil, sobrevivessem. A própria Blavatsky seria atormentada por diversas doenças durante boa parte de sua vida e mais de uma vez ficou perto da morte. Sua entrada nesse vale de lágrimas parece ter estabelecido o tom do resto de sua carreira.

Com padrinhos e familiares presentes, foi chamado um sacerdote para realizar rapidamente o batismo, evitando assim que a criança morresse e que sua alma fosse forçada a passar a eternidade no limbo. Mais tarde, isso pode ter exercido alguma influência na postura de HPB diante da Igreja, pois, enquanto o sacerdote ministrava o sacramento, Nadya Andreyevna Fadeyev, uma tia de Blavatsky que ainda era pequena e que mais tarde seria uma figura importante em sua história, acidentalmente tocou fogo em sua roupa com uma vela. Helena, ainda bebê, não ficou ciente do fato, mas tenho certeza de que teria gostado de saber que, desde o começo, sua marca no mundo foi feita a fogo.

Quando Helena veio ao mundo, seu pai não estava por perto, e ele só viria a conhecer a filha seis meses depois (alguns relatos falam em um ano). Capitão da Cavalaria Real (depois coronel) e descendente da nobreza alemã, Peter von Hahn foi um dos muitos soldados que o tsar Nicolau I mandou para a Polônia, então sob o domínio russo, para deter uma rebelião nacionalista. Conhecido como o "gendarme da Europa", Nicolau I deve ter sido o mais reacionário dos monarcas russos, e alguns anos antes deteve com sucesso a Revolta Dezembrista de 1825, essencialmente seu primeiro ato de ofício. A revolta polonesa seria reprimida com a mesma rapidez e violência. Com o domínio de Nicolau I, a Rússia era um estado policial repressivo, repleto de espiões, censura e controle rígido sobre a educação, as publicações e a vida pública. Ele acreditava na autoridade ilimitada do tsar e na centralidade da igreja ortodoxa, e seu lema, "Ortodoxia, Autocracia e Nacionalidade", era um bastião contra quaisquer fantasias de modernização — ou seja, de ocidentalização — da Rússia.

HPB parece ter adotado esse credo conservador, e, como em breve Karl Marx faria com o filósofo Hegel, virou-o de cabeça para baixo. Ela se tornaria completamente heterodoxa, subversiva e cosmopolitana. Apesar de sua defesa da "sabedoria antiga" e da "tradição perdida", HPB era favorável ao mundo moderno. A dissonância entre os eslavófilos, que almejavam uma Rússia global, "integralmente russa", calcada na tradição e unida por um sentimento místico de unidade racial, e os modernizadores, que viam a ciência e o racionalismo ocidentais como um caminho para o futuro, aumentaria ao longo do século, explodindo finalmente durante o caos da Primeira Guerra Mundial. Em vários sentidos, a missão posterior de Blavatsky — levar a verdade da sabedoria antiga para a percepção da consciência racional moderna — manteve-se paralela à tensão entre passado e futuro que havia na época de seu nascimento.

Para que se tenha uma ideia da Rússia dessa época, devemos compreender que sua primeira estrada de ferro só foi inaugurada quando Helena estava com 7 anos. Era uma terra primitiva, bárbara, um estado feudal ainda preso na Idade Média, pelo menos segundo os europeus ocidentais. Era a Rússia de *Guerra e Paz* e de *Almas Mortas*, cujos autores, Tolstói e Gogol, eram contemporâneos de HPB, juntamente com Pushkin, Turgêniev e Dostoiévsky. Era uma Rússia de servos — a grande maioria — e aristocratas, e a família de Helena pertencia à nobreza menor. A mãe de Helena era filha da princesa Helena Pavlovna Dolgorukov, que parece ter sido uma figura notável. Numa época em que se negava a educação para as mulheres, Helena Dolgorukov aprendeu sozinha grego, literatura clássica, arte, botânica e arqueologia, sendo elogiada por contemporâneos célebres como Alexander von Humboldt, e levando *sir* Roderick Murchison, um dos fundadores da Real Sociedade Geográfica, a dar seu nome a um fóssil.[5] HPB também não teve uma educação formal, e a espantosa erudição e a autodidática demonstradas mais tarde por ela tiveram raízes, sem dúvidas, nos esforços de sua avó materna para se educar sozinha.

A mãe de Helena, Helena Andreyevna, também se instruiu sozinha e produziu trabalhos criativos tidos em alta conta. Não muito depois de dar à luz sua primeira filha aos 17 anos, a mãe de HPB tornou-se uma romancista famosa, escrevendo sob o pseudônimo de "Zenaida R-va". Diz-se que sua obra explora o destino das mulheres em casamentos infelizes, bem como outras questões sociais, e é possível dizer que sua ficção proporcionou uma base para um nascente "movimento das mulheres". Apelidada de "George Sand russa" pelo crítico literário Vissarion Belinsky, e considerada à altura de Lermontov, Helena von Hahn foi uma alma sensível, poética e artística que parece ter escolhido para marido alguém de temperamento radicalmente diferente. O pai de HPB tinha um senso de humor irônico, mordaz, e uma postura pragmática de quem via as pretensões literárias de sua esposa com desdém, um procedimento-padrão — imagina-se — entre capitães da cavalaria. HPB, que, com sua irmã Vera, herdaria o pendor para a escrita e os estudos de sua mãe e de sua avó, parece ter seguido sua mãe na escolha de um companheiro inadequado, que, além disso, era muito mais velho do que ela. Mais adiante, vamos falar da desafortunada aliança entre Helena e seu primeiro marido, Nikifor Blavatsky. O que estou dizendo agora é que, como sua filha faria no futuro, Helena Andreyevna tinha escolhido um homem mais velho. Peter tinha o dobro de sua idade, e, apesar de HPB também ter se casado com um homem muito mais velho, costuma-se comentar que o fato de sua mãe ter feito o mesmo sugere que a prática não era incomum.

Analisando histórias dos primeiros anos de HPB, podemos perceber que Helena Andreyevna teria sentido vontade de romper esses vínculos, rumando, como sua filha faria, para locais ignorados. Talvez seus filhos e sua saúde frágil a tenham impedido. Um trecho de um de seus romances, *The World's Judgment*, pode dar uma ideia do que ela pensava sobre seu casamento. "A bela, aguçada e ágil mente de meu marido, como de costume acompanhada por uma ironia mordaz, esmagava todos os dias uma de minhas mais brilhantes, mais inocentes e puras aspirações e os meus sentimentos... tudo aquilo que era sagrado em meu coração era motivo de riso, ou me era mostrado sob a luz impiedosa e cínica de seu raciocínio frio e cruel."[6] Será avançar demais na carreira posterior de HPB, que defendia uma visão mágica do mundo em detrimento de um racionalismo entorpecedor, sugerir que com isso ela estava, de algum modo, defendendo o temperamento poético e idealista de sua mãe do cinismo desdenhoso e redutivo de seu pai? Por outro lado, seu destemor, sua beligerância, sua disposição para empunhar armas e travar "combates mentais" como sua despretensiosa camaradagem: de onde teriam vindo, exceto de seu pai militar? Assim como acontece com muitas crianças, HPB era uma estranha e nova combinação de dois mundos muito diferentes.

A mãe de HPB tinha outros motivos para expressar literariamente arrependimentos por seu casamento. Como capitão da cavalaria, Peter von Hahn mudava-se frequentemente, às vezes para bem longe, e, na maioria das vezes, isso significava que Helena Andreyevna também precisava soltar suas raízes. O movimento constante e a perda dos amigos minaram sua saúde já debilitada, agravada pelas conversas de caserna, pelas condições pouco higiênicas e companhias entediantes, e, embora tivesse criados para ajudá-la, como todas as famílias aristocráticas, ela cuidava sozinha da maioria das necessidades de sua filha. Alguns biógrafos presumem que, como romancista, a mãe de HPB deve ter sido uma "mulher de carreira" que tinha pouco tempo para a filha, sugerindo uma distância entre elas. Outros relatos sugerem que mãe e filha tinham um relacionamento tão íntimo quanto as circunstâncias permitiam. Pode-se pensar que, com um marido que "esmagava suas mais brilhantes e mais inocentes aspirações" todos os dias, ela encontraria mais do que algumas recompensas em sua filha.

Um ano após a volta de seu pai da Polônia, a família mudou-se para Romankov, uma cidade militar não muito distante de Ekaterinoslav. Sua estadia lá foi breve, e não tardou para que Peter fosse transferido para outros lugares na Ucrânia. O avô materno de HPB, funcionário público, também se mudava frequentemente, e como HPB e sua mãe ficavam às vezes com seus avós maternos, isso dá a entender que elas se mudavam com eles também. Um dos clichês em textos biográficos consiste em ver numa experiência da infância um padrão que será repetido ao longo da vida, mas é impossível estudar os primeiros anos da vida de Blavatsky, quando ela foi arrastada por metade da Rússia, e não ver prenúncios de sua futura vida de perambulação. Na maior parte do tempo, ela cresceu "na estrada", e não é de surpreender que, quando surgiram a necessidade e a oportunidade, ela passou a viver assim e raramente ficou num lugar por muito tempo.

Outra tristeza, além das mudanças constantes, afligiu a mãe de HPB. Quando sua filha estava com 2 anos, seu segundo filho, Sasha, o primeiro irmão de HPB, ficou terrivelmente doente. A família estava morando em outra cidade militar, e as chuvas da primavera deixavam as estradas intransitáveis. Não havia auxílio médico no local e Helena Andreyevna não pôde fazer muito mais do que ver o bebê morrer. Em Odessa, no Mar Negro, três anos e meio depois, nasceu Vera, a irmã de HPB. O território tinha passado recentemente para as mãos da Rússia e o pai de Helena Andreyevna havia sido nomeado administrador dos colonizadores. A mãe de HPB fora para lá com a finalidade de dar à luz, mas em pouco tempo estava em outra parte remota da Ucrânia. Então, Helena Andreyevna ficou empolgada ao saber que Peter tinha sido transferido para São Petersburgo, a mais europeia das cidades russas. A viagem de mais de 1.440 quilômetros foi feita a cavalo e de carruagem, e deve ter sido extenuante, mas Helena Andreyevna a teria feito a pé por causa da oportunidade de escapar da morna vida militar e de desfrutar de um paraíso cultural. Numa carta para sua irmã Catherine, a mãe de HPB conta que viu Pushkin numa galeria de arte. Ela retomou suas leituras, devorando obras em alemão, italiano e inglês — como sua mãe, Helena Andreyevna tinha jeito para línguas, algo que a própria HPB também adquiriria —, e ela traduziu algumas obras do romancista inglês Edward Bulwer-Lytton para uma revista literária. Seu trabalho foi excepcional e ela foi convidada para contribuir com outras peças. Foi o começo de sua carreira literária, e Bulwer-Lytton mostrar-se-ia depois uma influência importante sobre a filha mais velha de Helena.

Ela sabia que seu tempo em São Petersburgo seria limitado e temia ter de ir para onde as ordens de Peter os levassem a seguir. Quando Peter anunciou que estava sendo mandado de volta para a Ucrânia, Helena Andreyevna se rebelou. Assim, os pais de HPB se separaram, pelo menos durante algum tempo. Foi uma decisão do destino, mostrando o tipo de disposição pelo qual HPB seria notada mais tarde. Mais ou menos na mesma época, em 1837, quando HPB estava com 6 anos, Andrey Fadeyev, avô materno de HPB, foi nomeado como curador das tribos nômades budistas calmuque de Astracã, uma cidade semia-siática na foz do Volga, onde o antigo rio sai no Mar Cáspio. Andrey fora envia-do a São Petersburgo para receber suas ordens, e chegou enquanto sua filha e suas netas estavam lá. É de se perguntar se Helena Andreyevna estava cansada de viajar ou de seu marido, porque subitamente ela decidiu levar as filhas e acompanhar seu pai numa viagem de 1.600 quilômetros até a ponta da Ásia Central. Eles ficaram um ano em Astracã, e foi nessa época que HPB teve seu primeiro contato com o budismo. Os calmuques tinham migrado da China no século XVII, e, enquanto os von Hahns estavam em Astracã, visitaram o líder calmuque, príncipe Tumen. Lá, a jovem HPB foi exposta ao sistema lamaísta mongol e teve as primeiras noções do budismo tibetano. Sua mãe também foi inspirada pelo encontro e depois escreveu um romance sobre a vida calmuque, que foi traduzido para o francês. O príncipe passava seus dias em preces num templo budista que ele mesmo construíra. As cores, as imagens, o incenso, as palavras estranhas murmuradas numa língua pouco familiar devem ter causado uma impressão profunda na garotinha de 6 anos, que já levava uma vida nota-velmente aventureira. Blavatsky diria mais tarde que seu interesse pelo Tibete começou nessa época. O destino funciona de maneiras estranhas. Se seus pais se dessem melhor, se seu pai tivesse ficado mais tempo em São Petersburgo, se seu avô não tivesse sido nomeado curador dos calmuque, essa introdução ao Oriente misterioso talvez nunca tivesse acontecido. Aconteceu, e HPB nunca a esqueceu, e alguns anos depois visitaria novamente o príncipe Tumen.

EM POUCO TEMPO, HELENA e sua família estavam viajando novamente e se reu-nindo com Peter. Mas a saúde de Helena Andreyevna estava piorando. Depois de algum tempo em Poltava, onde uma governanta assumiu muitas das tarefas de sua mãe, HPB e a família voltaram para Odessa, onde sua mãe podia tomar banhos minerais. Lá, ela conheceu uma jovem britânica que foi ensinar inglês para suas filhas, língua na qual HPB exibiria mais tarde um domínio peculiar. Mas Helena Andreyevna não estava melhorando. Para dizer a verdade, suas con-dições pioraram. Ela estava com tuberculose, e, como estava esperando outro filho, chamaram um médico para morar com a família. Em junho de 1840, quando HPB estava quase com 9 anos, nasceu seu irmão Leonid. Durante a gravidez e a doença que se agravava, a mãe de HPB continuou a escrever, algo que a própria HPB faria anos depois, quando a doença e outros males iriam afetá-la.

A família mudou-se para a Polônia e depois voltou para a Ucrânia. O estado de Helena Andreyevna piorou ainda mais, e o médico recomendou que ela fosse se tratar em Kharkov. Talvez ela soubesse que isso seria inútil. Ela decidiu ir novamente para Odessa, onde tinha amigos e sua família poderia visitá-la confortavelmente. Em 24 de junho de 1842, Helena Andreyevna von Hahn, também conhecida como Zenaida R-va, morreu de tuberculose. Ela estava com 28 anos. HPB estava com quase 11. A família ficou arrasada, e o mundo exterior compartilhou essa dor. O crítico Belinsky escreveu um epitáfio comovente, e a perda da jovem escritora foi lamentada em muitos lugares. Os tratamentos médicos eram primitivos, para não dizer coisa pior, e as repetidas sangrias ministradas por seus médicos certamente não ajudaram. Dizem que ela morreu nos braços de sua mãe, e suas últimas palavras para sua filha mais velha foram que sua vida não seria como a de outras crianças, e que ela sofreria muito. Provavelmente são apócrifas, mas essas palavras certamente resumem bem a carreira de sua filha.

OS PAIS DE HELENA ANDREYEVNA tinham se mudado de Astracã para Saratov, uma cidade no Volga, e vovô Fadeyev foi nomeado governador da região. Dois anos antes, a família tinha passado vários meses na cidade — foi onde seu irmão Leonid nasceu —, e então HPB, Vera e Leonid foram mandados para lá para morarem com seus avós. É por volta dessa época que começamos a obter um "perfil de caráter" da jovem HPB. Sua mãe já tinha se desesperado com suas governantas — Helena Petrovna devia ludibriá-las desde pequena — e, por algum tempo, achou que seria melhor mandá-la para o Odessa Institute, mas isso não deu em nada. Segundo sua irmã Vera, ela era "a menina mais estranha que alguém poderia conhecer", com uma "natureza nitidamente dupla". Uma faceta dela era "arteira, combativa e obstinada", enquanto outra tinha "tendências místicas e metafísicas",[7] características com as quais aqueles que conheceram HPB na maturidade iriam concordar. Sua tia Nadya — apenas alguns anos mais velha do que HPB — diz que desde cedo ela nutria simpatias pelas classes inferiores e que preferia brincar com os filhos dos criados do que com os de sua própria classe, e que costumava fazer amizade com "garotos de rua esfarrapados".[8] Essa solidariedade com os inferiores sociais não era uniforme, e certa vez ela teve de se desculpar com um serviçal mais velho no qual ela dera um tapa.[9] Adepta de brincadeiras escolares, ela era igualmente obcecada por livros e tinha o embaraçoso hábito de dizer às pessoas o que achava delas, cara a cara; todas essas características, mais tarde, fariam parte da lenda de Blavatsky. Sempre pronta a ajudar os necessitados e oprimidos, não tinha tempo para rancores, e os males que lhe eram feitos eram esquecidos em pouco tempo. Mais uma vez, a magnânima e madura Madame Blavatsky.

Também por volta dessa época, começa-se a ouvir falar do outro lado da personalidade de Helena Petrovna. Segundo o relato de Vera, a casa de Saratov era velha e grande, repleta de túneis subterrâneos, passagens abandonadas havia muito, torres sem uso e dezenas de "recantos e reentrâncias estranhas", lembrando um castelo medieval em ruínas.[10] HPB costumava percorrer esses lugares vazios, escondendo-se às vezes neles para evitar as lições; nem mesmo histórias sobre um zelador malvado que aprisionara servos nas passagens subterrâneas a detinha. Às vezes, ela era encontrada lá, ou em outros lugares pouco comuns, com sonambulismo ou conversando com "companhias invisíveis", ou brincando com amigos que ninguém mais via e que ela chamava de "corcundas". Ela também contava histórias assustadoras para as outras crianças, e muitas vezes ela mesma se assustava. Ela também parecia exibir poderes incomuns e conseguia adormecer pombos usando a "sabedoria de Salomão", o que quer que isso fosse. Além disso, tinha uma estranha percepção da vida e da consciência de objetos inanimados, pedregulhos, rochas e pedaços de madeira em decomposição. Volta e meia, deitada sobre um antigo leito arenoso de rio e olhando para fósseis, ela contava histórias sobre a vida dessas estranhas criaturas e daquelas que havia no museu de Saratov, e esquecia da vida em suas visões de um passado obscuro e remoto. Ela também parecia ser fascinada pelos mortos, um interesse compartilhado com outros pensadores esotéricos. Jung, Gurdjieff e Rudolf Steiner mostraram uma obsessão precoce pela morte e pelos mortos. Há histórias dela "sussurrando consigo mesma" e falando de aventuras alucinantes, "maravilhosas histórias de viagens para estrelas brilhantes e outros mundos", que sua governanta considerava "bobagens profanas" — tal como seus críticos posteriores chamariam seus imensos livros —, o que a tornavam claramente "diferente de qualquer outra pessoa".[11]

Helena Petrovna recebeu a educação habitual para uma garota de sua classe, destinada a permitir-lhe cumprir seu papel no mundo das salas de visitas, de reuniões sociais e recitais vespertinos, preparando-se para a árdua tarefa de encontrar um marido adequado. Ela aprendeu francês — a *lingua franca* do mundo civilizado — e teve lições de arte e de música, passatempos decorativos destinados a realçar sua desejabilidade. Naqueles tempos anteriores à televisão e à Internet, parte do perfil do cargo consistia em entreter o marido. Sua mãe tinha mostrado talento para a pintura e o piano e desde cedo instruíra a filha em ambos. Mais tarde, a própria HPB seria uma talentosa artista e musicista. Como sua mãe e sua avó, Helena Petrovna não teve nenhuma base em matemática, história, ciência ou na literatura clássica, todos assuntos considerados inadequados para a mente feminina. Ela recebeu alguma orientação extracurricular de seu velho criado Baranig Bouyak, um curador, santo e, segundo alguns relatos, mago que morava em Saratov. Ele conhecia as propriedades ocultas das plantas e a "linguagem das abelhas", transmitindo-as para a menina. Bouyak tinha jeito para ler o futuro e predisse grandes coisas para Helena; confirmando suspeitas anteriores, ele disse a Vera que sua irmã era "bem diferente do resto de vocês".[12]

Em Saratov, ela conheceu um pouco mais do Oriente místico. Ela passou férias no acampamento de verão dos budistas calmuque que conhecera enquanto estavam em Astracã. O príncipe Tumen recebeu seus velhos amigos, e ali HPB teve um vislumbre da vida dos nômades do deserto, bem como uma aula sobre o uso da roda de orações tibetana. Na Ucrânia, ela tinha aprendido a montar um cavalo cossaco, e então foi cavalgando até a Estepe de Quirguiz, uma vasta planície que se estendia até o Tibete. Nômades tártaros viajavam pela região, e não demorou para que Helena Petrovna aprendesse tibetano suficiente para fazer-lhes perguntas sobre suas vidas. Em outra ocasião, um tio levou-a a Semipalatinsk, uma cidade mineira situada perto da fronteira entre a Sibéria e a Mongólia. Ali ela cavalgou até o país do Lama Harrachin e escutou uma história sobre um assassinato numa caverna, que anos depois seria transformada em seu conto "A Gruta dos Ecos".

Foi mais ou menos nessa época que ela começou a ter certas experiências estranhas. Ela falava de um "protetor" que via em seus sonhos, naquela que costuma ser considerada a primeira aparição dos "Mestres" de Blavatsky. Ela disse a A. P. Sinnett, seu primeiro biógrafo, que em suas primeiras visões as feições dele nunca mudavam, e que anos depois, quando o viu "em carne" pela primeira vez, soube instantaneamente que era o mesmo homem. Ela sentiu que o conhecera durante toda a sua vida. Mesmo no começo, contudo, esse protetor podia assumir uma forma mais palpável, e nos momentos mais convenientes. Vendo os retratos da família Dolgorukov, ancestrais de sua avó materna, um despertou particularmente sua curiosidade. Estava pendurado no alto de uma parede e coberto por uma cortina, e ninguém sabia lhe dizer de quem era o retrato. Determinada a saber, Helena Petrovna empurrou uma mesa contra a parede e começou a empilhar outras mesas e cadeiras sobre ela. Subindo nessa pilha improvisada, ela conseguiu chegar até a pintura e afastou a cortina. O que quer que tenha visto deve tê-la chocado, pois ela perdeu a consciência e, quando deu por si, estava deitada em segurança no chão e a mobília estava no lugar, com a cortina puxada sobre o misterioso retrato. Ela julgou que tudo não passara de um sonho — afinal, era dada ao sonambulismo —, mas, ao ver a impressão de sua mão sobre a parede empoeirada, ela soube que não fora sonho. Em outra ocasião, enquanto andava a cavalo, o animal disparou e ela caiu, com o pé preso no estribo. Ela poderia ter morrido com a cabeça esmagada contra o chão, exceto por algum "estranho poder de sustentação" que manteve sua cabeça para cima até o animal ser detido. Mais tarde, ela disse que um "indiano alto todo vestido de linho" aparecera para salvá-la, a mesma figura que via em seus sonhos.[13]

Embora muitos possam explicar essas estranhas visitas atribuindo-as a seus anjos da guarda e deixando por isso mesmo, a jovem Helena acabou sentindo uma necessidade premente de *compreendê-las*. Diferentemente de muitos que aceitam essas coisas como "estranhas" ou "esquisitas" e se esquecem rapidamente delas, HPB *precisava saber* o que significavam. Numa carta sobre essa época escrita muito depois a um amigo, o príncipe Alexander Dondoukov-Korsakov, ela disse "Eu estava à procura do desconhecido". Podemos dizer que a procura de Helena pelas respostas aos mistérios da vida começou nesse ponto.[14]

EXISTE ALGUMA CONTROVÉRSIA sobre o local exato onde HPB estava entre seus 13 e 14 anos. Alguns relatos dizem que ela esteve viajando com seu pai entre Saratov, Londres e Bath em 1844-1845. Ela teria tido aulas de piano com Ignaz Moscheles, célebre compositor, pianista e professor de música da Boêmia, que estava morando em Londres nessa época; seu aluno mais famoso foi Felix Mendelssohn, para quem deu aulas em Berlim. O coronel Olcott, que conta a história em seu *Old Diary Leaves*, afirma que nessa viagem ela teria tocado com Clara Schumann, esposa do compositor Robert Schumann. Se isso aconteceu, foi um gratificante tributo ao trabalho de Helena Andreyevna com a musicalidade de sua filha. A maioria dos estudiosos de Blavatsky duvida dessa viagem. A viagem não é mencionada nas memórias de Vera, mas, se Vera não foi com eles, pode tê-la omitido por maldade ou por algum outro motivo. Um biógrafo sugeriu que Blavatsky a teria fantasiado para compensar a falta de interesse de seu pai por ela.[15] Sylvia Cranston acredita que HPB se confundiu na cronologia — "ela era péssima para se lembrar de datas" — e que essa viagem teria acontecido em 1850.[16]

❋ ❋ ❋

A NECESSIDADE QUE HPB sentia de compreender os estranhos fenômenos acontecendo à sua volta encontrou uma oportunidade para ser satisfeita quando ela descobriu a biblioteca de seu bisavô, o príncipe Pavel Dolgorukov. Na carta para o príncipe Alexander Dondoukov-Korsakov mencionada antes, ela diz que "meu bisavô, o príncipe Pavel Vasilyevitch Dolgorouki, tinha uma estranha biblioteca contendo centenas de livros sobre alquimia, magia e outras ciências ocultas", e ela conta ao príncipe que "li-os com grande interesse antes dos 15 anos". "Em breve, nem Paracelso, Kunrath ou C. Agrippa teriam o que me ensinar", vangloriava-se.[17]

Leitores familiarizados com a tradição ocultista ocidental vão conhecer esses nomes, e, se as datas de HPB estiverem corretas, então a biblioteca deve ter sido muito importante para sua avó, pois ela a levou consigo para sua temporada em Saratov. Quando HPB estava com 15 anos, seu avô estava sendo substituído como governador de Saratov e aguardava uma nova designação.

O bisavô de HPB parece ter sido um personagem interessante. Comandante militar no reinado de Catarina, a Grande, fora iniciado na maçonaria rosa-cruzista no final da década de 1770, época em que a corrente esotérica na Europa estava forte, e muitas sociedades secretas, como os notórios Iluminados da Baviera, estavam em operação. O príncipe Pavel pertencia ao Rito da Estrita Observância, fundado na Alemanha na década de 1750 pelo barão Karl Gottlieb von Hund.[18] A "Estrita Observância" recebeu esse nome porque o rito exigia um voto de obediência absoluta àqueles que von Hund chamava de "superiores desconhecidos". Estes eram Grandes Mestres secretos e de alto escalão de uma maçonaria esotérica extremista que, segundo von Hund, tinha raízes nos Cavaleiros Templários das Cruzadas.[19] Na Rússia, o rito de von Hund cresceu e incluiu graus esotéricos superiores que envolviam o estudo da alquimia, da magia e da Cabala, e é possível que o príncipe Pavel tenha conhecido tanto Cagliostro quanto o misterioso Conde de Saint-Germain, o alquimista, diplomata e sábio que, segundo se acredita, teria descoberto o segredo da imortalidade.

Em uma nota de rodapé àquilo que ela chamou de seu "primeiro tiro ocultista", que analisaremos mais de perto logo adiante, Blavatsky menciona um manuscrito dado a seu bisavô por Saint-Germain. Supostamente, "previra em detalhes" a "total metamorfose de quase todo o mapa da Europa, começando com a Revolução Francesa de 1793", e que, dizia ela, agora "estava na posse dos descendentes do nobre russo para quem ele o dera". O "nobre russo", presume-se, era seu bisavô, e, segundo o coronel Olcott, que menciona esse documento misterioso em seu *Old Diary Leaves*, o "descendente" era a tia de HPB, Nadya Fadeyev.

A ideia de "superiores desconhecidos" ficou particularmente importante na maçonaria russa graças à obra de Nikolai Novikov, escritor, livre-pensador e satirista que é considerado o primeiro jornalista da Rússia. Em Moscou, o príncipe Pavel ingressou na Loja Latone, de Novikov, e é possível que ele pertencesse a um grupo interno e secreto chamado de Loja Harmonia, formada em 1780, cuja meta era a "perfeição interior e a união de todos os maçons". Esse grupo secreto consistia em apenas oito ou nove membros, conhecidos como "Os Irmãos da Ordem Interior". Tal como se dava com a Estrita Observância de von Hund, os membros tinham de jurar sigilo e obediência absoluta ao "desconhecido" Líder da Ordem. Havia nove "Líderes", no total, chefiando nove Ordens, e, segundo um documento misterioso ("A Rosa-Cruz na Rússia", publicado na *The Theosophical Review* em 1906), eles moravam no Egito, em Chipre, na Palestina, no México, na Itália, na Pérsia, na Alemanha, na Índia e na Inglaterra: mais tarde, todos esses lugares apareceriam no itinerário mundial de HPB.

Em 1792, alarmada pela Revolução Francesa e pela crença de que a maçonaria e outras sociedades secretas estariam por trás dela — talvez justificadamente, tendo em vista a "total metamorfose de quase todo o mapa da Europa" de que falava o documento dado ao príncipe Pavel pelo Conde de Saint-Germain —, Catarina, a Grande, mandou Nikolai Novikov e outros maçons de alto escalão para a cadeia. O fato de o jornal de Novikov satirizar a aristocracia russa certamente colaborou. O príncipe Pavel não foi preso, mas como sua biblioteca continha obras sobre alquimia, magia e Cabala, isso sugere que ele estava envolvido num dos graus mais elevados da ordem de Novikov. Quando Catarina morreu em 1796, Novikov foi solto, mas ficou tão abalado pela prisão que não retomou nenhuma das carreiras, nem a maçônica, nem a satírica.[20]

"A Rosa-Cruz na Rússia", que proporciona informações sobre a Ordem Interior de Novikov, também se refere a outro manuscrito misterioso. Datado de 1784, que não foi um bom ano para a maçonaria — temendo uma conspiração dos Iluminados, o governo da Baviera tornou ilegais todas as sociedades secretas nesse ano —, ele afirma que a "verdadeira maçonaria vai surgir novamente no Tibete", algo que, aparentemente, HPB sabia. Em sua introdução a *A Doutrina Secreta*, ela fala portentosamente de "diversos documentos nas Bibliotecas Imperiais de São Petersburgo" que mostram que "nos dias em que a maçonaria e as sociedades secretas floresciam livremente na Rússia... mais de um místico russo se dirigiu ao Tibete... para adquirir o saber e a iniciação *nas criptas desconhecidas da Ásia Central*".[21] Mas a ideia de que a maçonaria encontrou refúgio no Oriente místico ao fugir de uma Europa perigosa não se originou com Blavatsky, nem com o desconhecido autor de "A Rosa-Cruz na Rússia". A ideia apareceu com Heinrich Neuhaus, um panfletista rosa-cruz que, segundo se acredita, teria colaborado com Johann Valentin Andreae nos manifestos rosa-cruzes originais.

O "furor rosa-cruz" começou em 1614, quando um estranho documento anunciando a existência da Fraternidade Rosacruz apareceu em Kassel, na Alemanha. A Fraternidade proclamava uma futura reforma religiosa, científica, social e política da Europa, numa estranha linguagem hermética e alquímica, e convocava aqueles que prestassem atenção à mensagem a filiar-se nesse trabalho. De maneira imediata, isso significaria a libertação do domínio católico e dos Habsburgo, uma meta que, como sabem os leitores do clássico de Frances Yates *The Rosicrucian Enlightenment* [*O Iluminismo Rosacruz*],* foi solidamente derrotada na Batalha da Montanha Branca em 1620, no começo da Guerra dos Trinta Anos. Muitos quiseram se filiar à Fraternidade, mas, por mais que

---

* Publicado pela Editora Pensamento, São Paulo, 1984. (fora de catálogo)

se esforçassem, não podiam, pois os misteriosos rosa-cruzes não podiam ser encontrados. Até o filósofo Descartes, pai do moderno pensamento racional, tentou encontrar os irmãos, mas não conseguiu. Isso os levou a serem apelidados de "os Invisíveis". Para alguns, isso significava que toda a história era uma armação. Para outros, significava que a Fraternidade só se deixava conhecer por aqueles que assim mereciam. Mas, depois de algum tempo, quando o nome "Rosa-Cruz" tornou-se sinônimo de charlatanismo, alguns de seus defensores apresentaram uma explicação diferente, e Heinrich Neuhaus afirmou que o motivo pelo qual os rosa-cruzes não podiam ser encontrados foi que eles tinham deixado a Europa e ido para o Tibete.

A ideia de adeptos rosa-cruzes "invisíveis" e de "superiores desconhecidos" na maçonaria não é muito distante da noção de "Mestres Ocultos", e a ideia de que alguns deles foram para o Tibete torna a conexão com a filosofia posterior de HPB ainda mais firme. Tendo devorado a biblioteca do bisavô, agora a jovem HPB tinha uma estrutura na qual podia compreender as estranhas experiências que haviam tingido seus últimos anos. E ao saber do envolvimento de seu bisavô com grupos esotéricos liderados por "superiores desconhecidos", que combinavam metas espirituais com metas políticas, ela se convenceu de que em algum lugar do mundo havia homens e mulheres que tinham o conhecimento que ela buscava, e que poderiam compartilhar sua própria noção de solidariedade com as classes oprimidas. Apesar de sua imagem moderna como um clube de "velhos amigos", a maçonaria começou como uma expressão de fraternidade universal e de igualitarismo, dois ideais que estavam na base da teosofia. A verdade estava *lá fora*, e Helena Petrovna estava determinada a encontrá-la. Ela estava mesmo "em busca do desconhecido", e agora, tendo absorvido a biblioteca de seu bisavô, ela tinha alguma ideia de onde procurar.

Dois

A VOLTA AO MUNDO
EM OITENTA MANEIRAS

Existe alguma coisa na alma russa, especialmente no que toca a questões religiosas, ocultistas e místicas, que é diferente de qualquer outro temperamento nacional. Os ingleses dominam o mercado de fantasmas. Os irlandeses são conhecidos por sua clarividência. Os franceses têm uma longa tradição alquímica, ainda ativa. Os alemães produziram muitos astrólogos, e os norte-americanos, sempre hábeis no *know-how*, inventaram a Nova Era. Mas a Rússia tende a produzir aquilo que Colin Wilson chama de "magos — homens ou mulheres que impressionam por sua autoridade espiritual".[1]

Podemos pensar em Tolstoi e Dostoiévski, mas também em Rasputin e Gurdjieff. Na ortodoxia russa, existe a tradição dos *staretz*, anciãos da igreja que são considerados conselheiros e professores espirituais, que não desfrutam de outra autoridade exceto sua *gravitas* pessoal. Leitores de *Os Irmãos Karamazov* se lembrarão do retrato do *staretz* padre Zosima feito por Dostoiévski. Muitos desses homens santos seguem o caminho da ética e, como monges budistas itinerantes, levam sua mensagem pela Terra. Muitos acreditavam que eles tinham o poder da cura e da profecia. Talvez tenha sido essa tradição de "santos errantes" que influenciou o tipo de busca empreendida por Gurdjieff, Ouspensky e outros buscadores russos. Rasputin, o "demônio sagrado", certa vez foi caminhando de sua casa em Pokrovskoe, na Sibéria, até o mosteiro do Monte Athos, na Grécia. Na mesma viagem, ele passou por Jerusalém. Não é à toa que um dos clássicos da espiritualidade russa é *Relatos de um Peregrino Russo*, de autor desconhecido.

Há, no país, uma obsessão por coisas do espírito que não se encontra em nenhum outro povo. O filósofo existencialista russo Nikolai Berdyaev escreveu que "a Rússia sempre esteve repleta de seitas místicas e proféticas, e entre elas sempre houve a sede pela transfiguração da vida".[2] O próprio Berdyaev era um buscador profundamente religioso e conta uma história que caracteriza a intensidade do espírito russo. Numa ocasião, nas primeiras horas da manhã, depois de uma longa discussão religiosa, o proprietário de um café quis fechar a loja. No mesmo instante, os homens reunidos em torno da mesa gritaram "Ainda não podemos ir para casa! Ainda não decidimos se Deus existe ou não!" e prosseguiram.

Berdyaev saiu da geração da *intelligentsia* russa conhecida como "buscadores de Deus". Nos anos anteriores à Revolução Bolchevique — período conhecido como a "Era de Prata" da Rússia —, eles eram uma poderosa força espiritual.[3] Todos estavam imbuídos do caráter peculiar de antinomia da espiritualidade russa, o impulso de ir "além do bem e do mal". Falar de Rasputin como um "demônio sagrado" sintetiza a ideia, e, num ensaio importante sobre Dostoiévski, Hermann Hesse ampliou a questão. Escrevendo sobre *Os Irmãos Karamazov*, Hesse fala daquele que chama de "Homem Russo". Para Hesse, o "Homem Russo" é um histérico, um bêbado, um criminoso, um poeta e um santo, todos embrulhados numa só embalagem.[4] Ele é um "ideal primevo, ocultista, asiático", ao mesmo tempo "assassino e juiz, rufião e alma sensível... total egoísta e herói do autossacrifício". Ou, talvez mais apropriado para nosso contexto, um guru ou uma fraude.

HPB tinha uma boa parcela de ambas essas características russas — uma devoção intensa pela verdade espiritual, combinada com uma personalidade profundamente contraditória —, e ambas aumentaram quando ela embarcou em sua jornada pessoal pelo conhecimento. Porém, às duas características fundamentais da espiritualidade russa mencionadas acima eu acrescentaria uma terceira. Berdyaev fala daquilo que ele chama de *yurodstvo*, "ser um tolo pelo amor a Cristo". Isso significa "aceitar humilhações nas mãos de outras pessoas" e "aquiescer com as troças do mundo, lançando assim um desafio a elas", aquilo que na tradição sufi é conhecido como "o caminho da culpa".[5] Ao seguirmos Blavatsky em suas perambulações, veremos, creio, cada uma dessas características profundamente russas entrando em cena.

QUANDO VOVÔ ANDREY foi substituído como governador de Saratov, ele recebeu um novo cargo, o de diretor das terras do Estado na região transcaucasiana. Antes que HPB e seus irmãos se unissem a seus avós em Tiflis (hoje Tbilisi), capital da Geórgia, passaram um ano com sua tia Catherine Andreyevna Witte, mãe do primo de HPB, o conde Sergei Witte. Anos depois, o conde Witte, amigo de Rasputin e primeiro-ministro da Rússia antes da Revolução Bolchevique, fez um relato da prima famosa em suas memórias, publicadas postumamente em 1920 (Witte morreu em 1915). Elas são menos do que precisas; entre outros erros, ele afirma que ela fundou a Sociedade Teosófica na Inglaterra e que se estabeleceu e morreu em Paris. Segundo a maioria dos estudiosos de HPB, elas devem ter sido manipuladas, sugerindo, em qualquer hipótese, uma postura rancorosa e um pendor pelo mexerico de baixo nível.[6]

Depois de algum tempo numa pequena cidade próxima ao Volga, eles fizeram a longa viagem até o Cáucaso, o montanhoso cenário do romance de Lermontov, *Um Herói do Nosso Tempo*. Foi nessa época, com 16 anos, que Blavatsky diz que começou a viver uma "vida dupla", que era "misteriosa" e "incompreensível", mesmo para ela mesma, até ela "encontrar pela segunda vez meu indiano, ainda mais misterioso". Ainda com 14 anos, segundo afirmou, ela vivia de dia em seu corpo físico, mas à noite sua forma astral assumia o comando.[7] Numa forma mais pública, essa dicotomia se apresentava como uma falta de interesse pela vida social que, mais tarde, ela veio a apreciar. Uma amiga da família, Madame Yermolov, esposa do governador de Tiflis, lembrava-se de HPB como uma jovem alerta, divertida e agradável, sem dúvida uma imagem que muitas jovens *socialites* também tinham. Mas à medida que foi ficando mais e mais absorta nas ideias que descobrira na biblioteca de seu bisavô, sua mente tornou-se mais séria, e a vida de festas sem fim e de reuniões sociais começou a empalidecer. Um amigo que ajudou a jovem HPB a dar prioridade a seus interesses foi o príncipe Alexander Golitsyn, visita frequente em sua nova casa. Com ele e outros poucos e preciosos amigos, Helena Petrovna sentiu que podia conversar sobre as ideias que a obcecavam.

Segundo a maioria dos relatos, Alexander era um maçom, místico e mago que viajou pela Grécia, pela Índia, pelo Irã e pelo Egito à procura de lugares sagrados e conhecendo homens e mulheres como ele, com uma paixão pelo que é espiritual e ocultista. Seu avô, outro Alexander Golitsyn, ministro da educação e de assuntos religiosos de seu amigo, o tzar Alexander I, previra que a Rússia seria o local de nascimento de uma nova igreja universal, expressando a cepa messiânica que, conforme alega Nikolai Berdyaev, é uma constante na psique russa. O primeiro Alexander Golitsyn também parece ter incorporado o caráter contraditório e imprevisível da alma russa. Passou uma juventude dissoluta até uma leitura da Bíblia levá-lo a uma transformação espiritual; mais adiante, isso deu origem à influente Sociedade da Bíblia.

Ele também recebeu a influência de um amigo, A. Koshelev, que era íntimo de muitas das influentes mentes maçônicas e espirituais da Europa, figuras como o "filósofo desconhecido", Louis-Claude de Saint Martin, e o místico cristão Karl von Eckartshausen, cujo clássico místico *A Nuvem sobre o Santuário* ironicamente inspirou a carreira do notório mago das trevas Aleister Crowley.[8] O fato de Eckartshausen escrever sobre uma "Igreja Interior" secreta e de Saint Martin assinar seus livros como o "filósofo desconhecido" sugere uma ligação razoavelmente óbvia com os rosa-cruzes "invisíveis" e com os "Superiores Desconhecidos" da maçonaria. (Mais tarde, com seu humor característico, em alguns de seus artigos para sua revista *Lucifer*, o epíteto de Blavatsky era o "filósofo impopular".)

Koshelev, amigo de Golitsyn, promoveu a maçonaria russa, e, segundo conta Berdyaev, isso teve uma poderosa influência sobre a política russa da época; a revolta decembrista, esmagada por Nicolau I, foi influenciada pelo pensamento maçônico. Sob a influência de Golitsyn e de Koshelev, o tzar Alexander I, antecessor de Nicolau, estudou tanto os textos de Saint Martin quanto os de Eckartshausen, e também os enigmáticos ensinamentos metafísicos do sapateiro e místico silésio do século XVII Jacob Boehme, a quem a palavra "teosofia" também está associada, e passou por uma crise religiosa e por uma conversão. Como observa Maria Carlson, Alexander I "cercou-se de íntimos envolvidos com os seguidores de Swedenborg, maçons, sectários místicos".[9] Acredita-se que Koshelev teria mantido contato com Swedenborg, ou, pelo menos, com seus grupos de seguidores, que aumentaram em número após a morte do sábio sueco em 1772.[10] E sabe-se que o primeiro príncipe Golitsyn teria convidado o filósofo esotérico alemão Franz von Baader para ir à Rússia.[11]

Não se sabe muita coisa sobre o segundo príncipe Golitsyn, exceto que ele teria estimulado HPB a viajar "em busca do desconhecido", e correu um rumor de que ele teria sugerido que ambos unissem forças e viajassem juntos. Pouco depois disso, segundo se conta, ele saiu de Tiflis, e não está claro se os dois tornaram a se ver. Sem dúvida, a perspectiva de fugir com um jovem príncipe, tão interessado quanto ela pelo ocultismo e pelo esoterismo, deve ter provocado fantasias em HPB, mas também deve ter acionado alarmes entre suas governantas. Apesar de estar acima do peso e de suas fotos mostrarem-na encorpada, forte — embora seu rosto conservasse certa beleza —, na época de sua carreira pública, na juventude ela foi considerada atraente. Ela já tinha fugido uma vez de sua tia Catherine, e provavelmente passou a ser mantida sob rédeas curtas. Mas o verdadeiro estopim para seu desejo de viajar apareceu de maneira muito diferente.

O verdadeiro motivo para Helena, então com 17 anos, decidir casar-se com Nikifor Blavatsky, de quarenta e poucos, vice-governador da província de Erivan, nunca ficou claro. Uma história sugere que ela o fez para irritar sua governanta, que tinha dito que nenhum homem aceitaria por esposa uma mulher tão indomável, de temperamento ruim e imprevisível, nem mesmo o velho cavalheiro que ela provocara recentemente e do qual rira tanto. Diante de tal desafio, a adolescente HPB lançou seu feitiço, e seu "corvo sem plumas" foi capturado rapidamente. Outra história diz que, ao saber do plano para fugir com o príncipe Golitsyn, a família se sentiu no dever de proteger a honra dela, e a sua própria, convencendo às pressas o velho (segundo seus padrões) Nikifor a fazer dela uma mulher honesta. Uma terceira possibilidade seria ela ter se casado com Nikifor por estar com raiva do pai, que tinha se casado recentemente com a condessa von Lange.[12]

No entanto a própria Blavatsky conta uma história diferente. Ao que parece, o príncipe Golitsyn não era o único que levava a sério sua paixão mística. Na carta para seu amigo, o príncipe Alexander Dondoukov-Korsakov, mencionada antes, ela escreveu: "Sabe por que me casei com o velho Blavatsky? Porque enquanto os rapazes riam de minhas superstições 'mágicas', ele acreditava nelas!". Ela explica que seu pretendente "comentara tanto sobre os feiticeiros de Erivan, da misteriosa ciência dos curdos e dos persas, que eu o aceitei para usá-lo como chave de entrada para estes últimos".[13] Isso sugere uma sensibilidade bastante calculista para uma jovem de 17 anos e bastante oportunista. Blavatsky deixa claro, porém, que Nikifor não participou da barganha. "Mas", diz ao príncipe, "*nunca fui sua esposa*". Nem a de outro homem. "Nunca foi esposa de ninguém, como pretendem as más línguas", dizendo com isso que nem esse casamento, nem qualquer outro, foi consumado. Esse é um ponto que vai aparecer mais de uma vez na carreira posterior de HPB, e ela usa uma metáfora pitoresca para deixar claro o que quis dizer. "Nunca", diz, "em termos físicos existiu uma moça ou mulher mais fria do que eu. Eu tinha um vulcão em erupção constante em meu cérebro, e... uma geleira no sopé da montanha".

Os leitores mais familiarizados com o sistema esotérico indiano dos chakras — nós de energia espiritual que se supõem situados no corpo físico — devem perceber que Blavatsky pode estar se referindo aqui à ligação entre o chakra Muladhara, localizado nos órgãos sexuais, e o Sahasrara, encontrado no alto da cabeça. No kundalini-yoga, a ideia consiste em despertar a energia dos chakras inferiores, transmutando-a numa forma mais fina e sutil que, com persistência, vai explodir no cérebro numa iluminação súbita, tal como o orgasmo sexual faz mais abaixo. Como HPB se refere a uma "geleira no sopé da montanha", isso sugere que essa não era uma área de grande estímulo para ela — nem, ao que parece, para seu marido. Portanto pode-se suspeitar que, a menos que ele fosse tão desinteressado pelo sexo quanto HPB, o jovem príncipe Golitsyn poderia ter uma triste surpresa se ele e Helena Petrovna tivessem cavalgado juntos na direção do pôr do sol.

Na carta, HPB fala misteriosamente do "casamento da *Virgem* Vermelha com o mineral astral" e do "casamento da Virgem Vermelha com o Hierofante", uma operação crucial na união alquímica dos opostos, assuntos encontrados na biblioteca de seu bisavô. E ela deixa claro que o que quer que fosse necessário na metade masculina da equação para que a operação fosse bem-sucedida, Nikifor Blavatsky simplesmente não o tinha. Não poderia ter sido a mera potência, porque embora fosse velho pelos padrões de HPB e de seus contemporâneos, Nikifor, com quarenta e poucos, não teria sido impotente — pelo menos, não necessariamente. Mas como ela admite o fato de ser "fria", não era o sexo em si o que ela estava buscando. No entanto, tem-se a impressão de que ela estava *se guardando* para alguma coisa, e, dependendo da fonte em que você acredite, ela se manteve celibatária durante a vida toda. Mais tarde, em sua carreira, ela até apresentou um relatório ginecológico para prová-lo.

Mas fosse o que fosse aquilo para que estava se guardando, não era a lua de mel com Nikifor. Ela parece ter pensado melhor no assunto e tentado fazer com que sua família o cancelasse. Ela até pediu a Nikifor para liberá-la do compromisso. Ela lhe disse que ele estaria cometendo um grande erro casando-se com ela, uma verdade com a qual ele iria concordar em pouco tempo. Talvez as outras candidatas de Nikifor não fossem tão boas, ou talvez ele estivesse realmente enlouquecido por ela; de qualquer maneira, ele não desistiu. Ela fugiu por alguns dias; para onde, ninguém sabe, mas suspeitou-se de uma escapada romântica com o príncipe Golitsyn. Depois, ela voltou para tentar melhorar as coisas, refletindo que, como mulher casada, ela não estaria mais sob o controle de sua família. Em 7 de julho de 1849, eles se casaram; Helena tinha pouco menos de 18 anos. Diz a história que quando o sacerdote disse "Deverás honrar e obedecer a teu marido", ela murmurou "Certamente que *não!*", tal como Galileu quando assinou a retratação do sistema copernicano, imposta pela Igreja. (Diz-se que Galileu teria murmurado em voz baixa, "Mas ela se move", referindo-se à Terra ao redor do sol.)

Logo depois de amarrar o nó, Helena tentou cortá-lo. No dia do casamento, que foi grandioso, com cavaleiros curdos cavalgando para homenagear a noiva de seu vice-governador, HPB planejou uma fuga. A caminho de Daichichag, a residência de verão dos oficiais de Erivan, onde o casal passaria sua lua de mel, Helena conspirou com um dos curdos para levá-la até a fronteira iraniana. O curdo informou Nikifor, e depois disso Helena foi mantida sob guarda. Durante os três meses seguintes, em Daichichag e em Erivan, Nikifor tentou desfrutar de seus direitos conjugais, mas Helena se recusou a atendê-lo. Em Erivan, moravam no suntuoso Palácio de Sardar, lar dos antigos governantes turcos do território, e com o Monte Ararat erguendo-se a distância, Helena concentrou-se em sua grande fuga, tendo atravessado a fronteira turca mais de uma vez durante viagens para o interior com suas acompanhantes. Com o tempo, frustrado, Nikifor acabou baixando a guarda, e uma exultante Helena galopou sozinha para Tiflis.

Helena jurou que preferia morrer a voltar para o "velho Blavatsky", e, depois de muitas discussões, a família decidiu que ela seria enviada para seu pai em São Petersburgo. Fizeram planos para que ela o encontrasse em Odessa. Novamente, no entanto, HPB tinha outros planos. Com um servo idoso e uma empregada, ela foi mandada para Poti, no Mar Negro, onde iria embarcar num vapor. Helena valeu-se de tudo para que perdessem o barco. Ela convenceu o capitão de um barco inglês, o *Commodore*, a seguir seus planos, e por uma polpuda gratificação ele concordou. Embarcando com seus serviçais, zarparam para Kerch, no Mar de Azof, a caminho de Constantinopla (Istambul). Ela disse aos serviçais que em Kerch eles iriam tomar a estrada para Odessa e mandou-os para terra firme a fim de conseguirem alojamento, dizendo que iria encontrá-los pela manhã. Naquela noite, ela zarpou. Em dado momento, a polícia marítima foi a bordo, e, para evitar ser capturada, Blavatsky disfarçou-se de grumete. Surgiram problemas com o capitão e, quando chegaram ao Bósforo, HPB foi para terra firme num caiaque.

SE O LEITOR ACHA que isso se parece com alguma coisa saída de Alexandre Dumas e *O Conde de Monte Cristo*, não me surpreende. Havia começado a "viagem ao desconhecido" de HPB, e nesse momento sua vida se tornou uma série de aventuras, como as que seu contemporâneo Júlio Verne descreveria nas páginas de seus romances. *A Volta ao Mundo em 80 Dias* foi publicado em 1873, ano em que Blavatsky aparece em Nova York, fazendo de Verne um sucesso internacional. Mas entre 1849, quando ela fugiu de seu marido cabisbaixo, e esse ano, HPB embarcou numa viagem que até Phileas Fogg teria achado impressionante. Durante os nove anos seguintes, além de seu pai, que lhe enviava dinheiro sempre que podia, ninguém em sua família ouviu falar dela. Ela achava que, se soubessem onde estava, iriam ajudar seu "corvo sem plumas" a localizá-la. Alguns relatos dizem que o próprio Nikifor lhe mandava dinheiro, e talvez, nessa época, ele concordasse com sua advertência de que casar-se com ela seria um engano, desejando-lhe sorte em sua *Wanderjahre*.

SUA PRIMEIRA PARADA foi Constantinopla. Foi lá que seu primo, o conde Witte, afirma que ela se tornou uma "amazona de circo", e especulações posteriores diziam que seu celibato era o resultado de ferimentos que sofrera por cavalgar nua em pelo. Há poucas evidências para as duas alegações, embora HPB tenha sofrido uma queda quase fatal de um cavalo mais tarde. Porém ela teve a sorte dos viajantes, pois encontrou a condessa Kisselev, que conhecera na infância. A condessa a acolheu e viajaram juntas durante algum tempo pelo Egito, pela Grécia e pelo leste europeu. Em pouco tempo, Helena iria conhecer companhias mais excitantes e aventureiras, embora a própria condessa parecesse ter gostos peculiares. HPB disse a A. P. Sinnett que a condessa gostava que ela se vestisse como "um estudante cavalheiro". Já vimos Helena disfarçando-se de grumete, e ela também disse a Sinnett que na Índia também usara roupas masculinas, e que na época ela era "bem magra", por mais que seja difícil acreditar nisso. Não era inaudito mulheres europeias vestindo-se como homens no Oriente. Talvez o exemplo mais conhecido seja o de Isabelle Eberhardt, autora e viajante suíça que, vestida de homem, permaneceu sem ser molestada entre os sufis e muçulmanos do norte da África no começo do século XX. No entanto, esse fetiche da condessa Kisselev — HPB não explica por que ela lhe pedia para se vestir como homem — e a falta de interesse de Blavatsky por homens levaram à suspeita de que ela era lésbica e que se travestia, embora seja duvidoso que sua geleira pudesse ser derretida por mulheres. (Uma das fontes desse rumor foi Aleister Crowley, mas ele também afirmou que ela era Jack, o Estripador.[14])

Temos alguma noção do que HPB foi fazer em Constantinopla graças a seu artigo "O Círculo Luminoso", sobre os "Maravilhosos Poderes da Menina Adivinha de Damasco", originalmente publicado em *The Sun* (Nova York) de 2 de janeiro de 1876. Em Pera, o bairro europeu da cidade, os dervixes mevlevi, seguidores de Rumi, mestre sufi do século XIII, tinham um alojamento, ou *tekke*.[15] Em seu relato, HPB visita um dervixe ao procurar um cão perdido. O dervixe induz a clarividência em HPB e ela encontra o cão.[16] HPB estava à procura de conhecimentos mais significativos do que a localização de um bicho de estimação, mas a ideia de buscar *aqueles que sabem* vem à tona. Outra descoberta mais dramática também aconteceu em Pera. Lá, Blavatsky iria encontrar alguém que entraria e sairia de sua vida misteriosamente durante o período chamado por K. Paul Johnson de seus "anos velados". Ao voltar para casa, certa noite, HPB estava caminhando por Pera quando deu com o "corpo aparentemente morto" do cantor de ópera ítalo-húngaro Agardi Metrovitch. Ele havia sido esfaqueado várias vezes por uma gangue de "rufiões" malteses e corsos, três ao todo, que, segundo ela, estavam a serviço dos jesuítas. Um policial, subornado, ofereceu-se para empurrar o corpo até uma vala, e quando ela percebeu que ele estava de olho em suas joias, mostrou sua pistola para o policial. Ela conta que ficou em pé ao lado de Metrovitch durante horas, até conseguir que ele fosse levado para um hotel grego no qual era conhecido e onde tomariam conta dele. Não ficou claro se Metrovitch tinha interesses esotéricos (embora ele pudesse ser maçom), mas sua amizade com HPB, que durou até sua morte em 1872 em Ramleh (uma cidade árabe que hoje fica em Israel) depois de ser envenenado pelos malteses em Alexandria — pelo menos segundo o relato de HPB; os médicos dizem que foi febre tifoide —, liga-a a diversos movimentos políticos subversivos da época. Agardi era, segundo o relato de Blavatsky, "um carbonário, um revolucionário da pior espécie, um rebelde fanático", que tinha insultado o papa e que odiava os padres, especialmente jesuítas, e que escapara de ser enforcado por eles na Áustria graças aos serviços de HPB e da condessa Kisselev.

A menção a "rufiões" no relato de HPB sobre seu primeiro encontro com Agardi Metrovitch leva aquele que tem mentalidade maçônica ao mito da fundação da maçonaria, a história de Hiram Abif e de seu assassinato por três "rufiões" quando ele se recusou a lhes revelar a "palavra maçônica" secreta. Se isso tem alguma relação, os jesuítas foram o alvo principal do desdobramento mais radical da maçonaria, os Iluminados da Baviera. (Os jesuítas também não morriam de amores pela maçonaria em qualquer de suas formas.) "Rufião" é uma palavra antiquada, mas ainda estava em uso na época de HPB, e ela tinha um domínio peculiar da língua inglesa. Porém, tendo em vista os vínculos políticos de Agardi, será que ao contar a história Blavatsky não teria escolhido o nome e o número de seus atacantes de propósito, para comunicar, para aqueles que captassem a referência, as filiações espirituais e políticas de Agardi, bem como as suas próprias? Pode ser uma coincidência. Mas tendo em vista o estranho mundo no qual HPB estava se movendo, não é totalmente ilógico fazer esse tipo de reflexão.

METROVITCH APARECE NA VIDA DE HPB em momentos diferentes, nenhum deles com qualquer clareza definitiva. Segundo o conde Witte, HPB saiu de Constantinopla com Metrovitch rumo a "uma das capitais europeias", da qual ela mandou cartas para seu pai, afirmando que haviam se casado. Seus caminhos se separaram e depois ele aparece em Tiflis, para onde HPB voltou para passar algum tempo com seu marido. Agora em declínio, Metrovitch canta na Ópera de Tiflis e exige de HPB *seus* direitos conjugais. O escândalo força-os a ir a Kiev, de onde fogem depois que poemas escritos por HPB sobre seu amigo, o príncipe Dondoukov-Korsakov, na época governador-geral da cidade, aparecem pela cidade, supostamente aludindo a alguma ligação passada. Eles vão parar em Odessa, onde HPB faz *séances* mediúnicas e tenta montar uma fábrica de flores artificiais e outra de tinta (como Gurdjieff, HPB parece ter tido uma queda para trabalhos manuais). Depois, o casal ruma para o Cairo. No caminho, o navio explode. HPB sobrevive. Mas Metrovitch não...

Estamos nos antecipando, mas a contribuição mais controvertida de Metrovitch para a "história de Blavatsky" é que ele permitiu que seu tutelado, Yuri, que morreu em 1867 com 5 anos de idade, fosse enterrado com seu sobrenome. A relação exata entre Yuri e HPB tem sido causa de muitas discussões. Alguns dizem que ele foi o fruto do relacionamento dela com o barão Meyendorff, da Estônia. A própria Blavatsky disse que assumiu a criança porque nem o pai, o barão Meyendorff, nem a mãe, Nathalie Blavatsky, sua cunhada, o queriam, por ser ilegítimo. Estamos nos antecipando novamente na história, mas, durante a breve reconciliação com Nikifor — que durou, dependendo da fonte, apenas alguns dias ou alguns anos —, HPB concordou em adotar o menino. Um passaporte emitido para HPB menciona o "menor sob sua guarda, Youri", e o relatório ginecológico mencionado antes sugere que a criança não era de Blavatsky. O relatório, preparado em 1885, afirma que ela "nunca deu à luz uma criança".[17] Biógrafos anti-Blavatsky, como Marion Meade, têm outra opinião e argumentam que o menino foi o fruto de um relacionamento adúltero entre HPB e Metrovitch.[18] O barão Meyendorff e Nathalie Blavatsky vão voltar a aparecer depois, quando examinarmos o relacionamento — ou falta de — entre HPB e o médium vitoriano Daniel Dunglas Home.

Depois de Constantinopla, HPB foi à Grécia, e de lá ao Cairo. Embora sua bússola mística aponte, em anos posteriores, para a Índia e o Tibete, no começo todas as estradas ocultistas levavam ao Egito, e podemos dizer que foi lá que sua jornada esotérica começou de fato. Ela estava em boa companhia. Segundo as lendas, Pitágoras, Platão, Moisés e outros grandes nomes ocidentais frequentaram a escola na terra das pirâmides, e o próprio Christian Rosenkreuz, fundador mítico da ordem dos rosa-cruzes, também esteve lá. Em suas viagens, HPB daria eco às lendárias jornadas de buscadores mais antigos. O suíço Paracelso, pai da medicina alternativa e alquimista do século XVI, encontrou xamãs na Rússia, visitou minas de estanho na Cornualha, estudou alquimia no Cairo e Cabala na Espanha e foi cirurgião militar na Itália. Buscadores posteriores como Ca-

gliostro e o Conde de Saint-Germain deram origem ao tema do "Viajante Nobre", cujas "perambulações", segundo o poeta O. V. de Lubicz Milosz, "embora
pareçam ao acaso, coincidiram rigorosamente com os dons e as aspirações mais
secretas do adepto".[19] Como os cronistas das aventuras de HPB não demoram a
perceber, seu itinerário coincidiu com algumas coisas bem interessantes.

Um personagem que ela conheceu no Cairo foi o artista, estudioso e viajante Albert Rawson. Como a própria HPB, Rawson é uma dessas figuras do século
XIX extraordinariamente talentosas, que aparentemente não são mais produzidas em nossa época. Ele nasceu em Chester, Vermont, em 1828, de modo que
era apenas alguns anos mais velho do que Helena quando se conheceram. Ele
estudara teologia e medicina e publicou seu primeiro livro, *The Divine Origin of
the Holy Bible* [A Origem Divina da Bíblia Sagrada], aos 17 anos, continuando
a escrever sobre temas que iam desde história das religiões à geografia e línguas
orientais, maçonaria e ocultismo. Ele também escreveu ficção e produziu cerca
de 3 mil gravuras. Era um ilustrador muito procurado — seus retratos mais fa-
mosos foram da rainha Vitória, de Luís Napoleão e da imperatriz Eugênia. Recebeu o título de doutor em teologia por Oxford e em medicina pela Sorbonne,
estudou direito e arqueologia e no seu tempo livre viajava, principalmente para
o Oriente. Em dada ocasião, como o explorador Richard Burton, ele viajou a
Meca disfarçado de muçulmano; na verdade, sua visita foi anterior à de Burton.[20] Outro de seus interesses eram as sociedades secretas e o mundo sombrio
da "maçonaria radical". Ele foi "adotado" pelos beduínos aduan de Moab e
aceito pelos drusos libaneses, e filiou-se a muitos grupos maçônicos e fundou
outros.[21] Foi ainda livre-pensador e um dos primeiros membros da Sociedade
Teosófica. Na controvertida obra de K. Paul Johnson sobre a identidade dos
"Mestres" de Blavatsky, Rawson tem um papel importante como um dos "buscadores da verdade" — a expressão é de Gurdjieff — com quem HPB se associou
durante seus "anos velados", antes de aparecer em Nova York no começo de sua
"missão".

Rawson descreve seu encontro com HPB num artigo que escreveu para
uma revista inglesa, *The Spiritualist*, em 1878, depois do sucesso de *Ísis sem
Véu*. Ele escreveu outro relato similar anos depois, após a morte dela. Ele
registra que conheceu HPB e a condessa Kisselev no Hotel Shepherd, uma
acomodação de quatro estrelas, que sugere que a viagem de Blavatsky estava

sendo financiada, ou por seu pai, ou por Nikifor. Dois itens de seu relato merecem destaque. Um é que HPB consumia haxixe. Isso é algo que será muito repetido (eu mesmo sou culpado disso) e, nas décadas de 1960 e 1970 (bem como hoje), tornou HPB mais "relevante" para jovens buscadores, que viram a teosofia como algo muito mais interessante ao imaginarem sua fundadora desfrutando de um baseado.

A única outra referência ao uso de haxixe por HPB surge num artigo de Hannah Wolff, escrito durante os primeiros dias de Blavatsky em Nova York. É pouco mais do que uma tentativa de assassinato de um personagem; convenientemente, só foi publicado após sua morte. Nele, HPB aparece viciada em ópio, com uma compleição "entorpecida", "sinistra" e "pastosa", seu nariz uma "catástrofe", seus cabelos "lanosos, como os de um negro", e ela é uma "mulher muito estúpida e banal", que "se esforça ao máximo para ludibriar".[22] Hannah Wolff foi casada com John B. de Wolff, presidente da Primeira Sociedade Espiritual de Washington, D.C., e na época, e ao longo de sua carreira, HPB foi a Inimiga Pública nº 1 dos espíritas mais sérios, por motivos que ficarão claros em breve.

Há dezenas de referências a HPB enrolando e fumando seus próprios cigarros; é parte integral dos relatos a respeito dela, e muitos falam de seus "dedos delicados" enrolando habilmente um cigarro atrás do outro. Mas não há relatos — além dos de Rawson e de Wolff — que indiquem que ela adicionava haxixe ao tabaco. E se usava haxixe, na época ele era ingerido, e não fumado, o que significa que seus efeitos eram muito mais poderosos.[23] Certamente, teria sido o caso no Cairo por volta de 1851 ou em Nova York em 1873. Ela não poderia, como sugeriram alguns, ter escrito sob sua influência — pelo menos, não alguma coisa digna de leitura. Os seguidores mais fiéis negam que HPB tenha chegado perto da coisa, e a própria Blavatsky advertia contra o uso de drogas e de álcool — o que, evidentemente, não significa que ela nunca as tenha consumido.[24] Alguns autores têm sugerido que ela pode tê-lo feito no começo, parando mais tarde. Não sei ao certo, mas estou inclinado a achar que não, só pela falta de outras referências além das feitas por Rawson e Wolff. Embora fosse um pouco inaceitável, o uso de haxixe e de outras drogas só se tornou um sinal de depravação moral no começo do século XX, e, tendo em vista as outras excentricidades de HPB, podemos imaginar que a maioria dos jornalistas teria incluído o fato em suas histórias. Também estou inclinado a me perguntar se Rawson não teria feito isso justamente em nome da boa reportagem, porque era algo esperado de uma pessoa mergulhada nos "mistérios orientais". Sim, é claro que HPB pode ter experimentado essas drogas, e onde mais fazê-lo senão no Cairo? (Com efeito, foi do Egito que o consumo de haxixe se espalhou para a Europa, quando as tropas de Napoleão levaram a prática para a França.) Algumas das escolas de ocultismo com que ela entrou em contato usavam drogas, e por isso, nesse contexto não teria sido incomum que ela as consumisse também.

O outro item digno de menção é que ela e Rawson visitaram um "mago" copta, Paulos Metamon, cujo endereço HPB pode ter conseguido com o príncipe Golitsyn. Disfarçados de jovens muçulmanos para poderem andar pelo Cairo sem serem perturbados, visitaram Metamon, que percebeu rapidamente o disfarce. Eles explicaram que estavam ali para aprender com ele. Metamon mostrou-se feliz por poder ajudar, mediante pagamento, e mostrou-lhes seus livros de magia e astrologia. Rawson comenta que eles tentaram formar "uma sociedade de pesquisa ocultista" pouco depois da visita, mas que isso não deu certo, e Metamon sugeriu que aguardassem um momento melhor. K. Paul Johnson sugere que Metamon pode ter estado envolvido na fracassada *société spirite* fundada por HPB no Cairo vinte anos depois, em 1871, uma ideia sugerida originalmente pelo filósofo tradicionalista René Guénon, que não era amigo da teosofia, em 1921.[25] Johnson sugere que Metamon pode ter sido o modelo original de Serapis, um dos primeiros Mestres de HPB a aparecer pessoalmente, pelo menos para ela e o coronel Olcott. Joscelyn Godwin sugere que ele pode ser a origem do "M", geralmente considerado como o sinal do Mestre Morya, o misterioso indiano de seus sonhos com quem ela se encontraria pessoalmente em breve. Como as primeiras referências ocultistas de HPB costumam ser herméticas e egípcias, o "M" a que ela se refere em 1875, quando tentou novamente criar uma "sociedade ocultista", pode ter sido Metamon.[26] Chamada de "Clube dos Milagres", essa tentativa também fracassou. Aparentemente, no mundo das sociedades ocultistas, a regra do beisebol "três strikes e você sai" não se aplica; como veremos, foi só na sua quarta tentativa que ela teve sucesso.

Do Cairo, em 1851, HPB atravessou a Europa e rumou em direção a Paris, levando consigo os conhecimentos adquiridos de Rawson, Metamon e possivelmente outros sobre magia, ocultismo, maçonaria e assuntos correlatos. Em Paris, dizem que teria "espantado os maçons", pelo menos segundo alguns relatos. Uma pessoa que ela impressionou foi o mesmerista e espírita Victor Michal. Michal estava familiarizado com projeção astral e bolas de cristal e consumia haxixe enquanto trabalhava — um possível vínculo com o controvertido consumo por parte de HPB —, e diz-se que ele teria considerado HPB excelente para entrar em transe. Disse que, enquanto estava em transe, ela mudava completamente de personalidade, mas que, ao voltar a "si", ficava sujeita a acessos de raiva. Parece um eco do comentário de HPB sobre ter uma "vida dupla", e quando chegarmos à época em que ela escreve *Ísis sem Véu* e outras obras, analisaremos a ideia de que Blavatsky exibia algum tipo de personalidade múltipla. Michal queria que HPB trabalhasse com ele, e ela manteve contato com outros espiritualistas em Paris, mas, como de costume, ela tinha outros planos, e logo mais voltaremos ao controvertido relacionamento entre HPB e o espiritualismo.

De Paris, Blavatsky foi para a Inglaterra, onde, como diz o clichê, ela encontrou seu destino. Talvez seu primeiro encontro pessoal com seu Mestre Morya seja o momento mais importante de sua vida — mas, se a história de que teria sido salva da queda de um cavalo for verídica, ela já o teria encontrado, de certo modo. Seja como for, tal como praticamente tudo em sua história, não existe uma versão definitiva desse encontro especial. Supõe-se que teria acontecido em Londres em 1851, ano da Grande Exposição, enquanto ela estava acompanhando sua madrinha, a princesa Bagration-Murransky, embora alguns relatos coloquem-na lá com seu pai, na duvidosa viagem de ambos a Londres. HPB e a princesa Bagration estavam hospedadas no Hotel Mivarts, hoje Claridge's, que, novamente, não é uma acomodação barata. Numa versão, talvez a mais conhecida, ela vê o "indiano alto" de seus sonhos numa multidão e ele lhe diz para encontrá-lo mais tarde no Hyde Park; ele estava lá, disse ela, como parte da "primeira Embaixada do Nepal". Ela disse a A. P. Sinnett "*Não posso, não devo* falar sobre isso. Eu não publicaria isso por nada deste mundo". Em outra versão, contada para C. W. Leadbeater, que se tornaria um teosofista de alto escalão após a morte de Blavatsky, ela o encontra na Grande Exposição, que estava ocorrendo no Hyde Park, e ele estava lá com uma delegação de príncipes indianos. Mas numa carta ao príncipe Dondoukov-Korsakov, ela diz que o Mestre a salvou quando, numa crise de depressão, ela pensou em pular no Tâmisa da Ponte de Waterloo.[27] E em outra versão, registrada num antigo caderno enviado à sua amiga, a condessa Wachtmeister, por sua tia Nadya, enquanto a condessa e HPB estavam em Würzburg, na Alemanha, HPB diz que o encontro deu-se em Ramsgate, uma cidade portuária inglesa que se tornou popular a partir do século XIX, no dia de seu vigésimo aniversário, dentre todos os dias possíveis. Quando a condessa lhe perguntou por que ela teria registrado o encontro em Ramsgate e não em Londres, HPB respondeu que Ramsgate era um "tapa-olhos", uma pista falsa.[28]

Seja qual for o relato "real" — se é que existe um —, a conclusão é que Morya a procurou de propósito, pois tinha em mente uma missão especial para ela, o que sugere que, de algum modo, ele sabia que ela estaria em Londres. Se ela aceitasse, teria de passar por uma preparação especial. Segundo ele lhe disse, ela teria de passar três anos no Tibete. HPB não teve intenção alguma de recusar essa oferta. Quem era Morya, qual a missão de HPB e como ela foi ao Tibete — se é que o fez — será visto no próximo capítulo. Então HPB decidiu que o melhor caminho para a Índia — a fim de chegar ao Tibete — seria seguir a rota de Colombo. Assim, ela foi para o oeste e rumou para a América.

No outono de 1851, HPB estava a caminho do Canadá. Ela era fã de James Fenimore Cooper e de suas descrições dos nativos norte-americanos — embora nem Cooper, nem ninguém, chamasse-os dessa maneira na época —, e isso a levou a querer conhecer exemplos da vida real. Em Quebec, ela foi apresentada a alguns índios e queria que eles compartilhassem seus conhecimentos xamânicos com ela. Em vez disso, roubaram suas botas e outros bens. Mais tarde, em *Ísis sem Véu*, ela explicou as ações deles como resultado do trabalho de missionários cristãos, cujo efeito sobre outros índios — os do subcontinente — ela também considerou repreensível. Supõe-se que nessa época ela teria recebido um legado da princesa Bagration; o valor exato não ficou claro, e diz-se que ela teria usado parte dele para adquirir terras, tendo depois perdido o título. Porém, sobrou o suficiente para viajar. Então, ela pensou em investigar os mórmons, mas como sua primeira cidade, Nauvoo, em Illinois, tinha acabado de ser dizimada por uma turba, deixando os sobreviventes sem teto, ela mudou de planos. O México despertou seu interesse, mas ela passaria primeiro por Nova Orleans para estudar vodu. Num sonho, Morya a informou sobre essa prática das trevas, e assim ela seguiu em frente. Passando pelo Texas, ela chegou ao México e depois foi mais para o sul, para as Américas Central e do Sul, onde explorou as ruínas de antigos templos incas, nos quais, acredita-se, teria localizado um tesouro perdido, o qual, infelizmente, ela não conseguiu recuperar na época. (Alega-se que era o resgate que uma rainha inca teria oferecido a Pizarro em troca da vida de seu marido.)

Em 1852, havia chegado o momento de ir para a Índia. Um inglês que ela conhecera na Alemanha dois anos antes estava numa busca similar, segundo sabia, e por isso ela escreveu para ele sugerindo que se encontrassem nas Índias Ocidentais, de onde viajariam juntos para o Oriente. Uniu-se a eles um hindu que ela conhecera em Honduras, um *chela*, ou estudante, dos Mestres (agora havia mais de um), e os três rumaram para o Ceilão por meio do Cabo da Boa Esperança. Do Ceilão, chegaram a Bombaim (hoje Mumbai), onde se separaram. Blavatsky disse ao príncipe Dondoukov-Korsakov que ela ficou na Índia durante dois anos, recebendo pagamentos mensais de algum benfeitor desconhecido e seguindo um itinerário preparado para ela. Morya mandou-lhe cartas, mas nesse período ela não o encontrou. Foi durante essa visita que ela fez a primeira tentativa de chegar ao Tibete, em algum momento de 1853.

Depois da primeira tentativa de atingir o Tibete, HPB voltou à Inglaterra passando por Java. (Há dúvidas sobre a cronologia dessa época; segui aquela apresentada por Sylvia Cranston e Boris de Zirkoff, organizador de *Collected Writings* [Escritos Reunidos], que parece ser a mais amplamente aceita.) Ela saiu da Índia a bordo do *Gwalior*, que ela afirma ter "naufragado perto do Cabo", mas ela sobreviveu com outros vinte passageiros. Quando ela chegou à Inglaterra, em 1854, a Guerra da Crimeia tinha sido deflagrada e ela era uma inimiga estrangeira. Ela ficou na Inglaterra durante algum tempo graças a um contrato como concertista e membro da Sociedade Filarmônica.[29] Ela teve outro encontro com o Mestre, dessa vez, "na casa de estranhos". Ele estava na companhia de um "príncipe nativo destronado", que a maioria dos relatos sugere ter sido Dalip Singh, marajá de Lahore, recém-deposto. HPB e o Mestre conversaram, mas, estranhamente, ao recordar depois esse encontro, Blavatsky se esqueceu do que falaram. Depois, HPB retornou à América, dessa vez a Nova York, onde ela voltou a se encontrar com Albert Rawson. A descrição que ele fez dela nessa época, "ágil, musculosa e equilibrada", sugere que ela ainda não tinha começado a ganhar o peso que atingiu mais tarde. Depois de Nova York, ela foi a Chicago, e de lá fez uma viagem para o Oeste, atravessando as Montanhas Rochosas numa carroça coberta. Em Salt Lake City, ela ficou com a senhora Emmeline Wells, mórmon, que observou que HPB estava usando sapatos masculinos como preparativo para viajar em território rústico.[30] Wells imaginou que ela estivesse indo para o México. Não ficou claro se nessa viagem Blavatsky cruzou novamente a fronteira, mas ela passou por San Francisco em seu caminho rumo ao Oriente, indo especificamente à Índia passando pelo Japão.

Nessa viagem à Índia, parece que HPB pode ter feito contato com o Mestre, diferentemente de sua primeira viagem. Em *Ísis sem Véu*, ela conta que entrou em contato com "certos homens, dotados de poderes tão misteriosos e de conhecimentos tão profundos que podemos chamá-los efetivamente de sábios do Oriente". Um relato de suas aventuras nesse período pode ser encontrado em seu livro *Das Cavernas e Selvas do Hindustão*, publicado originalmente em episódios pelo *Moscow Chronicle* sob o pseudônimo "Radda Bai" entre 1878 e 1886. Seu editor, M. N. Katkov, voltou a publicar mais tarde seus relatos no *Russian Messenger*, e eles apareceram na forma de livro em 1892. Durante boa parte da carreira de HPB, ela foi conhecida em sua terra natal como a autora desses contos semifictícios de aventuras no Oriente misterioso, e ainda são histórias excelentes e dignas de leitura, que, de diversas maneiras, forjaram o molde para histórias posteriores sobre jornadas similares. Nas histórias de HPB, o Mestre aparece como "Gulab Singh". Essa viagem pela Índia, que incluiu outra tentativa de atingir o Tibete e percorrer a Caxemira, Ladakh e Burma, terminou em 1857, pouco antes do Motim de Sepoy, que representou um sério desafio ao domínio britânico. Recebendo "ordens" do Mestre, HPB saiu de Madras (hoje Chennai) e foi a Java, retornando novamente à Europa.

NA NOITE DE NATAL de 1858, a sineta da porta soou numa casa em Pskov, não muito longe de São Petersburgo. Realizava-se nela uma festa de casamento, e a irmã de HPB, Vera, atendeu à porta. Era HPB. Como um casamento tinha sido o início da longa aventura de HPB, parece apropriado haver outro no seu término — ou, pelo menos, em seu término temporário. A caminho para a Rússia, HPB passou alguns meses na França e na Alemanha, e já tinha entrado em contato com tia Nadya, a quem ela pediu que mantivesse seu retorno em segredo. Ela receava que Nikifor fosse tentar exigir seus direitos novamente, mas ele garantira a Nadya que esse tempo tinha acabado. Quando Vera lhe perguntou sobre esses anos de viagem, HPB mostrou-se estranhamente reservada, mencionando apenas que visitara a Europa, a América e a Ásia. Foi dessa época que ela falou mais tarde, ao dizer que tinha "varrido" todos os vestígios de suas viagens e que não deixou as pessoas saberem onde tinha ido ou o que estivera fazendo. Para ela, se seus parentes soubessem que ela tinha estudado ocultismo, teriam ficado horrorizados, como se ela tivesse vendido sua alma para Satã. Teria sido preferível, disse ela, ter passado a última década como prostituta. Mas a HPB que voltara para eles tinha poderes estranhos, sugerindo um conhecimento das artes das trevas.

Começaram a acontecer "coisas" à volta dela. "Batidas" eram ouvidas nas paredes, nas janelas e nos pisos, e móveis se moviam sozinhos. HPB tentou evitar a responsabilidade por esses fenômenos, mas com o tempo ela acabou admitindo que os estava causando involuntariamente, embora pudesse, caso desejasse, controlá-los até certo ponto. Em dado momento, tentando convencer seu pai e seu irmão Leonid, agora estudante universitário e um típico cético daquela época, de suas habilidades, ela disse que podia tornar um objeto tão pesado que não poderia ser levantado. Ela lhe pediu para erguer uma pequena mesa de xadrez que estava perto deles. Ele o fez com facilidade. Depois, ela se concentrou e olhou para a mesa, focalizando seu olhar intensamente. Ela pediu a Leonid para erguê-la novamente. Ele não conseguiu, tampouco um amigo que ficou sob a mesa e tentou levantá-la com os ombros. Quando ela "largou" a mesa, esta subiu com tanta força que quase deslocou o braço de Leonid.

Em outra ocasião, em São Petersburgo, a família foi visitar um amigo. Intrigado pelas histórias sobre os poderes de Helena, ele sugeriu que o coronel Hahn saísse da sala e escrevesse uma palavra, que Helena tentaria soletrar com suas batidas, usando um código simples, com uma batida para "A", duas para "B", e assim por diante. As batidas de HPB soletraram "Zaitchik". Quando seu pai voltou, ficou atônito. Ele tinha escrito uma pergunta: o nome de seu cavalo favorito durante sua primeira campanha turca. Era Zaitchik. Em Rougodevo, numa casa de propriedade do falecido marido de Vera, um piano tocou sozinho, sem ser aberto. Enquanto estava lá, abriu-se uma ferida misteriosa sob o coração que HPB tinha sofrido durante suas viagens, e, quando um médico tentou tratá-la, apareceu uma estranha mão parda, impedindo-o — seria a mesma mão que a salvara do cavalo desgovernado na infância? A ferida aberta provocou uma doença estranha, que durou vários dias e acarretou convulsões e um "transe como que o da morte", o primeiro de uma série de ataques quase fatais de que HPB seria acometida ao longo de sua carreira.

Durante uma visita com Vera a Isidoro, metropolita de Zadonsk (equivalente a um arcebispo), mais "fenômenos" ocorreram. Móveis se mexeram, paredes rangeram e racharam, batidas soaram e o candelabro pareceu adquirir vida própria. O metropolita perguntou a HPB se os "amigos" dela poderiam responder a uma pergunta dele; eles o fizeram. O metropolita não ficou chocado com essas coisas e disse que acreditava que Helena podia usar seus poderes para o bem. Vera fala de muitas outras ocorrências, mencionando ainda que, em algumas ocasiões, quando HPB era forçada a "produzir", não acontecia nada. Mais tarde, Blavatsky comentou que isso acontecia por causa de seu desgosto com "a sede crescente pelos fenômenos", reconhecendo sua pouca importância, sensação que iria aumentar com o tempo.

As irmãs viajaram até Tiflis para visitar sua avó, que morreu enquanto estavam lá. Nessa viagem, que aconteceu em 1860, HPB teria conhecido outro Mestre, Hilarion Smerdis, um grego, que reaparecerá mais tarde em nossa história; Sylvia Cranston situa esse primeiro encontro numa data posterior.[31] Foi ainda nessa viagem que Metrovitch e sua esposa, Teresina, também cantora de ópera, foram trabalhar na Ópera de Tiflis; no caderno de HPB, há um esboço de ambos como Mefistófeles e Gretchen de *Fausto*, de Gounod. Não muito depois disso, em 1862, HPB reconciliou-se com Nikifor, adotando Yuri. Não está claro o tempo em que ela e Nikifor moraram juntos. Nesse período, ela se sustentava de várias formas, fazendo bordados e transportando toras para a produção de um material poroso e branco, altamente inflamável, usado em fogueiras. Ela percebeu que o fungo que apodrece a madeira e produz esse material cobria muitas árvores da região e teve a brilhante ideia de transportar as toras rio abaixo para exportá-las.

Ela ficou famosa em Tiflis e em outros lugares como feiticeira, vidente e aquilo que hoje chamaríamos de "psíquica" ou paranormal, além de curadora. Nessa época, ela tinha desistido de responder a perguntas com batidas, algo que era cansativo e tomava tempo, e começara a dar respostas verbais ou por escrito.

Mais tarde, ela disse a A. P. Sinnett que conseguia ler os pensamentos das pessoas, vendo-os saindo de suas cabeças como uma espiral de "fumaça luminosa" que formava imagens e figuras à volta delas, comentando que geralmente esses pensamentos se alojavam na consciência de outras pessoas. Aparentemente, ela aprendera a controlar os fenômenos estranhos que aconteciam à sua volta.

Em 1864, em Mingrelia, nas margens do Mar Negro, HPB caiu de seu cavalo. Fraturou a coluna e entrou num coma que durou meses. Ela emagreceu muito, e temeu-se por sua vida. Ela respondia a perguntas, mas na maior parte do tempo permanecia, segundo disse depois, numa espécie de sonho no qual ela estava em algum lugar e era outra pessoa, mais um exemplo da estranha "vida dupla" em que entrara anos antes. Ela disse que nesse estado não tinha ideia de quem fosse Helena Blavatsky e que teve a impressão de viajar para um país distante, como "um indivíduo totalmente diferente".[32] Ela se recuperou ao voltar a Tiflis, e, junto com sua saúde, recebeu outra coisa. Ela adquiriu o controle absoluto sobre seus poderes. Como muitas outras figuras ligadas ao esoterismo — Steiner, Jung, Gurdjieff, Swedenborg —, HPB passara por aquilo que o historiador da psicologia Henri Ellenberger chama de "doença criativa", saindo dela mudada.

Após sua "doença criativa", HPB tornou a sair viajando, percorrendo a Itália, a Transilvânia e a Sérvia. O coronel Olcott afirmou que nessa época ela apresentou recitais de música na França e na Itália como "Madame Clara", mesmo período em que o conde Witte disse que ela administrou o Coro Real do rei Milan da Sérvia — só que o rei Milan ainda não era rei, e assim o coro não poderia ser dele. Também é pouco provável que Metrovitch, cuja esposa tinha falecido recentemente, a tivesse acompanhado, e seu trabalho na Ópera de Tiflis o obrigava a ficar na cidade. Embora fosse um centro cultural, Tiflis começou a entediar Blavatsky, e a fome por conhecimentos e experiências tirou-a novamente de lá. Seu diário de viagens, muito superficial, fala de Odessa, Síria, Líbano, Jerusalém, Egito e Grécia. Ela pode ter estudado a Cabala com um rabino experiente em algum ponto dessas viagens; Sylvia Cranston informa que HPB se correspondeu com o rabino até a morte dele e que seu retrato era um de seus tesouros. Em 1867, ela esteve nos Bálcãs, na Hungria, em Veneza, Florença e Mentana, onde foi ferida em 3 de novembro ao lutar contra os franceses e o exército papal ao lado de Garibaldi. Mais tarde, ela impressionou o coronel Olcott com as balas de mosquetão ainda encravadas em sua perna e em seu ombro, mostrando-lhe também onde um sabre quebrara seu braço esquerdo em dois lugares. Ela foi deixada à morte numa vala — a batalha foi uma derrota fragorosa e o próprio Garibaldi foi capturado — e, tal como ocorrera com suas "doenças criativas", essa experiência de quase morte também a ajudou a obter um controle ainda maior de seus poderes. De Mentana ela voltou aos Bálcãs, onde recebeu instruções do Mestre para ir a Constantinopla; de lá, ela partiu pela terceira vez para a Índia e o Tibete.

Vamos analisar, portanto, o período passado na terra das neves eternas.

Três

SETE ANOS NO TIBETE?

Tendo em vista o itinerário seguido no capítulo anterior, o fato de HPB ter afirmado que em suas viagens ela também chegou ao "teto do mundo" pode não parecer tão incomum. Porém, se ela tivesse apenas chegado ao país das neves eternas, esse fato já faria dela um dos maiores viajantes do século XIX. Nessa época, não havia lugar mais inacessível do que o Tibete, e foi só a partir da expedição britânica de *sir* Francis Younghusband em 1903 — que escancarou as fronteiras fechadas do Tibete com força militar — que o Ocidente ganhou acesso irrestrito a essa terra misteriosa. Era a época do "Grande Jogo" entre a Rússia e a Grã-Bretanha pelo domínio da Ásia, e, temendo que os russos estivessem exercendo uma influência indevida em Lhasa, capital do reino proibido, lorde Curzon, vice-rei da Índia, mandou Younghusband numa espécie de ataque preventivo. Embora o "tzar branco" Nicolau II sonhasse com uma "Ásia russa", pelo que se viu Curzon estava enganado, mas isso só se soube depois de mais de mil tibetanos perderem suas vidas e o 13º Dalai Lama fugir para a Mongólia na companhia de seu tutor, o misterioso Agwan Dordjieff, um russo de Buryat.[1] Antes de Younghusband arrombar os portões fechados do Tibete, qualquer viajante que tentasse entrar na terra proibida tinha de dar meia-volta, isso quando não era morto por bandidos, vencido pela paisagem fria e implacável ou se perdesse em trilhas difíceis e confusas.

Surpreendentemente, muitos dos que tentaram romper as defesas do Tibete eram mulheres, e, deixando de lado as controvertidas tentativas de HPB, no final do século XIX, pelo menos outras três viajantes se arriscaram a atravessar a fronteira fortemente guardada. Em 1892, Annie Royal Taylor, missionária cristã, tentou chegar a Lhasa para levar o evangelho ao Dalai Lama. Montada a cavalo e disfarçada, ela ficou a três dias de sua meta antes de ser descoberta e entregue aos guardas da fronteira. Em 1895, a senhora St. George Littledale, seu marido, seu sobrinho e seu cão ficaram a quase oitenta quilômetros da cidade sagrada antes de serem expulsos à força. E em 1898, a missionária e médica canadense Susie Rijnhart perdeu seu primeiro filho e seu marido tentando chegar a Lhasa. Rijnhart tornou a se casar e não demorou para fazer uma segunda tentativa, morrendo na fronteira, apenas três semanas depois de dar à luz seu segundo filho.

No entanto, mesmo depois da invasão de Younghusband, viajar até o "teto do mundo" e entrar nele não era fácil. Relatos de Alexandra David-Néel, que em 1923 tornou-se a primeira mulher europeia a entrar na cidade proibida de Lhasa, deixam claro como a jornada deve ter sido árdua. Como muitos que encetaram essa viagem perigosa, David-Néel teve de viajar disfarçada, bem armada contra bandidos e oficiais corruptos, com mapas escondidos de olhos cobiçosos e, muitas vezes, passando dias sem comida e noites geladas sem abrigo.

David-Néel viajou até esse mundo sobrenatural, no qual ela enfrentou ameaças constantes e rigores físicos, porque foi movida pela necessidade de compreender os mistérios do budismo tibetano.[2] E a maioria daqueles que tentou atingir o Tibete antes que os ingleses abrissem suas fronteiras sem qualquer cerimônia também foi motivada por interesses religiosos ou acadêmicos. Em 1667, o filósofo hermetista, polímata, pai da egiptologia e sinólogo Athanasius Kircher produziu sua obra *China Illustrata*, com ilustrações do Dalai Lama e do Palácio de Potala, de Lhasa, com base em relatos feitos por missionários jesuítas. Em 1811, Thomas Manning, estudioso e médico que tinha viajado à China e à Índia, tornou-se o primeiro inglês a entrar em Lhasa, chegando lá com tropas chinesas depois de curar alguns dos soldados de doenças; foi também o primeiro inglês a ter uma audiência com o Dalai Lama. Em 1823, o linguista húngaro Alexander Csoma de Kőrös chegou à vizinha Ladakh — que alguns chamam de "Pequeno Tibete" —, tendo, na maior parte do tempo, caminhado até lá desde o leste europeu; sua viagem havia começado cerca de três anos antes. Em 1824, no mosteiro Zangla em Zanskar, Csoma de Kőrös escreveu o primeiro dicionário inglês-tibetano, e em 1831, em Calcutá, ele acrescentou uma gramática tibetana a ele. Segundo se conta, Csoma de Kőrös era fluente em dezessete línguas, e é conhecido como "pai da tibetologia". Em 1842, ele planejou ir a Lhasa, mas contraiu malária em Darjeeling, onde morreu.

O abade francês Évariste Régis Huc entrou em Lhasa em janeiro de 1846, tendo enfrentado uma jornada traiçoeira pelo Deserto de Ordos e passado vários meses estudando a língua tibetana e a literatura budista no antigo lamastério Kumbum na China. Em virtude de desdobramentos políticos, Huc e seu colega de viagem, o abade Joseph Gabet, foram forçados a deixar Lhasa em outubro desse mesmo ano. O pitoresco relato feito por Huc de suas viagens pelo Tibete, pela China e pela Tartária (o que hoje chamamos de Sibéria, Turquistão, Mongólia e Manchúria) surgiu em 1850; foi extremamente popular e rapidamente traduzido para várias línguas. A simpatia de Huc para com as culturas tibetana e chinesa e sua crença de que as cerimônias católica e budista tinham muito em comum levaram sua deliciosa obra ao Index de livros proibidos do Vaticano, e críticos posteriores questionam aquilo que consideraram seu sensacionalismo — o que significa que sua obra foi lida e desfrutada pelo público em geral. Alexandra David-Néel escreveu que os abades Huc e Gabet relataram que, nas folhas e no tronco da "milagrosa árvore de Tsong Khapa" — fundador, no século XIV, da escola Gelugpa do budismo tibetano —, que eles viram no mosteiro Kumbum, eles podiam ler as palavras "Aum Mani Padme Hum", um mantra budista de compaixão que costuma ser traduzido como "Ó joia no lótus".[3] Ao ouvirem falar dessa milagrosa "Árvore do Grande Mérito", que acreditam que teria brotado do sangue de Tsong Khapa recém-nascido, os padres franceses mostraram-se compreensivelmente céticos; mas em pouco tempo a suspeita deles transformou-se em espanto, quando uma inspeção minuciosa não revelou qualquer possibilidade de fraude. Talvez relatos como esse tenham levado alguns a questionar tanto a dedicação religiosa quanto a veracidade deles.

Embora o "budismo" de HPB fosse *sui generis*, a escola Gelugpa, que exige celibato estrito, é a forma de budismo tibetano com a qual sua própria prática costuma ser relacionada com mais frequência, e, numa ocasião, um estudioso budista teria comentado que HPB era uma reencarnação do próprio Tsong Khapa.

A principal razão para que os críticos de Blavatsky duvidem do fato de ela ter chegado perto do Tibete é que não existe registro de que o teria feito, exceto, naturalmente, o seu próprio. Algumas pessoas, como sua biógrafa Marion Meade, dizem que na década entre o abandono de Nikifor Blavatsky e o soar da sineta em Pskov na noite de Natal, ela nunca teria chegado à Índia, muito menos ao Tibete, e que suas histórias de viagens pela Ásia, América do Norte e do Sul e por outros lugares foram invenções destinadas a esconder o fato de que, na verdade, ela estava vivendo uma vida imoral e dissoluta no *demimonde* das capitais europeias.[4] Para esses críticos, o relato de Blavatsky está, na melhor das hipóteses, ao lado das implausíveis histórias de aventuras tibetanas encontradas nos livros de grande popularidade de T. Lobsang Rampa. Rampa, cujo nome real era Cyril Henry Hoskins, era um inglês de Devon e nunca esteve no Tibete, mas alegava ter vivido lá numa vida anterior como lama e que seu corpo atual era o "hospedeiro" de sua encarnação anterior. A *Terceira Visão*, primeiro livro de Rampa, vendeu milhões de exemplares e ainda é muito popular. Ele escreveu outros dezenove, um dos quais, *Minha Vida com o Lama*, foi ditado a ele por sua gata. No final da década de 1950, Heinrich Harrer, autor do clássico *Sete Anos no Tibete*, contratou um investigador particular para analisar as alegações de Rampa. As acusações de fraude que se seguiram levaram Hoskins a se mudar para o Canadá, onde morreu em 1981. Ironicamente, em 1997, revelações sobre o fato de Harrer ter sido um sargento (*Oberscharführer*) da SS nazista e membro do partido marcaram a estreia do filme de Jean-Jacques Annaud *Sete Anos no Tibete*, baseado nas memórias de Harrer.

Embora seja fato que algumas, talvez a maioria, das viagens de HPB mais pareçam mentiras deslavadas, temos de admitir que a ideia de imaginá-la desfrutando da vida noturna de Paris, Viena ou de outras cidades europeias como amante de alguém é igualmente inacreditável, ou mais ainda do que as viagens, e a única evidência para essa suspeita é, em si, também bastante suspeita. Mas se há suporte independente para algumas das viagens de HPB — numa carta publicada em 1878, Albert Rawson apresentou nomes de pessoas que conheciam Blavatsky na Índia antes de sua passagem por lá em 1879 —, há pouco para comprovar suas viagens ao Tibete.[5] E apesar de os registros de Annie Royal Taylor, da senhora St. George Littledale, de Susie Rijnhart e de Alexandra David-Néel deixarem claro que era possível as mulheres chegarem à terra proibida, sabemos disso porque outros as viram lá e registraram suas tentativas. Ninguém viu Blavatsky lá, ou, pelo menos, é o que dizem seus críticos.

E seria difícil, dizem ainda, deixar de notá-la. Peter Washington, autor de *O Babuíno de Madame Blavatsky*, um livro muito interessante, mas impreciso, de modo geral, verbalizou sucintamente essa reserva. Numa época em que "o

Tibete permanecia fechado para todos, exceto muito poucos viajantes", e quando as "missões chinesas, russas e inglesas" — para não mencionar os próprios tibetanos — patrulhavam as fronteiras, "alertas à presença de espiões militares", a ideia de que HPB poderia se esgueirar sem ser percebida parece muito duvidosa. Como diz Washington: "a ideia de Blavatsky, sem fôlego, sem tato e bem encorpada tentando subir montanhas íngremes sob um clima brutal enquanto se ocultava de observadores treinados é difícil demais para se imaginar".[6] Sem dúvida é, mas esse pensamento suscita algumas perguntas. A própria Blavatsky, se é que devemos acreditar nela, comentou que durante sua primeira viagem à Índia ela estava "bem magra". Se estivesse, fica menos difícil imaginá-la escalando uma trilha tibetana. Mas, se não estivesse, então é igualmente difícil — ou, repito, talvez ainda mais — imaginar uma "Blavatsky, sem fôlego, sem tato e bem encorpada" como a bela do baile ou divertindo-se nas orgias da Europa. Não dá para ter os dois.

❋ ❋ ❋

No entanto o próprio Washington apresenta algumas evidências a favor de HPB. Blavatsky disse a A. P. Sinnett que sua primeira tentativa de chegar ao Tibete fracassou porque ela foi detida pelos guardas ingleses da fronteira. Washington observa que dois oficiais do exército britânico que serviram no Tibete testemunharam, após a morte de HPB, que "tinham visto ou ouvido falar de uma mulher branca viajando sozinha pelas montanhas tibetanas em 1854 e 1867". Um dos oficiais em questão, o major-general Charles Murray, encontrou o coronel Olcott em março de 1893 a bordo de um trem entre Nalhati e Calcutá. Durante uma conversa, Murray contou a Olcott que, enquanto estava no comando de Darjeeling como oficial subalterno, ouvira falar de uma mulher branca em Punkabaree, perto das colinas de Darjeeling, que estava tentando passar pelo Nepal para chegar ao Tibete. Ela estava lá, segundo disse, fazendo pesquisas para um livro. Murray tinha ordens de não deixar nenhum europeu atravessar a fronteira por medo de que fossem mortos por bandidos. Pouco antes, dois missionários franceses tinham sido assassinados e Murray não queria outro europeu morto em suas mãos. Murray deteve Blavatsky e ela acabou ficando como sua convidada durante um mês. Quando ela aceitou o fato de que ele não a deixaria cruzar a fronteira, mudou de planos e rumou, segundo

Jean Overton Fuller, para Lahore. Olcott anotou o relato de Murray em seu caderno e lhe pediu para assiná-lo. Murray o fez e, em abril de 1893, ele apareceu numa edição de *The Theosophist*. Murray mencionou especificamente Madame Blavatsky como a "mulher branca" em questão — um ponto que Marion Meade deixa de lado ao se referir ao caso — e a história veio à tona porque, na conversa, Olcott havia mencionado seu trabalho na Sociedade Teosófica. Sylvia Cranston observa que Murray teve ampla oportunidade para corrigir o relato ou para pedir a Olcott que não o considerasse; o fato de não ter feito nada disso sugere que ele foi preciso, a menos que se argumente que, por algum motivo obscuro, ele tenha mentido sobre o caso. A única coisa que ficou faltando foi uma descrição da "mulher branca", dizendo-nos se era magra ou "bem encorpada".[7]

Outros críticos dizem que para viajar ao Tibete nessa época seria preciso carregar uma quantidade considerável de equipamento, o que Blavatsky, sozinha, não poderia ter feito. Gertrude Marvin Williams, uma biógrafa hostil, sustenta que como não havia possibilidade de conseguir provisões ao longo do caminho, o viajante teria de levar uma equipe com intérpretes, tendas, camas, comida, água e outros suprimentos, um forno e combustível, bem como servos para levar essas coisas, para não falar de tudo que seria necessário para a viagem de volta, um argumento lançado contra as aventuras tibetanas de HPB já em 1895.[8] Os críticos também falam de um terreno "intransponível". Jean Overton Fuller, cuja mãe e avó fizeram a viagem, argumenta que há mercados no Tibete nos quais a pessoa pode obter aquilo de que precisa ao longo do caminho, e que, ao contrário dos ingleses, que estavam de olho em passagens secretas e desconhecidas pelas quais os russos poderiam atacá-los, com quase toda certeza HPB percorreria a rota mais fácil e mais trilhada — que seria aquela, de fato, onde se encontrariam mercados frequentados por outros viajantes. Descobriu-se ainda que HPB sabia montar a cavalo — mesmo que não tenha sido "amazona de circo" — e supõe-se que ela teria aprendido tibetano suficiente com os nômades tártaros que conhecera durante a estada em Saratov para fazer perguntas, comprar suprimentos e obter direções.

MAS SE O RELATO DO MAJOR-GENERAL MURRAY mencionado acima pode ser considerado uma prova de que HPB tentou entrar no Tibete, ele também é uma evidência de que, pelo menos nessa ocasião, ela não teve êxito. Em sua segunda tentativa, porém, ela diz que teve. Isso teria acontecido em 1856 e seu ponto de entrada teria sido a Caxemira, na parte noroeste da Índia; como Ladakh, às vezes a Caxemira é chamada de "Pequeno Tibete". A história é que, enquanto estava em Lahore, ela encontrou um amigo de seu pai, um ex-ministro luterano alemão que se chamava Kühlwein e que talvez fosse parente de uma de suas governantas. Sabendo que seu amigo estava planejando uma expedição ao Tibete com outros dois viajantes, o pai de HPB pedira a Kühlwein para cuidar de sua filha, pois presumira que ela estaria tentando fazer a mesma coisa. HPB e o grupo de Kühlwein juntaram forças, e entre seus guias havia um xamã tártaro que tinha deixado seu lar na Sibéria muitos anos antes e que agora queria voltar. A ideia era que, como russa, HPB poderia ajudá-lo a fazer isso.

Em Leh — antes a capital de Ladakh, agora um distrito das regiões indianas de Jammu e da Caxemira —, Kühlwein teve febre e precisou abandonar a viagem. Os outros prosseguiram, mas não tardou para que os companheiros de Kühlwein também abandonassem a rota — por terem sido detidos pelos guardas da fronteira ou por algum outro motivo —, e HPB ficou sozinha com o xamã. As feições de HPB foram descritas como "calmuque" e "mongol", e Sylvia Cranston sugere que foi por isso que ela e o xamã receberam permissão para atravessar a fronteira. Mas alguma coisa aconteceu e eles se desviaram do caminho. É possível que o xamã, que queria ir para a Sibéria, e não para o Tibete, ao se ver fora de sua rota, tenha tentado voltar e no processo se perdeu. Mais adiante, encontraram-se num acampamento tártaro, e o xamã conseguiu que ficassem e compartilhassem suas provisões. Os tártaros, porém, não tinham ideia de onde estavam nem de como poderiam voltar para sua rota, e há razões para acreditar que eles tenham percorrido os limites do Deserto de Gobi. HPB fala do silêncio peculiar dessa região, uma reflexão que o próprio *sir* Francis Younghusband fez ao percorrer Gobi, anos depois.[9]

Foi durante sua estadia ali que HPB testemunhou o xamã em ação, e um relato desse fato aparece em *Ísis sem Véu*. HPB percebera que o xamã mantinha uma pedra estranha sob a axila esquerda. Quando ela lhe perguntou por que fazia isso, ele se recusou a lhe dizer, mas então ela descobriu seu propósito. Do lado de fora de sua tenda, o xamã enfiou uma estaca de madeira no chão e sobre ela colocou a cabeça de um bode. Isso, segundo lhe disse, era um aviso de que ele estava prestes a lidar com magia e que ninguém deveria perturbá-lo.

Então ele pegou a pedra e colocou-a em sua boca. Quase no mesmo instante, ele entrou em transe; seu corpo ficou rígido como o de um cadáver, e uma voz grave pareceu se erguer do chão, perguntando o que eles queriam. HPB percebeu que o corpo astral dele estava livre, e ela aproveitou a oportunidade para obter ajuda. Ela pediu que o xamã enviasse sua alma ao kutchi de Lhasa, que ela conhecia — um kutchi é uma espécie de influente comerciante da Caxemira —, e disse que ele deveria ficar a par da situação deles. Ele o fez, e, algumas horas depois, chegaram alguns cavaleiros. Eram amigos do kutchi. Eles levaram HPB até a fronteira e a mandaram de volta para a Índia. Não se sabe o que aconteceu com o xamã. Muitos anos depois, o coronel Olcott recebeu uma confirmação independente dessa segunda tentativa de entrada no Tibete. Enquanto viajava com HPB pelo norte da Índia em 1879, eles passaram pela cidade de Bareilly, no estado de Uttar Pradesh. Lá, Olcott se encontrou com um "cavalheiro hindu" que disse que reconheceu Blavatsky como a europeia que ficara com ele muitos anos antes, quando ela estava tentando entrar no Tibete pela Caxemira.[10]

❋ ❋ ❋

EM NENHUMA DESSAS tentativas, Blavatsky atingiu sua meta, a de chegar à escola secreta no leste do Tibete, onde, segundo acreditava, o Mestre e seus amigos iniciados costumavam ficar e onde ela também poderia ser iniciada. Na sua terceira tentativa, disse, ela conseguiu.

Em 1867, HPB estava nos Bálcãs, onde recebeu instruções do Mestre para prosseguir até Constantinopla; de lá, ela sairia novamente para o Tibete. Jean Overton Fuller sugere que ela teria encontrado o Mestre Morya lá e que com ele teria tomado a "rota terrestre, curta, direta mas terrível" por meio da Turquia, da Pérsia, do Afeganistão, da Índia e da Caxemira.[11] A mera chegada ao Tibete deve ter sido exaustiva. A rota "curta e direta" de Constantinopla a Shigatse, para onde rumaram e onde está localizado o mosteiro budista tibetano de Tashilhunpo, tem pouco mais de 4.800 quilômetros. É curta se comparada com a rota marítima, que levaria HPB novamente para o oeste, até Marselha, onde ela tomaria um navio que a levaria pelo Cabo da Boa Esperança até a Índia. Fuller sugere que eles podem ter percorrido aproximadamente 32 quilômetros por dia a cavalo. Nessa velocidade, teriam levado por volta de cinco meses para chegarem a seu destino.

Chegando ao Tibete, o esforço dos viajantes seria ainda maior. Um viajante de uma época posterior, Ernst Lothar Hoffmann, o Lama Anagarika Govinda, escreve sobre sua jornada pelo teto do mundo:

> Imagine... arrastar-se por 300-500 quilômetros sobre infindáveis cadeias montanhosas, por vales ferventes e sobre passagens frias e cobertas de nuvens, vadeando córregos nas montanhas, onde um escorregão do pé significa morte certa, ou atravessando os tonitruantes abismos de um rio torrencial, agarrado precariamente a uma trêmula corda de sisal de idade indeterminada... Imagine... viajar através de gargantas, nas quais pedras rolam de alturas invisíveis e nas quais as cascatas parecem escorrer diretamente das nuvens... Imagine... contornar despenhadeiros altíssimos em caminhos estreitos nas montanhas e nos rochedos pontiagudos que cortam... seus pés feridos e cansados.[12]

A ideia de uma Madame Blavatsky magra, que dirá "bem robusta", fazendo essa viagem é suficiente para suscitar questões. Mas então nos lembramos de Rasputin caminhando da Sibéria até o Monte Athos, e do húngaro Csoma de Kőrös chegando a Ladakh do leste europeu, viajando principalmente a pé, e percebemos que isso *teria sido* possível, mesmo que fosse, segundo acreditam os críticos de HPB, muito pouco provável.

Embora proibidas para a maioria dos forasteiros, as fronteiras do Tibete, ao que parece, eram abertas para povos das terras próximas, e comerciantes e peregrinos de Ladakh, da Índia, do Butão, da China e da Mongólia costumavam entrar sem problemas.[13] As feições "mongóis" de HPB teriam sido úteis nesse caso. E embora os críticos de HPB costumem se referir a seus Mestres como tibetanos, a verdade é que eles não o eram. Desde o começo, o Mestre Morya era "indiano alto e misterioso", e outro Mestre, que ela encontraria e com quem ficaria nessa jornada, tinha, pelo menos segundo alguns pesquisadores, origem entre os siques e era oriundo da região indiana do Punjab. No livro *To Lhasa in Disguise*, o aventureiro e antropólogo William McGovern — que muitos citam como a inspiração para o personagem Indiana Jones, de Steven Spielberg — relata que o povo da Caxemira e do Nepal costuma ter a autorização para se estabelecer no Tibete, e por isso a presença de duas pessoas do norte da Índia em Shigatse não teria sido incomum. Embora isto seja quase sempre ignorado, HPB disse várias vezes que a escola próxima ao mosteiro Tashilhunpo, onde ela disse ter recebido sua iniciação e seu treinamento, não era a sede central do círculo de adeptos de que ela se tornou agente, e que eles tinham locais similares em outras partes do mundo, na América do Sul, no Japão, na Síria e até na China. O Egito também era outro ponto importante para essa misteriosa fraternidade.

Blavatsky descreve como foi levada à casa do amigo e colega do Mestre Morya, Mestre Koot Hoomi — seu nome é grafado de várias maneiras, mas por conveniência vou usar essa versão. Na casa que compartilhava com sua irmã viúva, situada numa ravina, perto de um rio com montanhas altas ao fundo, KH (como costuma ser chamado) dava aulas para *chelas* ou estudantes do Gelugpa, a seita de "Barrete Amarelo" do budismo tibetano. Ela foi fundada, como mencionado antes, pelo professor Tsong Khapa no século XV. Na época de Tsong Khapa, o ensinamento budista estava muito deteriorado, tendo ficado decadente sob a influência da primitiva religião Bön-po, adotada na região, e recorria a práticas de magia das trevas e a sacrifícios animais. Nem Koot Hoomi nem Morya eram monges do mosteiro, nem budistas tibetanos propriamente ditos. Mas estavam intimamente associados ao mosteiro, e os monges de Tashilhunpo mandavam-lhes os estudantes que eram considerados bons candidatos para suas instruções especiais. Um desses *chelas* era Djwal Khool (mais uma vez, a grafia de seu nome varia), então com 15 anos, que depois tornou-se a suposta fonte das milhares de páginas de material "canalizado" anotadas pela neoteosofista Alice Bailey — e digo "neoteosofista" porque a maioria dos teosofistas mais convencionais considera o trabalho de Bailey indigno de confiança.[14] Djwal Khool fez depois uma ilustração em seda da casa em que ele, HPB, KH e M moraram. Jean Overton Fuller argumenta que a arquitetura exibida na ilustração de Djwal Khool é do Nepal, e que isso sugere que o Mestre Morya era do Nepal, e lembramos que numa das versões de seu primeiro encontro com HPB ele está na companhia da "primeira embaixada do Nepal". O mobiliário da casa era espartano, se é que havia um — tapetes e almofadas sobre o chão duro parecem as únicas concessões ao conforto —, e uma câmara cavada no solo alojaria a biblioteca e o museu do Mestre. Djwal Khool mostra um córrego, e HPB comentou que ela seguia esse córrego até um lago, onde se banhava. Fuller diz que HPB deve ter dado apenas mergulhos rasos, pois a água deveria estar congelante e "ela não sabia nadar", o que suscita dúvidas sobre como HPB teria conseguido sobreviver a dois naufrágios.

KH era um indivíduo muito culto e educado. Viajara a Londres, estudara em Leipzig, falava francês fluentemente e seu inglês era melhor que o do Mestre M. Tanto ele quanto o Mestre M eram vegetarianos — ao contrário de Blavatsky —, mas Mestre M não se furtava a alguns prazeres, como a fumaça de um narguilé. Blavatsky, como sabemos, gostava de fumar; se ela o fez enquanto esteve no Tibete, não se sabe. Críticos que tentam desacreditar seu relato alegam que o fumo era vedado no Tibete, uma prática aparentemente bem avançada com relação a preocupações com saúde e segurança. Seus apoiadores, porém, mostram que a proibição era apenas nominal e nunca era posta em prática — assim como a lei que impede que se atravesse a rua se o farol estiver vermelho não é praticada em muitas cidades importantes. E, seja como for, como Mestre e asceta, Morya teria sido capaz de fazê-lo caso desejasse, uma liberalidade de comportamento de que gozam, segundo sabemos, muitos gurus.

Os críticos argumentam que as descrições que HPB fez de Shigatse, Tashilhunpo e locais próximos, dos costumes e das maneiras de cada lugar, e de sua vida lá, de modo geral, foram plagiadas do relato do abade Huc. Mas como o bom abade não visitou Shigatse ou Tashilhunpo, fica difícil ver como ela poderia tê-lo usado como fonte para suas descrições desses lugares, embora pudesse ter se baseado em seu relato e em outros para apresentar algumas informações básicas. Como sabemos, o abade Huc foi a Lhasa, e a descreveu em seu livro, e HPB teria mais sorte idealizando um relato retocado feito por ele e apresentando-o como se fossem suas próprias observações da cidade proibida do que inventando descrições de Shigatse e de Tashilhunpo a partir do nada. Mas embora sua irmã e sua biógrafa Sylvia Cranston tivessem sugerido que ela visitou mesmo Lhasa, HPB nunca disse que o fez. Entretanto, se ela estava tentando impressionar e mistificar as pessoas com relatos "faz de conta" de viagens — como seus críticos dizem que fez —, por que ela não jogou tudo para o alto,* como diz Gurdjieff, e incluiu Lhasa também? Afinal, Lhasa fica a menos de 240 quilômetros de Shigatse, havia o relato do abade Huc para copiar, e tanto faz matar uma ovelha ou um cordeiro — se ia mentir, por que não contar uma mentira maior?

---

* A expressão usada pelo autor foi "gone the whole hog", que significa "ir até o fim". (N.T.)

É possível, porém, que ela tenha mesmo estado perto de Lhasa. Em 1927, um certo major Cross, que fora gerente das fazendas de chá do Dalai Lama nos primeiros anos do século passado, deu uma palestra na Sociedade Teosófica de Toronto. Ele foi um dos dois oficiais ingleses mencionados antes, que disseram ter visto Blavatsky na Índia. Cross conta que, como agente do Dalai Lama, ficou interessado nas histórias contadas por alguns dos trabalhadores mais velhos da propriedade sobre uma "mulher branca" que teria passado por suas terras mais ou menos dez anos antes do Motim de Sepoy — ou seja, entre 1867 e 1868, quando Blavatsky teria estado lá. Cross acreditava que a mulher seria Blavatsky. É certo que não se trata de um vislumbre da verdade, tal como a do major--general Murray, e é pouco mais do que um rumor, mas acrescenta algum peso à possibilidade de HPB ter passado por esse território.[15]

ALGUMAS DAS OUTRAS evidências a apoiar a presença de HPB no Tibete serão examinadas quando formos analisar sua obra mais "budista", *A Voz do Silêncio*. Mas, juntamente com a questão de sua presença no Tibete, surge outra relacionada diretamente a ela, ou seja, o que ela fez enquanto esteve lá. O Mestre M dissera, quase vinte anos antes, que tinha em mente uma missão para ela, e que, para realizá-la, ela teria de passar três anos no Tibete. E então, ela estava lá. Qual seria a misteriosa "preparação" para sua tarefa de que ele falara? Não pode ter sido apenas o estudo do budismo tibetano, por mais importante e digno que seja esse estudo, o que sem dúvida é. Do contrário, por que o mosteiro enviaria alguns de seus *chelas* mais promissores para a escola especial de Koot Hoomi? Deve ter sido alguma outra coisa. Blavatsky diz mesmo que foi visitar o mosteiro, mas que não a deixaram entrar. No entanto disseram-lhe que em seu altar havia curiosas tabuletas em forma de cubo, sobre as quais estariam gravados versos numa língua desconhecida, senzar. Ela fala de "quadrados finos e oblongos", e de "discos ou pratos" contendo esses versos, que eram preservados "nos altares dos templos ligados aos centros onde as escolas ditas "contemplativas" ou Mahayana (Yogacharya) estão estabelecidas".[16] O Mahayana, ou "Grande Veículo", é a forma de budismo que, segundo a maioria dos relatos, apareceu por volta da época de Cristo, e inclui a noção do bodhisattva, um indivíduo iluminado que rejeita sua própria salvação, ou a passagem para o Nirvana, enquanto todos os seres sencientes não estiverem realizados. Os versos inscritos nos "quadrados oblongos" foram recitados para ela; ela os memorizou, e alguns deles foram depois traduzidos por ela e apareceram no livro *A Voz do Silêncio*. As misteriosas "Estâncias de Dzyan", sobre as quais seu *magnum opus*, *A Doutrina Secreta*, é um enorme comentário, também foram escritas nessa mesma língua estranha.

Parte da obra de Blavatsky enquanto estava no Tibete incluiu o aprendizado dessa língua misteriosa, que, talvez seja desnecessário dizer, ninguém antes dela tinha mencionado, muito menos falado. O senzar não foi a única língua desconhecida a aparecer num local misterioso no Oriente místico. No final da década de 1890, o ocultista francês Alexandre Saint-Yves d'Alveydre conheceu o enigmático Haji Sharif, que, além de ensinar-lhe sânscrito, também lhe transmitiu a língua de vattan, até então desconhecida, que, segundo lhe disse, era a língua oficial da "Grande Escola de Agartha". Agartha, como sua irmã Shambhala (com a qual costuma ser confundida), era uma vasta cidade subterrânea localizada em algum ponto sob o Deserto de Gobi, e era a residência do Rei do Mundo, uma variação um pouco sinistra dos Mestres de Blavatsky. Enquanto o conceito de Shambhala baseia-se em lendas budistas e está associado aos ensinamentos do Vajrayana e do Kalachakra — a própria Blavatsky fala disso —, Agartha parece uma criação ocidental, associada com a fabulosa Asgard, morada dos deuses nórdicos. Em 1871, em seu *Dialogues et Fragments Philosophiques* [Diálogos e Fragmentos Filosóficos], o teólogo francês Ernest Renan escreveu sobre "Asgaard", que seria localizada na Ásia Central. Em *Les Fils de Dieu* [Os Filhos de Deus], o escritor e viajante francês Louis Jacolliot escreveu sobre "Asgartha", uma cidade de 15 mil anos de idade na Ásia Central que seria a fonte da raça ária ou ariana (os árias eram os "nobres" do norte da Índia e receberam esse nome de Max Müller, filólogo do século XIX). Jacolliot ouviu a história de brâmanes indianos enquanto serviu como magistrado em Chandernagore, e sua obra exerceria grande influência sobre a de Blavatsky.

Emma Hardinge Britten, que foi amiga de HPB e um dos primeiros membros da Sociedade Teosófica, não menciona Agartha em seu livro *Ghost Land* [Terra Fantasma], de 1876, que Blavatsky conhecia, e que vamos estudar melhor em breve, mas vale-se da lenda da cidade subterrânea escondida sob as areias do deserto. Esse tema de uma "terra oca" encontraria imensa disseminação no clássico de Júlio Verne, *Viagem ao Centro da Terra* (1867), que, além de ser uma obra-prima da ficção científica, está repleto de pistas esotéricas — a popular versão para o cinema deixa de lado todas as referências de Verne à alquimia, um fio condutor central do romance. E a "terra oca" e sua "civilização oculta" são temas que seriam combinados num dos primeiros romances de fantasia científica, *A Raça Vindoura* (1871), de Edward Bulwer-Lytton, autor cuja obra, como vimos, seria uma poderosa influência sobre os escritos de Madame Blavatsky.

A menção de HPB a uma língua sagrada e primitiva também estava muito alinhada com as pesquisas acadêmicas sobre línguas e raízes linguísticas feitas na época, e o sânscrito era o candidato mais provável para a língua raiz, da qual todas as outras descenderiam. Outras ideias mais excêntricas sobre uma língua única e primeva eram populares nos círculos ocultistas e esotéricos desde o final do século XVIII, ligadas a um conceito similar sobre uma revelação única, primeira e sagrada, a *prisca theologia* ou "filosofia perene", associada com o sábio mitológico e fundador de todo conhecimento, Hermes Trismegisto.[17] A própria Blavatsky fala do senzar como o "nome místico da língua sacerdotal secreta... o misterioso idioma dos adeptos iniciados do mundo todo".

Esse tema de uma revelação primordial na aurora do homem é um dos que a própria Blavatsky reviveria em suas monumentais obras *Ísis sem Véu* e *A Doutrina Secreta*. É curioso, porém, que, juntamente com o senzar, o currículo de HPB no Tibete também inclua o inglês, que ela já deveria ter aprendido com sua governanta de Yorkshire, Augusta Jeffries, quando menina em Odessa.[18] Ela já tinha estado na Inglaterra e viajado pelo Oriente Médio, onde, imagina-se, ela teria posto em prática as lições da senhorita Jeffries. Mas será que há mistérios místicos escondidos também na língua inglesa?

PORÉM, ALÉM DE aprender senzar e inglês, no Tibete HPB dedicou-se a um estudo que talvez seja ainda mais difícil: o desenvolvimento e controle de seus poderes psíquicos. Os Mestres Morya, Koot Hoomi e outros de sua escola eram adeptos, homens — e podemos presumir que mulheres também — que possuíam habilidades notáveis. Eles podiam se comunicar a distância por meio da "transferência de pensamentos" — a expressão "telepatia" só viria a ser usada depois de ser inventada pelo pesquisador psíquico Frederick Myers em 1882. Eles também conseguiam ler a mente. Eles podiam projetar seus corpos astrais ou realizar a "bilocação", como o fenômeno passou a ser chamado, e, ao que parece, estar em dois ou mais lugares ao mesmo tempo. Eles podiam "desmaterializar" e "rematerializar" objetos e transportá-los de um lugar para outro, como o "tele-transportador" da série *Jornada nas Estrelas*. Eles podiam entrar na consciência alheia e dominá-la, algo que no jargão contemporâneo da Nova Era é conhecido como *walk-ins*. Eram clarividentes e clariaudientes. Podiam perceber e comandar entidades ocultas, ou "elementais", como salamandras, ondinas, silfos e gnomos relacionados com os antigos elementos do fogo, da água, do ar e da terra.[19] Podiam ver auras "etéricas" e ler a história de objetos por meio do poder da psicometria. Eram precognitivos e tinham outros poderes.

Se para os críticos de Blavatsky a sua presença no Tibete já é difícil de engolir, a ideia de que enquanto esteve lá ela foi treinada no uso dessas habilidades notáveis é, para usar uma expressão discreta, absolutamente inacreditável. Quer estivesse no Tibete, em Tanganica ou no Timbuctu, esse tipo de coisa, dizem, é simplesmente impossível. Contudo, devemos lembrar que outros viajantes que estiveram na terra proibida também encontraram indivíduos com talentos incomuns. Embora Alexandra David-Néel não tenha encontrado vestígios dos Mestres de Blavatsky, ela encontrou magia suficiente no Tibete para escrever um livro a respeito. O Tibete, disse, "parece oferecer condições peculiarmente favoráveis para a telepatia — bem como para fenômenos psíquicos em geral".[20]

O Lama Anagarika Govinda confirma as observações de Alexandra David-Néel, comentando sobre "a frequência de fenômenos telepáticos entre os habitantes do Tibete", uma observação feita também pelo explorador sueco Sven Hedin, que não era nem a favor nem contra a teosofia.[21] Govinda dá um exemplo de como seu guru conhecia seus pensamentos no mesmo instante em que eles lhe ocorriam.[22] Govinda também viu evidências de psicometria, ou a capacidade de "ler" mentalmente a história de um objeto, e o poder de um eremita tibetano de "tomar posse" de sua consciência. Isso é conhecido como criar um "*tulku*", e pode estar relacionado com as experiências de HPB com sua "vida dupla", e a estranha consciência dupla que ela experimentou durante sua "doença criativa" em Mingrelia. Govinda conta que, enquanto passava a noite numa pousada perto do eremitério de Gomchen, sentiu que "não tinha mais controle sobre meus pensamentos, e que outra pessoa os estava tendo", e que estava perdendo sua identidade. Govinda acreditava que o eremita estava fazendo isso sem intenção, apenas direcionando sua atenção poderosamente focalizada sobre ele, enquanto dormia. É importante observar que Govinda diz que ele ficou "flutuando entre o estado de vigília e o de sono" nesse momento. Esse estado é conhecido como "hipnagógico", e são muitas as evidências sugerindo que essa é uma condição da consciência estranhamente ligada a fenômenos paranormais ou "ocultos".[23] Também pode ser vista como uma forma da "consciência dupla" de Blavatsky.

Outro fenômeno estranho encontrado no Tibete é o do "*lunggom*", ou "caminhada em transe", um método no qual se parece "caminhar no ar", movendo-se sobre o terreno a grande velocidade e com "a elasticidade de uma bola". Pode ser assim que HPB tenha conseguido cobrir grandes distâncias durante sua viagem, mas a ideia de uma Blavatsky "bem robusta" pulando para cima e para baixo ao longo de trilhas das montanhas é cômica demais.

Porém, talvez o "poder" mais notável que os viajantes tenham encontrado no Tibete seja o da "*tulpa*", uma forma ou imagem mental ou imaginária que assume caráter concreto e *vivo*. Isso pode acontecer involuntariamente, quando a própria imagem da pessoa aparece em outro lugar e interage com outras pessoas, tal como na vida cotidiana; só depois é que se percebe que foi um "fantasma" e não a pessoa "real" que foi vista. Mais notável é a criação consciente de uma "forma-pensamento", que é "tangível e dotada de todas as faculdades e qualidades naturalmente pertencentes aos seres ou coisas com as quais se parecem".[24] David-Néel escreve que "quando ele saiu de Shigatze, o Tashi Lama deixou em seu lugar um fantasma que se parecia perfeitamente com ele, desempenhando seu papel tão plena e naturalmente que todos que o viram foram enganados".[25] (Isso foi em 1924, após um conflito com o 13º Dalai Lama; o Tashi ou Panchen Lama é o "segundo no comando" no Tibete.)

A própria David-Néel teve problemas com um *tulpa* que ela criou. Ela conta que depois de realizar a "concentração recomendada do pensamento e outros ritos", criou um *tulpa* de um monge. Isso levou alguns meses, mas finalmente a forma tornou-se "fixa" e ele se transformou numa "espécie de hóspede, morando em meu apartamento". A forma era principalmente visual, disse, mas ela também podia sentir "como se um manto estivesse roçando de leve em mim". Certa vez, ela sentiu a mão dele tocando seu ombro. Depois de algum tempo, o *tulpa* tornou-se um morador indesejado, e David-Néel levou seis meses para "desmaterializá-lo".[26] Em 1912, o 13º Dalai Lama, Thubten Gyatso, disse a David-Néel que

Um bodhisattva é a base de incontáveis formas de magia. Pelo poder gerado num estado de concentração perfeita da mente, ele pode, de uma só vez e ao mesmo tempo, mostrar um fantasma de si mesmo em milhares de milhões de mundos. Ele pode criar não apenas formas humanas, mas qualquer forma que desejar, até a de objetos inanimados, como colinas, áreas cercadas, casas, florestas, estradas, pontes, etc. Ele pode produzir fenômenos atmosféricos, bem como a bebida da imortalidade, que sacia a sede... não existe limite para seu poder de criação de fantasmas.[27]

Quando nos lembramos de que "os filósofos do Mahayana" — forma de budismo na qual a variante tibetana se baseia — "comparam o universo a uma tela mágica, uma miragem, um raio de luz ou as cristas das ondas do mar", então não achamos tão difícil aceitar a ideia de que "deuses, demônios, todo o universo, são apenas uma miragem que existe na mente".[28] E também podemos aceitar que quando a mente está poderosamente focada, e atinge a concentração plena, ela pode realizar coisas extraordinárias. Foi essa concentração mental que Blavatsky aprendeu, segundo nos conta, em sua estada no Tibete.

SE AGORA O LEITOR sentir que, apesar de todas as nossas reflexões, ele não está mais perto de saber se Madame Blavatsky esteve no Tibete, não posso culpá-lo. Com toda a franqueza, nem eu mesmo sei. Blavatsky afirma que, ao todo, passou sete anos lá. Numa resposta a críticas feitas pelo espiritualista Arthur Lillie, publicadas em *Light*, uma revista espiritualista, em 1884, ela disse: "Vivi, em diferentes períodos, tanto no Pequeno Tibete quanto no Grande Tibete, e os períodos somados formam mais de sete anos". Ela nunca disse que passou "sete anos consecutivos num monastério". "O que eu disse... é que parei em monastérios lamaístas, visitei Tzi-gadze, o território Teshi Hlumpo e suas vizinhanças, e que fui ainda mais longe, e visitei lugares do Tibete que nunca tinham sido visitados por outros europeus." E quanto a visitar o Mestre Koot Hoomi em sua casa na ravina, ela escreve: "Tenho provas ainda melhores guardadas... quando eu as julgar necessárias".[29] Não ficou claro que provas eram essas, mas que mais tarde, em sua carreira, ela precisou muito delas, vai ficar dolorosamente aparente.

Quatro

UMA ASSOMBRAÇÃO EM CHITTENDEN

No curioso mundo da cronologia de HPB, uma carta que é quase sempre citada como a primeira a sair da pena dos Mestres foi recebida em Odessa pela tia de Blavatsky, Nadya, em 1870. Só seria divulgada, porém, em 1884, quando Nadya escreveu sobre ela numa carta ao coronel Olcott. Mais tarde, em 1885, foi publicada num relatório do Conselho Geral da Sociedade Teosófica. A carta estava escrita em francês, naquela que se tornou conhecida como a caligrafia de Koot Hoomi, e informava Nadya de que sua sobrinha estava bem e que em breve retornaria para sua família. "Os nobres parentes de Mad. H. Blavatsky", dizia, "não têm motivo algum para se afligir." Embora Madame Blavatsky tivesse estado doente, prosseguiu, agora estava bem, graças à proteção do "Senhor Sangyas" — nome tibetano do Buda — e à dedicação dos amigos. A carta terminava assegurando a Nadya de que "antes que dezoito luas novas se levantem" — dezoito meses — HPB "terá voltado para sua família".

Embora o fato de receber uma carta do Tibete, entregue pessoalmente por "um mensageiro de aparência asiática", já fosse bem estranho, a forma como o mensageiro partiu foi ainda mais estranha. Segundo tia Nadya, ele "desapareceu diante dos meus olhos". É de se pensar que um acontecimento tão incomum teria levado a tia Nadya a falar dele imediatamente, mas só depois de catorze anos é que ela se lembrou dele, mencionando-o ao coronel Olcott. Em sua carta para Olcott, ela comenta que "é difícil, para não dizer impossível para mim, compreender que possa existir pessoas estúpidas a ponto de acreditar que ou minha sobrinha ou você teriam inventado os homens que vocês chamam de Mahatmas", e ela prossegue dizendo que HPB lhe havia falado "bastante, anos atrás", sobre os Mestres. Como mais de um comentarista sugeriu, isso parece contradizer algumas observações feitas por Vera, que disse que nenhum membro da família sabia coisa alguma sobre os Mestres senão bem depois do "ministério" de Blavatsky, e ficaram intrigados quando ouviram-na falar sobre eles. Isso sugere que tia Nadya pode ter feito uma reconstituição criativa dos fatos para apoiar sua sobrinha, mas também pode significar que sua memória era fraca, ou que ela interpretou os comentários da jovem Helena sobre o estranho visitante "indiano" em seus sonhos à luz de acontecimentos posteriores. E embora alguém pudesse pensar que ver alguém — para não falar de um asiático misterioso — desaparecer bem diante dos olhos pudesse provocar um ou dois comentários, talvez a experiência tenha sido tão estranha que ela achou que ninguém iria acreditar nela, ou, sendo cristã devota — como afirma sua carta para Olcott —, isso teria sido um truque do demônio. Mesmo que tivesse sido, ela trouxe boas notícias sobre sua sobrinha desaparecida, de quem ninguém ouvia falar havia um bom tempo.[1]

Não muito depois de Nadya ter recebido essa carta, que chegou, segundo disse, no começo de novembro, HPB saiu do Tibete — ou de onde quer que tivesse estado — e prosseguiu em sua missão. Isso, além de aprender senzar e dominar seus poderes ocultos, foi o que ela aprendeu durante o período passado com Koot Hoomi. Sua missão, como se viu depois, consistiu em provar a *realidade* dos fenômenos espiritualistas que tinham se tornado uma mania nos dois lados do Atlântico — mas também mostrar que as pessoas estavam enganadas a respeito de sua fonte, os mortos. Isso não era verdade. Em outras palavras, os fenômenos psíquicos eram reais e ofereciam uma prova incontrovertida de uma realidade espiritual, contra o domínio crescente do materialismo científico. Mas eles não eram causados pelos espíritos dos mortos, ou, pelo menos, não dos mortos com os quais tantas pessoas que participavam de sessões na Europa e nos Estados Unidos achavam que estavam fazendo contato. Isso parece um ponto difícil de compreender, e vamos examiná-lo com mais detalhes. Porém, para HPB e seus Mestres, era absolutamente crucial.

Antes de voltar para Odessa, provando assim que a misteriosa carta de tia Nadya estava correta, HPB fez outro giro pelo leste europeu. Passando pelo recém-construído Canal de Suez, ela chegou à Grécia. Enquanto esteve fora, muita coisa se passara; uma delas, a vitória da Alemanha sobre a França na Guerra Franco-Prussiana, foi um fato que levou o ocultista francês Éliphas Lévi ao desespero. Na Grécia, ou possivelmente em Chipre, ela tornou a se encontrar com o Mestre Hilarion, que fazia parte de um dos grupos de Mestres naquela parte do mundo. Depois de aprender o que pôde com Hilarion no Piraeus, o porto de Atenas, HPB embarcou no *S. S. Eumonia* rumo ao Cairo. Em 4 de julho de 1871, não muito longe da ilha de Spetsai, o *Eumonia* explodiu; a pólvora que ele carregava para se defender de algum ataque de piratas foi a causa. Dos quatrocentos passageiros, apenas dezesseis sobreviveram, entre os quais HPB. Ela perdeu seu dinheiro e sua bagagem, e fala que viu "membros, cabeças e troncos caindo à minha volta".[2] Como não sabia nadar, presume-se que ela foi tirada rapidamente da água; mas se ela já era "bem robusta" nessa época, isso deve ter sido um desafio e tanto. Ela foi levada para a Grécia e depois aceitou uma passagem em outro navio para Alexandria. Lá, ao que parece, teria jogado parte do dinheiro que o governo grego lhe dera para despesas imediatas na roleta. Ela teve sorte, e, com o que ganhou, foi para o Cairo.[3]

No Hotel d'Orient, no qual se hospedou — quando tinha recursos, HPB gostava de se proporcionar certos confortos —, ela conheceu uma mulher que, mais tarde, teria um papel importante em sua queda. A senhorita Emma Cutting trabalhava no hotel, e anos depois diria que na época tinha emprestado dinheiro para HPB, e mais, que acolhera-a após o naufrágio; contudo, se Blavatsky realmente teve sorte na roleta e estava hospedada no hotel, não ficou claro o motivo desse empréstimo. Seja como for, elas se conheceram e Emma envolveu-se numa ideia que HPB tinha em mente. Ela quis fundar uma *société spirite*, muito parecida com a que ela e Albert Rawson tinham tentado criar vinte anos antes. Ela encontrou-se novamente com Paulos Metamon e pode ter estudado ainda com o judeu polonês Louis-Maximilian Bimstein, também conhecido como Max Théon, um excêntrico cabalista associado à misteriosa Fraternidade Hermética de Luxor. Tanto Metamon quanto Théon devem ter estado envolvidos na nova *société*, que seria baseada nas ideias de Allan Kardec, um famoso espírita francês, falecido em 1869. Kardec (cujo verdadeiro nome era Hippolyte-Léon Denizard Rivail; os espíritos lhe deram o nome de Allan Kardec, revelando que esse era seu nome numa encarnação anterior) era um educador que se convertera ao espiritualismo — ou "espiritismo", como ele o chamava — numa sessão na qual ele viu mesas e cadeiras dançando em torno de uma sala por conta própria, ou, mais precisamente, por conta dos espíritos que as controlavam. Embora haja mais diferenças sutis entre o espiritismo de Kardec e o espiritualismo — que podem ser encontradas em sua obra clássica, *O Livro dos Espíritos*,* publicado originalmente em 1856 —, a principal é que Kardec acreditava em reencarnação, coisa que os espiritualistas e seus parentes próximos, os swedenborguianos, rejeitavam. Após a morte de Kardec, aquele a que chamamos de "espiritualismo convencional" passou a dominar. Estranhamente, a versão de Kardec tornou-se muito popular no Brasil, onde, até hoje, é uma das principais religiões.

No espiritualismo convencional, depois de passar seu tempo na Terra, a alma reside no mundo espiritual pela eternidade. Para Kardec, quando o corpo físico morre, a alma vai para os mundos espirituais, mas depois de algum tempo ela volta à Terra para continuar a se lapidar até a perfeição. Na verdade, a alma pode escolher a vida na qual vai reencarnar, a fim de ter a melhor oportunidade de desenvolvimento, o que leva à reflexão de que nunca devemos reclamar de nosso quinhão na vida, pois nós o escolhemos antes de nascer. A relação entre Blavatsky, a reencarnação e o espiritualismo será mais do que ambígua, mas essa visão de uma espécie de evolução cósmica encontrada em Kardec estaria de acordo com ela.

A segunda tentativa feita por HPB para organizar uma *société spirite*, porém, foi tão infrutífera quanto a primeira. Foi ainda pior, na verdade, pois alguns dos médiuns envolvidos foram pegos fraudando os efeitos. Não surpreende o fato de haver mais de um relato desse fiasco. Segundo um relatório apresentado alguns anos depois por Emma Cutting — que então era conhecida como Emma Coulomb —, Blavatsky usava uma "luva comprida recheada de algodão" como "mão espiritual" materializada, e esse tosco aparato foi encontrado pouco depois.[4] Mas, como se verá, a confiabilidade de Emma Coulomb como testemunha é, em si, altamente questionável. O relato da própria Blavatsky mostra que, embora ela fosse contrária à ideia de entrar em contato com os mortos, ela permitia que os médiuns atuassem — e parece que Emma Coulomb (nascida Cutting) era um deles — e depois explicava à plateia a diferença entre os fenômenos. O que Blavatsky queria mostrar era a diferença entre um médium *passivo* — ou seja, alguém que simplesmente serve de *meio* para que os fenômenos aconteçam — e o que ela chamava de "agente influenciador ou precipitador", alguém que

---

* Publicado pela Editora Pensamento, São Paulo, 1956. (fora de catálogo)

podia produzir e *controlar* os fenômenos, e não, como ocorre com os médiuns, ser controlado por eles. Em outras palavras, um mago. Isso, em essência, foi o que ela aprendera no Tibete — ou onde quer que tenha estado.

Mas parece que HPB não sabia julgar muito bem o caráter das pessoas, pelo menos nesse caso. Ou talvez tenham tirado proveito de sua natureza generosa, algo que, como se verá, provou-se ser o caso. O que aconteceu enquanto ela esteve fora é que os médiuns — amadores, segundo seu relato — decidiram ganhar dinheiro com os membros da Sociedade organizando sessões falsas. Além disso, bebiam muito, e HPB era francamente contrária a isso. Quando ela voltou e descobriu o que tinha acontecido, fechou a Sociedade — mas não antes que um "louco" grego, "que tinha presenciado apenas as duas sessões públicas que organizamos", tentasse matá-la a tiros. Ela achou que ele deveria estar possuído por algum "fantasma maligno". Embora a Sociedade tenha durado apenas duas semanas, o atentado contra sua vida — se não foi um exagero — acabou comprovando sua tese. Seus médiuns não estavam se conectando com as almas de entes queridos, mas com uma espécie de vagabundo astral, trapalhões psíquicos que não tinham nada melhor para fazer do que pairar perto do limite entre os vivos e os mortos, procurando a chance de fazer estripulias. Essa ideia acabaria levando à cisão vitalícia entre HPB e os principais espiritualistas de sua época.[5]

Muito embora Blavatsky estivesse longe quando seus médiuns tentaram dar um golpe, como a Sociedade era dela, foi ela quem levou a culpa pelo caso, recebendo o rótulo de fraude. Mas uma carta de um compatriota russo que estava no Cairo na época, um certo senhor G. Yakovlef, que sua irmã afirmava ter em mãos, defende a autenticidade de HPB. Na carta, ele fala que Blavatsky conseguiu lhe dizer de quem era o retrato e a mecha de cabelos que ele mantinha numa bolsa, que esteve na posse dele por um breve período e que ninguém conhecia. Ele conta ainda uma história sobre como ela fez com que um copo e um cálice trincassem "magicamente".[6]

Entretanto, mesmo que o senhor Yakovlef fosse um cliente satisfeito, a situação no Egito não estava satisfatória. HPB decidiu sair do Cairo e voltou a viajar. Mas antes de fazê-lo ela conheceu o famoso egiptólogo francês Gaston Maspero no Museu Boulak, bem como um adepto copta, Serapis Bey, um dos Mestres. Mais tarde, em Nova York, o coronel Olcott receberia cartas misteriosas de Serapis Bey, mas nessa época ele parece ter estado envolvido com o aperfeiçoamento do conhecimento ocultista de Blavatsky. Segundo uma história contada por ela, certa vez, enquanto acampavam no deserto, ela expressou o desejo de beber um café com leite preparado à maneira do Café de la Paix, em Paris. Serapis Bey (ou possivelmente seu "filho", Tuitit Bey, outro Mestre) tirou um pouco de água de seu suprimento e entregou uma xícara para HPB. Era um café fumegante, do jeito que ela queria. Espantada, ela começou a beber, mas, enquanto o fazia, ela se revelou como simples água. Serapis Bey explicou que criara a ilusão de café quente.

Segundo alguns relatos, Serapis Bey é Paulos Metamon; Tuitit Bey é considerado por alguns como Max Théon. K. Paul Johnson sugere que, enquanto estava no Cairo, HPB também entrou na órbita de dois indivíduos que combinavam o interesse pela maçonaria e pelo esoterismo com a política radical, o sufi e modernista islâmico Jamal ad-Din al-Afghani, e o dramaturgo James Sanua, um judeu egípcio que Johnson coloca no papel de dois dos "Mestres" de HPB. A minuciosa pesquisa de Johnson diz que Blavatsky foi "companheira de viagem" do reformista islâmico "al-Afghani", como era conhecido, em cinco ocasiões, no mínimo, e embora o contato direto entre os dois ainda seja causa para especulações, o fato de que ambos estiveram na Índia, em Tiflis, no Cairo, novamente na Índia e em Paris ao mesmo tempo — no começo das décadas de 1850 e 1860, em 1871, em 1879 e em 1884, respectivamente —, e que tiveram programas muito similares, é um forte indício de conexão. Johnson também especula que o misterioso "Livro Caldeu dos Números", que Blavatsky afirmava ser a fonte daquilo que ela chamava de "Cabala oriental", e que, como o seu *Livro de Dzyan*, ser desconhecido dos estudiosos, pode ter chegado até ela por meio de al-Afghani. Blavatsky afirmou que esse texto antigo estava "na posse de alguns sufis persas", uma descrição adequada para ele. Alguns anos depois, quando Blavatsky começou a falar de uma misteriosa "Fraternidade de Luxor", é mais do que provável, como sugere Joscelyn Godwin, que ela estivesse falando do grupo aleatório de esoteristas que foram seus "companheiros de viagem" e que ela havia conhecido nessa época.[7] Um deles, Agardi Metrovitch, que já conhecemos, morreu durante a estadia dela no Egito, quer de febre tifoide, quer envenenado pelos agentes malteses dos jesuítas. Blavatsky afirmou que o Mestre Hilarion a havia advertido desse perigo, e, conforme alguns relatos, Metrovitch estava procurando por ela no Cairo, pois a família dela ficara preocupada ao saber de sua aventura quase fatal no *S. S. Eumonia*. (Ao que parece, ele estava em Odessa quando chegou a notícia, e como ia mesmo para o Egito tratar de negócios, a família lhe pediu para localizá-la.) Como nenhuma igreja aceitou enterrá-lo, ela mesma o fez, e, com outro aluno de Hilarion, cavou uma sepultura perto do mar e o enterrou ali.

Depois de sair do Cairo, HPB viajou pela Síria, pela Palestina e pelo Líbano, onde entrou em contato com os drusos, uma seita religiosa altamente secreta do Oriente Médio na qual seu amigo Albert Rawson fora iniciado. Ela deve ter ficado íntima dos drusos graças aos contatos de Rawson. Foi nessa mesma época que ela conheceu a escritora e viajante Lydia Pashkov, uma figura pouco conhecida, mas muito interessante, que, entre outras coisas, era correspondente do *Le Figaro* e "a primeira mulher a fazer da literatura de viagens a sua profissão".[8] Enquanto sua caravana passava perto de Baalbek, Pashkov encontrou o grupo de HPB, e as duas decidiram viajar juntas. Pashkov conta como foi que Blavatsky evocou o espírito de um estranho monumento na areia, e a descrição desse acontecimento faz com que HPB lembre um desses magos do passado. À noite, depois de traçar um círculo à sua volta e murmurar alguns feitiços, Blavatsky "apontou sua varinha para o monumento". Ergueu-se uma grande bola de fogo. Chacais uivaram na escuridão, sentiu-se o aroma de incenso, e Blavatsky ordenou que aparecesse o espírito da pessoa a quem o monumento fora dedicado. Um homem idoso e barbado se materializou e disse que o monumento era o altar de um antigo templo de um deus esquecido. HPB ordenou que o espírito lhes mostrasse como era o templo em sua época de glória. Subitamente, viram uma estrutura vasta, colossal, e uma cidade magnífica, e depois tudo desapareceu. Como Rawson e alguns outros, mais tarde Pashkov testemunharia a autenticidade das viagens de HPB.

Após sua aventura em Baalbek, HPB foi para casa. Mais uma vez, ela chegou sem ser anunciada, aparecendo em Odessa em julho de 1872, mantendo-se mais ou menos alinhada com o roteiro de Koot Hoomi. Mas sua estadia foi breve, e, por volta de abril de 1873, ela voltou à estrada. Ela foi a Bucareste e depois a Paris, onde ficou com parentes do lado Hahn da família. Lá, ela passou o tempo escrevendo e pintando, embora críticos posteriores tenham dito que, mais uma vez, ela teria frequentado a vida noturna da cidade e sua devassidão. Essas alegações foram desmentidas por uma carta escrita por uma amiga dessa época, a doutora Lydia Marquette, que contou ao coronel Olcott que o comportamento de HPB em Paris não foi "nada excepcional", e que ela a considerava "uma das mais estimáveis e interessantes senhoras que já conheci".[9] Mas sua estadia lá também foi breve. Sem que ninguém esperasse, apareceu uma mensagem do Mestre M, juntamente com um espesso maço de notas de dinheiro francês — pelo menos, segundo um relato. Ela devia seguir para os Estados Unidos *tout de suite*.

Assim, no dia seguinte, ela o fez.

No porto de Le Havre, Blavatsky comprou uma passagem de primeira classe num vapor para Nova York. Quando estava prestes a embarcar, ela percebeu que havia uma mulher e duas crianças sentadas no cais. A mulher estava em prantos, e quando Blavatsky lhe perguntou o que estava errado, ela lhe disse que as passagens que comprara em Hamburgo para a viagem eram falsas, e por isso não os haviam deixado embarcar. Ela gastara todo o dinheiro que seu marido lhe havia mandado dos Estados Unidos naquelas passagens inúteis — ela e os filhos iriam se juntar a ele lá —, e agora estavam sem um tostão. Blavatsky disse à mulher que a acompanhasse. Na bilheteria, Blavatsky trocou sua passagem da primeira classe por quatro no porão, e todos embarcaram. Nas duas semanas seguintes, HPB se misturou à massa na área abaixo do convés, lotada e sem qualquer higiene, a caminho do Novo Mundo. Tendo sobrevivido ao *Eumonia* e ao *Gwalior*, o mero ato de embarcar já foi um sinal de coragem. Trocar o conforto de uma cabine da primeira classe pela miséria dos porões a fim de ajudar outras pessoas foi o gesto de um bodhisattva.

HPB desembarcou em Nova York em 7 de julho de 1873. Estava com 42 anos e fazia mais de vinte anos desde a última vez em que estivera na cidade. Estava numa missão para o seu Mestre, mas não está claro qual era ela. Como a Ilha Ellis ainda não era o centro de controle de imigração, ela passou primeiro pelo centro de imigração de Castle Garden, que hoje é o Forte Clinton no Battery Park, e depois apresentaria seus documentos de naturalização. Antes de sair da França, HPB escrevera para seu pai, pedindo-lhe para mandar rapidamente algum dinheiro para o consulado russo. Mesmo que ela tivesse ficado com sua passagem da primeira classe, ela teria chegado com as mãos praticamente vazias, tendo apenas o equivalente a alguns dólares nos bolsos. (Aparentemente, ela não tinha a intenção de usar o dinheiro que lhe fora enviado pelo Mestre. Segundo as instruções que recebeu depois, essas notas deveriam ser entregues a alguém em Buffalo. Quem era e o que seria feito com esse dinheiro não está claro.) Quando ela chegou ao consulado, ficou desapontada; não havia nada à sua espera. HPB viu-se na mesma situação de muitos dos imigrantes com quem tinha viajado, e, de várias maneiras, suas aventuras nos anos seguintes foram como essas histórias americanas de sucesso, nas quais um estrangeiro sem um tostão desembarca no novo mundo e, com coragem, persistência e determinação, se sai bem.

Mas antes ela tinha de achar uma moradia e um modo de ganhar alguns dólares para se manter até chegar a ajuda da Rússia. Um artigo de Elizabeth Holt, professora e uma das primeiras pessoas a encontrar HPB nessa viagem, publicado muitos anos depois em *The Theosophist*, dá uma ideia de como era Nova York nessa época. Os leitores que assistiram à adaptação feita para o cinema por Martin Scorsese do romance de Edith Wharton, *A Época da Inocência*, podem reconhecer o lugar. Nada de arranha-céus, é claro, e as viagens eram feitas em carruagens puxadas a cavalo. A porção norte de Manhattan era formada por penhascos de granito, "até a Rua Quadragésima". Um "rochedo sólido" ocupava o atual espaço entre a Segunda e Terceira Avenidas, e sobre ele havia uma favela. O Rio East banhava partes das atuais Primeira e Segunda Avenidas, embora a Broadway e a Quinta Avenida fossem bem movimentadas. A principal atração daquele ano foi a inauguração do Central Park, que atraiu cerca de 10 milhões de visitantes. Os rochedos e as formações rochosas que hoje deleitam as crianças dão uma ideia daquilo que os primeiros nova-iorquinos tinham de enfrentar.

Geralmente, na época, as mulheres que viajavam sozinhas eram recusadas nas hospedarias mais respeitáveis, e, de qualquer modo, a falta de recursos de HPB — para não falar de sua aparência exótica — deixaria a maioria delas fora do seu alcance. Alguém lhe mencionou uma novidade que era única na época e que seria uma solução, pelo menos por algum tempo. Um grupo de aproximadamente quarenta e poucas mulheres que trabalhavam e não tinham condições de pagar os aluguéis mais "respeitáveis" se uniu e criou uma cooperativa habitacional no lado leste da parte baixa de Manhattan. HPB foi para o número 222 da Rua Madison, não muito longe do Rio East, e em pouco tempo sua personalidade forte tornou-a a figura dominante do lugar. Deve ter sido muito frustrante para uma condessa — seu primo, recordemos, era um conde, e sua mãe, uma princesa —, mas, como de costume, HPB fez o melhor que pôde da situação, e sua franqueza e seu estilo despojado levaram-na a se tornar uma espécie de líder das outras moradoras, que a procuravam para se aconselhar sobre seus problemas. Ela tinha encontrado emprego como costureira da loja de um judeu da região que vendia artigos "de luxo" — ficava perto da Rua Orchard, que até hoje é um paraíso de lojas de roupas de baixo preço e oficinas de alfaiates — e depois falou bem de seu empregador. Ela também trabalhou com couro e desenhou e fabricou cartões de propaganda para alguns comerciantes locais, bem como fez alguns trabalhos que eram pagos por peça. Novamente, como Gurdjieff, Blavatsky mostrou um talento impressionante para lidar com aquilo que ele chamou de "o problema dos rublos". Ela também começou a conquistar fama como sensitiva, tal como fez em Tiflis, anos antes. Ela disse que estava sob a orientação de "poderes invisíveis", que, compreensivelmente, suas vizinhas imaginaram que fossem "espíritos", e falou a suas novas conhecidas sobre os *diaki*, ou elementais. Uma mulher ficou espantada quando Blavatsky lhe falou de coisas que ninguém sabia, exceto ela própria e alguns parentes falecidos. Mas quando ela pediu para HPB entrar em contato com sua mãe, que tinha morrido alguns anos antes, Blavatsky explicou que não poderia fazer isso, pois agora sua mãe estava ocupada com coisas muito mais importantes, além de estar fora do alcance dela. Blavatsky também impressionou as outras moradoras com histórias de seu passado exótico. A senhorita Holt ficou surpresa quando ela descreveu descontraidamente a decoração que fizera nos aposentos particulares da imperatriz Eugénie.

Outra pessoa que conheceu HPB nessa época foi a jornalista Anna Ballard, que trabalhava no *The Sun* de Nova York. Ballard recebera a incumbência de escrever um artigo sobre um tema russo, e uma amiga mencionara que recentemente tinha conhecido uma russa extraordinária. Mais ou menos uma semana depois de chegar, Blavatsky foi entrevistada por Ballard. Imagina-se que elas se encontraram na sala comunitária da cooperativa das mulheres, que HPB usava como uma espécie de escritório, e onde se sentava todos os dias, fumando cigarros sem parar. Elizabeth Holt fala da "notória bolsa de fumo, a cabeça de algum animal de pele, que ela usa ao redor do pescoço", um acessório de moda que os atuais defensores dos direitos dos animais e os especialistas em saúde e bem-estar poderiam desaprovar. O consumo de tabaco por parte de HPB era aparentemente fenomenal, embora o "meio quilo por dia" que Hannah Wolff afirmou que ela fumava seja um exagero.[10] Seu hábito tinha um propósito adicional. Numa noite, uma das mulheres apareceu correndo no escritório, sem fôlego, perturbada, e explicou que um homem a estava seguindo; a vizinhança, que já era difícil, parecia estar ficando pior. Blavatsky revirou seu amplo vestido e tirou sua faca de picar fumo, explicando que, se algum homem tentasse molestá-la, teria *aquilo* à sua espera.[11]

Blavatsky disse a Ballard que, até o dia anterior à sua partida, não tinha a intenção de trocar Paris pelos Estados Unidos. Isso já seria surpreendente, mas depois HPB acrescentou, com ênfase especial, "eu estive no Tibete". Ballard ficou imaginando por que, depois de lhe contar sobre suas viagens pelo Egito, pela Índia e por outras terras exóticas, HPB considerou o período do Tibete particularmente importante. Talvez nós tenhamos alguma percepção mais clara disso hoje, coisa que Ballard, que se tornou amiga de HPB, não tinha na época. Porém, o mais importante sobre esse comentário é que ele parece ser o primeiro anúncio público de HPB sobre suas viagens à terra proibida. Blavatsky pode ter sido, como escreveu Peter Washington, uma mulher "que cortejava a publicidade sem entender como lidar com ela", mas certamente não perdeu tempo em erguer sua bandeira no mastro.[12] Um artigo a seu respeito no *The Sun* — que tinha Edgar Allan Poe como um de seus colaboradores — falando de suas aventuras no Oriente misterioso certamente não prejudicaria sua missão, fosse ela qual fosse.[13]

EM OUTUBRO DE 1874, Blavatsky tinha se mudado para outra cooperativa feminina, dessa vez na Rua Elizabeth, perto da Bowery, na época um lugar de salões baratos, bordéis, cervejarias, bocas de fumo e lojas de penhores, e lar dos infames Bowery Boys, uma das primeiras gangues de rua de Nova York. Ali, Blavatsky ficou sabendo que seu pai tinha morrido, e que sua parte da herança ser-lhe-ia enviada em breve.[14] Quando chegou, revelou-se como uma importância considerável.[15] Hannah Wolff escreve que ela usou o dinheiro para se mudar para um hotel na esquina da Quarta Avenida com a Rua 23ª, onde ficou morando confortavelmente.[16] Outros relatos dizem que ela encontrou a condessa Gerebko, que conhecera na Rússia, e que a teria convencido a investir boa parte de sua herança numas terras em Long Island. Ela seria usada como granja e horta. Ela poderia morar ali, trabalhar a terra e vender seus produtos. Como HPB ganhou dinheiro como negociante de madeira em Tiflis, lucrar com galinhas em Long Island não pareceu fantástico demais, mas acontece que a terra não era como ela esperava, e sua faceta confiante — ou seu péssimo senso comercial — levou-a a recorrer à justiça para recuperar seu investimento. Mas seu desafortunado encontro com a condessa Gerebko foi sobrepujado pouco depois por aquele que deve ter sido o mais importante encontro de sua vida, exceto, talvez, por aquele com o Mestre Morya.

BLAVATSKY MANTINHA-SE a par de todas as notícias espiritualistas e ocultistas mais recentes, que nessa época eram muitas. Geralmente, achamos que o interesse popular pelo ocultismo, pelo esoterismo e pela espiritualidade começou em algum momento da década de 1960, durante o renascimento ocultista dessa época.[17] No entanto, uma olhada na história mostra que não foi bem assim. Na época da chegada de HPB a Nova York, fazia décadas que o espiritualismo era bem popular nos Estados Unidos e na Europa. Embora suas raízes possam ser localizadas em movimentos anteriores, como o mesmerismo e os ensinamentos de Swedenborg, a "mania" espiritualista do século XIX começou em 1848 em Hydesville, no norte de Nova York, numa área conhecida como "Distrito Queimado" por causa dos diversos movimentos de renovação religiosa que surgiram por lá. Em março de 1848, a família Fox foi perturbada por "batidas" e "pancadas" que soavam por toda a casa da fazenda; pareciam vir do nada. Embora tivessem procurado por uma causa, não encontraram nenhuma. Certa noite, ouvindo os ruídos, uma das jovens filhas do casal, Kate Fox, disse, em tom de piada, "senhor Pé Fendido, faça como eu!" — senhor Pé Fendido era o nome que davam a quem ou a o que estivesse fazendo os sons estranhos. Ela estalou os dedos, e imediatamente ouviu o som de um estalido como resposta. Margaretta, sua irmã, entrou na brincadeira, seguida por sua mãe. A fim de "testar" o senhor Pé Fendido, a senhora Fox pediu a "ele" para dizer a idade de suas filhas com batidas. O senhor Pé Fendido o fez, incluindo até a idade de um filho que tinha morrido em tenra idade. Para tornar a coisa oficial, a senhora Fox disse "se você for um espírito, dê duas batidas". Duas pancadas altas abalaram as paredes. Com o tempo, souberam que o senhor Pé Fendido era o espírito de um homem que fora assassinado na casa antes que os Foxes se mudassem para lá.

Uma escavação na adega acabou revelando cabelos e ossos humanos enterrados sob cal.[18] Os vivos podiam conversar com os mortos, ao que parecia, e em pouco tempo outras pessoas também descobriram esse fato.

Na época em que Blavatsky estava encantando os repórteres e os moradores da parte baixa do lado leste com as histórias de suas aventuras, o espiritualismo, como esse contato aparente com os mortos veio a ser chamado, era um movimento importante. Ele entrou até na política. Em 1872, ano anterior à chegada de HPB, Victoria Woodhull, médium, curadora pelo magnetismo e defensora do "amor livre", tornou-se a primeira mulher a concorrer à presidência dos Estados Unidos; seu Partido dos Direitos Iguais, uma coalizão entre feministas, trabalhadores, espiritualistas, comunistas — ela foi responsável pela publicação da primeira tradução do *Manifesto Comunista* para a língua inglesa — e "livre-amorosos", desafiou Ulysses S. Grant e Horace Greeley pelo cargo. Não é preciso dizer que ela não ganhou, e tamanha foi a indignação contra a "senhora Satã", como a imprensa marrom da época a chamou, que ela passou o dia das eleições na cadeia. Não encontrei nenhuma referência a algum encontro entre Woodhull e Blavatsky, mas ela parece exatamente o tipo de pessoa que HPB teria gostado de conhecer. Um escândalo envolvendo o famoso pregador Henry Ward Beecher — irmão de Harriet Beecher Stowe, autora de *A Cabana do Pai Tomás* —, levou à queda de Woodhull, que deixou os Estados Unidos e foi morar na Inglaterra em 1876.[19]

Blavatsky tinha acompanhado os relatos dos jornais sobre fenômenos ainda mais impressionantes do que aqueles que assustaram os moradores de Hydesville. Eles se centravam numa casa de fazenda em Chittenden, Vermont. Os primeiros relatos tinham aparecido no *The Sun*, e pouco depois, um jornal rival, *The Daily Graphic*, começou a publicar uma série de artigos sobre os estranhos acontecimentos em Chittenden. As ilustrações das manifestações — espíritos de toda espécie — feitas pelo artista August Kappes tinham chamado sua atenção e a de todo mundo em Nova York. Essa cobertura bissemanal "direta" era tão popular que os exemplares do *Graphic* eram vendidos por um dólar cada, que, na época, era um bom dinheiro. Blavatsky leu cada vez mais excitada e então teve uma ideia. Ela iria pessoalmente a Chittenden para conhecer o responsável por esses artigos.

O ENCONTRO PREDESTINADO ENTRE BLAVATSKY e o coronel Henry Steel Olcott, autor do artigo original do *Sun* e da série posterior no *Graphic*, foi, como o primeiro encontro — e muito similar — entre Gurdjieff e seu mais influente seguidor, P. D. Ouspensky, um ato de premeditação. É claro que ela confiava no destino e, acima de tudo, nos Mestres, mas quando tinha uma boa ideia, ia atrás. Ela já tinha pendor para a notoriedade e sabia o que um artigo bem posicionado num jornal podia fazer. Se ela queria um público para o qual pudesse se anunciar e prosseguir em sua missão, ali estava um pronto e à espera.

QUANDO HPB CHEGOU a Chittenden em 14 de outubro de 1874, acompanhada por sua amiga, a senhora Magnon, uma franco-canadense com quem ela morou por um breve período, ela já tinha, pode-se dizer com segurança, um passado impressionante atrás de si. Mas o homem a que ela havia se dado ao trabalho de conhecer a fim de trazê-lo para sua causa — fosse ela qual fosse — também não era nenhum preguiçoso. Henry Steel Olcott nasceu em Orange, New Jersey, em 2 de agosto de 1832, o que o tornava praticamente um ano mais novo do que Blavatsky. Na juventude, interessara-se profundamente pela clarividência e teve algum sucesso como mesmerista, tendo curado um primo de reumatismo inflamatório e outro de dor de dentes por meio de passes magnéticos. Mas seu interesse pelo espiritualismo fora reavivado recentemente, e nos últimos meses ele ganhara notoriedade nacional graças a seus artigos sobre as "assombrações" de Chittenden.

Antes disso, Olcott foi autor de uma série de feitos que qualquer um teria orgulho de ostentar. Suas raízes remontavam aos colonizadores que chegaram não muito depois do atracamento do famoso navio *Mayflower* em 11 de novembro no Cabo Cod, estado de Massachusetts. Uma antiga paixão pela agricultura, que o levou a ter uma fazenda em Ohio no começo da vida adulta, fez com que ele fundasse uma escola agrícola em Mount Vernon, Nova York, e recebesse uma medalha de honra da Sociedade de Agricultura dos Estados Unidos da América. Uma fazenda-modelo em Newark, New Jersey, na qual trabalhou, foi tão bem-sucedida que o governo grego ofereceu-lhe a cátedra de "agricultura científica" em Atenas, uma honra da qual ele declinou. Depois de estudar técnicas agrícolas na Inglaterra, tornou-se editor assistente de agricultura no *New York Tribune*. Antes dos 30 anos, publicara dois livros muito respeitados sobre agricultura; e em 1859, fez a cobertura do enforcamento de John Brown, o abolicionista, em Charlestown, Virginia, também para o *Tribune*. Lutou pelo Norte como oficial de sinalização durante a Guerra Civil, mas a malária o deixou inválido e ele passou a atuar como correspondente de guerra. Isso o levou a uma missão para investigar a corrupção e a descobrir quem obtinha lucros indevidos no exército. Sua patente de coronel e seu cargo de comissário especial do Departamento de Guerra foram-lhe conferidos graças a isso, e, em virtude de seu sucesso, ele deu continuidade a suas investigações na Marinha. Em agosto de 1865, Olcott foi um dos três homens encarregados de investigar o assassinato de Abraham Lincoln; ele descobriu no mínimo um dos conspiradores, que foi preso depois de uma batida organizada por Olcott. Ele recebeu recomendações especiais do Secretário da Guerra e do Advogado Geral, e em 1868, depois de ser admitido na Ordem dos Advogados de Nova York, praticou a advocacia, especializando-se em seguros e questões aduaneiras. Entre seus clientes, incluíam-se o Tesouro da Cidade de Nova York, a Bolsa de Valores de Nova York, o Gold Exchange Bank, as ferrovias do Panamá, diversas companhias de seguros e fabricantes de aço e de bens de grande porte. Apresentei o currículo de Olcott com algum detalhe porque nos relatos de sua vida com Blavatsky, volta e meia ele é mostrado como um tolo crédulo e sincero, encantado pela ardilosa aventureira russa e perdido por causa de sua incorrigível credulidade. Mas tolos e ingênuos não costumam ser indicados para investigar assassinatos de presidentes norte-americanos, nem recebem medalhas de honra ou pedidos para chefiarem departamentos de agricultura do governo grego.

Alguns meses antes de Olcott começar a cobrir as assombrações em Chittenden, ele estava sentado em seu escritório de advocacia na Rua Beekman quando lhe ocorreu que nos últimos tempos ele não tinha dado muita atenção para o espiritualismo. Mais tarde, Olcott se perguntou se esse pensamento havia sido mesmo seu ou se teria vindo de outro lugar, ou de *outra* pessoa. Mas na ocasião ele o levou a sair do escritório e comprar um exemplar de *Banner of Light*, uma revista espiritualista popular. Nela, ele leu sobre os estranhos fatos de Vermont, nos quais "formas-fantasma" materializavam-se. Os irmãos Eddy, cuja família tinha um histórico de clarividência — uma tataravó escocesa teria sido bruxa —, estavam apresentando habilidades notáveis em sua casa na fazenda. Dizia-se que levitavam, o que já era bastante notável, mas as mais incríveis exibições eram de

William Eddy. Se os relatos estivessem corretos, ele conseguia manifestar toda uma gama de espíritos. Índios peles-vermelhas, mulheres, crianças e homens já falecidos, que cantavam, dançavam, tocavam música e até travavam duelos com espadas etéricas: todos eram "materializados" enquanto William e às vezes seu irmão Horácio ficavam sentados num armário fechado num palco improvisado, numa sala que os moradores locais chamavam de "oficina dos fantasmas".

Olcott ficou atônito. Se fosse verdade, pensou, e as pessoas pudessem "ver, até tocar e conversar com parentes mortos que tinham encontrado um meio para reconstruir seus corpos e suas roupas para poderem se materizalizar temporariamente e serem visíveis e tangíveis", então isso era "o fato mais importante da moderna ciência física".[20] Ele decidiu descobrir isso sozinho. Ele o fez, e escreveu sobre suas observações em *The Sun* num artigo intitulado "O mundo dos espíritos, maravilhas espantosas que desafiam nossas crenças", publicado em 5 de setembro de 1874. Pouco depois disso, o *Graphic* encomendou-lhe artigos semana sim, semana não sobre aquilo que estava acontecendo em Chittenden, mandando junto com ele um artista para captar as cenas.

Um dos motivos pelos quais o interesse de Olcott pelo espiritualismo tinha diminuído e tornado a crescer pode ter sido o fato de sua esposa, filha de um pároco episcopal, com quem se casara em 1860, não ter interesse nenhum por ele, sendo até provável que o considerasse demoníaco. Na época da renovação de seu interesse, ele estava morando no Lotus Club — localizado na esquina da Quinta Avenida com a Rua 21ª — e aguardando a documentação do divórcio. Geralmente, alega-se que Blavatsky teria "atraído" Olcott para longe de sua esposa e de sua família — ele tinha dois filhos adolescentes —, mas isso não é verdade. O casamento tinha fracassado antes disso, e Olcott, um "homem de clubes, bebedeiras e amantes", tinha organizado uma visita a um bordel a fim de dar à sua esposa a base necessária para o divórcio; se ele aproveitou ao máximo esse mal necessário, não se sabe.[21] Aos 42 anos, ele já tinha tido sucesso em diversas áreas e chegara a hora da vida na qual o psicólogo Carl Jung dizia que os homens começam a pensar numa realização mais significativa, espiritual. Interesses anteriores, como maçonaria, mesmerismo e curas espirituais tornaram a ocupar a mente de Olcott, e o interesse pelo direito empresarial e pelos casos da alfândega começou a esmorecer, sem dúvida. Mais uma vez, a situação é notavelmente similar à de P. D. Ouspensky, que, como Olcott, era um jornalista que se viu cada vez mais isolado do mundo "real" à sua volta — no caso de Ouspensky, foram acontecimentos da época como a Conferência de Haia de 1906 — e atraído pelo mundo estranho do ocultismo, uma atração que acabou levando a seu encontro com Gurdjieff, tal como Olcott fez com HPB.[22] Na véspera do encontro com Blavatsky, Olcott pode ter perdido "todo senso de direção em sua vida abominável", como escreveu Peter Washington, mas isso sugere um caráter desesperado, confuso, à procura de qualquer coisa para preencher uma existência vazia.[23] Talvez sua inspiração tivesse algum propósito subjacente. Talvez seu súbito retorno ao mundo espiritual fosse o resultado de um impulso interior, uma bússola psíquica que Olcott perdera de vista e que tornava a funcionar, apontando-lhe o norte verdadeiro. De qualquer modo, esse impulso súbito para sair correndo do escritório para comprar a mais recente revista espiritualista levou a desdobramentos notáveis.

QUANDO HPB CHEGOU a Chittenden, ela sabia exatamente por que estava lá. Ela também sabia como fazer sua aparição. Quando Olcott a viu sentada à mesa comunitária na hora do almoço — a família recebia dezenas de espectadores e cobrava uma pequena entrada para o espetáculo —, a primeira coisa que ele percebeu foi sua camisa vermelha de Garibaldi, uma túnica militar de cor vermelha escarlate que estivera no auge da *haute couture* durante uma ou duas estações e que ainda não tinha saído de moda. Em meio aos fazendeiros de Vermont em seus trajes sóbrios, deve ter sido uma cena e tanto, assim como devem ter sido as feições mongóis que podem tê-la ajudado em suas incursões pelo Tibete. Depois da camisa, Olcott notou seus cabelos, "um esfregão claro e espesso" que se "destacava em sua cabeça, macio como seda e emaranhado até as raízes, como o pelo de uma ovelha Cotswold". Depois, o "maciço rosto calmuque", cheio de "força, cultura e arrogância", que contrastava agudamente com a aparência severa dos outros convidados. Isso chamou sua atenção, assim como devem tê-lo feito a bolsa de fumo de pele, os diversos anéis que adornavam seus dedos delicados, e, talvez por último, mas com muita eficiência, seus olhos, que ora eram descritos como azuis, ora como azul-acinzentados ou safira, mas sempre "magnéticos". Olcott sussurrou seu espanto para Kappes e depois foi correndo sentar-se diante dela, para fazer um estudo cuidadoso e detalhado.

Olcott entreouviu HPB e sua amiga conversando em francês, e, após o almoço, quando os dois saíram para o cigarro inevitável, Olcott quebrou o gelo com uma frase nada original. "*Permettez-moi*", disse, acendendo-lhe um fósforo. Eles começaram a conversar, e Blavatsky lhe falou de suas viagens e da procura pelo conhecimento ocultista — mas não antes de admitir, de forma nada ingênua, que esperava que o homem responsável por aqueles artigos no *Daily Graphic* não estivesse lá, pois ela receava que ele fosse escrever a seu respeito. Desde que chegara a Nova York, muitos jornalistas o haviam feito. É claro que essa manobra de psicologia reversa não passou despercebida pelo coronel, e ele admitiu que era, de fato, o homem em questão. Puxa, então deve ser o destino. Mas depois ela admitiu que fora a Chittenden exatamente por causa de seus artigos.

NÃO TARDOU PARA QUE OLCOTT PERCEBESSE que essa não era uma médium comum, mas uma mulher *poderosa*, que parecia ter os cidadãos do outro mundo a seu dispor. Não tardaria para que HPB desse mostras disso lá mesmo. Enquanto estava lá, os índios "vermelhos", os americanos e europeus que eram chamados do outro lado regularmente pelos Eddys, não compareceram, e em seu lugar surgiram "fantasmas" estrangeiros, todos saindo da terra natal de HPB. Esteve lá Michalko Guegidze, natural da Geórgia, que HPB conhecera na infância e que tinha morrido alguns anos antes. Após uma troca de saudações, ele dedilhou de bom grado a *Lezginka*, uma canção nacional da Geórgia, num violão. Apareceu também um comerciante muçulmano de Tiflis, bem como uma pequena camponesa russa e um cavaleiro curdo, com sua cimitarra e sua lança. Uma figura, a de um cavalheiro segurando a cruz e o colar de Santa Ana, era o tio de HPB.

Em outra ocasião, a materialização de uma fivela de prata na qual havia uma condecoração militar pendurada, que teria sido enterrada com seu pai, levou a alguma controvérsia. Isso nos faz dar um salto na história, mas uma digressão pode ajudar a esclarecer pelo menos duas questões ambíguas da carreira de HPB: seu relacionamento com o médium Daniel Dunglas Home, e com seu tutelado, Yuri.

Olcott relatou o aparecimento dessas estranhas figuras etéricas, e a capacidade de HPB conjurá-las à vontade, em seu livro *People from the Other World*, publicado em 1875. O médium Daniel Dunglas Home, que na época era o rei entronizado do pós-vida nos dois lados do Atlântico, leu seu relato e se ofendeu. Numa carta para um certo doutor G. E. Bloede do Brooklyn, Home disse que os russos não enterram condecorações militares com seus mortos, mas devolvem-nas ao governo, baseando sua afirmativa nos comentários de seu amigo, o barão Meyendorff, que conhecemos no Capítulo 2 como possível pai do tutelado de Blavatsky.²⁴ Portanto HPB não podia, segundo Home, ter materializado a condecoração do túmulo, sendo possivelmente uma fraude. Fosse como fosse, acrescentou Home, ela já havia tentado essa espécie de truque em Paris, em 1858.

Apesar de a controvérsia, bem como a condecoração, estar no prendedor da medalha de honra, esse foi o ponto mais fácil de esclarecer. Em resposta, HPB disse claramente que fora o prendedor, e não a condecoração — que, de fato, fora devolvido ao governo russo — que tinha se materializado. Mas a questão com Home ia mais longe. Os comentários de Home apareceram num artigo que o doutor Bloede publicou no *Sunday Herald*, um jornal de Boston, em 5 de março de 1876. Em várias ocasiões, Blavatsky disse que tinha e que não tinha se encontrado com Home. Numa entrevista para o jornal de Olcott, o *Graphic*, em novembro de 1874, ela afirma que em Paris "tinha conhecido Daniel Home, o espiritualista", e que ele a convertera ao espiritualismo.²⁵ Mas no primeiro volume de seu caderno de recortes de jornais, em que ela trata da questão do prendedor da medalha, ela escreve que "o senhor D. D. Home... nunca me conheceu, nem mesmo me viu em toda a sua vida", mas acrescenta que "ele certamente reuniu cuidadosamente os mais baixos mexericos possíveis sobre Nathalie Blavatsky".²⁶ Nathalie Blavatsky, a cunhada de HPB, como nos lembramos, era a possível mãe do tutelado de HPB, Yuri, com o barão Meyendorff.

Bem, a opinião negativa de Home sobre HPB — que levou a uma rixa permanente entre eles — não se baseava apenas nas alegações de Olcott sobre seus poderes únicos, com o que Home, compreensivelmente, poderia ter se sentido provocado. Ele também se sentiu incomodado com o que ele acreditava que tivesse sido um caso escandaloso entre HPB e o barão Meyendorff. Supostamente, isso havia acontecido em Paris em 1858. Sobre o caso, Home teria escrito que advertira Meyendorff sobre Blavatsky, que ele via como uma aventureira barata. Porém, Meyendorff estava apaixonado por ela — mesmo sendo "bem robusta" — porque estava igualmente apaixonado pelo espiritualismo daí sua amizade com

Home — e ela mesma se rotulara como médium poderosa, coisa que certamente não era — apenas para seduzi-lo.

Mas Lydia Pashkov, que conhecera HPB no Líbano e viajara com ela, mais tarde contou que também conhecera Nathalie Blavatsky, e que ela havia morrido em Aden em 1868.[27] E, assim, existe pelo menos uma confirmação de que houve duas Madame Blavatsky — a menos que acreditemos que Lydia Pashkov estava mentindo para defender sua amiga. Jean Overton Fuller examina esse caso um tanto confuso com minúcia e conclui que a Madame Blavatsky em questão era Nathalie Blavatsky. A família, ouvindo falar do caso com o barão Meyendorff, e irritada com os relatos dos "poderes" de HPB, confundiu as duas e usou o mexerico como munição contra um rival.[28]

Por outro lado, Olcott ficou tão empolgado com HPB que fez exatamente o que ela esperava que ele fizesse: escreveu sobre ela num de seus artigos para o *Graphic*. Depois disso, ela se tornou uma celebridade, e, pelo resto de sua carreira, apareceu nos jornais com regularidade. Mas HPB conseguiu mais do que publicidade com Olcott. Ambos se tornaram amigos, "camaradas", como não tardaram a se chamar, e em uma semana tinham até apelidos: ele era Maloney e ela era Jack (ou Mulligan, Latchkey e, às vezes, Cavalo Velho). Formavam uma espécie de *O Gordo e o Magro* metafísicos, caso o leitor tenha idade suficiente para se lembrar dos antigos filmes sobre dois amigos descompassados. Ou talvez *Um Estranho Casal** esotérico fique mais claro: Blavatsky como a mística selvagem, excêntrica, pouco convencional, envolta em trajes mal ajustados, baforando sem parar em seus cigarros e irradiando suas opiniões para quem quisesse ouvir, geralmente numa linguagem rude, enquanto seus olhos magnéticos cativavam todos à sua volta; Olcott, o sóbrio, sincero e respeitável advogado ianque, com barba longa e fluida e conduta impassiva anunciando sua postura vitoriana, enquanto se incomoda levemente com as maneiras desleixadas de sua camarada. Embora o relacionamento fosse platônico, uma "atração de alma para alma, não de sexo para sexo", como Olcott a colocou, eles haviam sido feitos um para o outro, pelo menos nessa época. Mais tarde, sua "camaradagem" — novamente, uma expressão de Olcott — ficaria menos sólida. Porém, naquele momento, eles estavam a caminho de se tornar inseparáveis.

---

* Referência ao filme de 1968 com Jack Lemmon e Walter Matthau. (N.T.)

Blavatsky despejou confidências no coronel, mostrando-lhe o velho ferimento sob o coração que a atormentara em Pskov e que tornara a se abrir em função de suas atividades em Chittenden. Ela também lhe mostrou onde o sabre tinha quebrado o seu braço em Mentana e as balas de mosquetão ainda alojadas em seu ombro e na sua perna, como um velho espadachim que exibe as cicatrizes das batalhas. Outras intimidades esotéricas foram trocadas. HPB explicou para Olcott, cada vez mais encantado, que os "espíritos" que ele e os outros visitantes tinham visto na fazenda de Eddy não eram os dos amigos e parentes falecidos, mas "formas-pensamento" emanando dos vivos, combinadas com os "cascões astrais" em decadência dos mortos, os esqueletos etéricos, por assim dizer, deixados para trás quando as almas imortais dos falecidos passaram para mundos superiores. Inconscientemente, os Eddys acrescentavam parte de sua própria matéria astral a esses autômatos espirituais — na verdade, é o que todos os médiuns fazem — que também absorviam energias psíquicas do público. Esses simulacros etéricos são aceitos inocentemente pela plateia como visitas autênticas de seus entes queridos que já morreram, mas são, na verdade, cadáveres astrais revividos artificialmente e que têm a semelhança da vida à custa dos vivos. Essa prática, segundo Blavatsky contou a Olcott, era sinistra e vil, e ela estava lá para mostrá-la tal como era, bem como o caminho para o verdadeiro conhecimento oculto. Ela fora, segundo lhe disse, "mandada propositalmente de Paris para a América a fim de provar os fenômenos e sua realidade" — porque eram irrefutavelmente reais —, mas para mostrar "a falácia das teorias espiritualistas sobre os 'espíritos'".

Essa "falácia" era a ideia da consciência humana como uma espécie de conduto ou "canal" para os mortos: na expressão originada na época, era um "médium", um meio, para poderes externos ao indivíduo, que lhe permitiam dominar. Para Blavatsky, que tinha aprendido a controlar seus próprios poderes no Tibete, isso era uma abdicação da própria liberdade e responsabilidade individual, uma espécie de escravidão psíquica, especialmente pelo fato de os "espíritos" envolvidos serem normalmente de um tipo baixo, as "larvas" do reino astral, como ela os chamava, usando uma expressão de Bulwer-Lytton. Associada a isso, havia a ideia de que os espíritos dos mortos, uma vez livres da carne, ficavam em algum mundo fantasmagórico próximo, uma espécie de sala de visitas vitoriana etérica, sem nada melhor para fazer do que conversar educadamente com seus parentes vivos. Como Blavatsky iria explicar detalhadamente mais tarde, ela disse que cada alma viva — na verdade, tudo que existe no universo — está envolvida numa ampla jornada evolutiva, uma jornada de transformação através de todas as formas de existência, desde o mais baixo grão de areia até a própria Mente de Deus. Sua missão, com efeito, era a de reavivar e revitalizar a antiga tradição hermética e neoplatônica, na qual a centelha divina imersa na criação anseia pelo retorno à sua origem, e que em nossa época passou a ser conhecida como "ocultismo". Foi por isso que ela disse à sua amiga na cooperativa feminina que não podia entrar em contato com sua mãe falecida. O verdadeiro eu de sua mãe, sua porção imortal — que depois Blavatsky iria chamar de "mônada", tomando por empréstimo uma expressão do filósofo Leibniz —, tinha "ido em frente" e estava ocupada demais com os desafios de sua evolução para poder conversar rapidamente com sua filha — que também deveria estar ocupada com coisas mais importantes.

Cumprir sua missão, pelo que se viu depois, não seria uma tarefa fácil, e quando ela estava em pleno andamento, HPB viu-se combatendo em três frentes. Os espiritualistas já estavam passando por momentos difíceis, defendendo-se tanto da Igreja — que os considerava demoníacos — quanto da ciência — que os considerava absurdos. No entanto ela não iria apenas compartilhar os dois inimigos dos espiritualistas: iria ter os próprios como inimigos, causando uma boa confusão. Se ela esteve nas barricadas em Mentana, combatendo o exército do papa com espadas e balas, a luta espiritual para a qual ela estava se armando não seria menos perigosa.

SABEDORIA ANTIGA
PARA UM MUNDO MODERNO

Como jornalista experiente, Olcott sabia reconhecer uma boa matéria quando a via, e no seu artigo seguinte para o *Graphic*, ele apresentou sua nova amiga a seus leitores. "A chegada de uma senhora russa de família distinta e raros dotes educacionais e naturais foi um evento importante na história de Chittenden", anunciou o coronel. Em sua "vida acidentada", Helena Petrovna Blavatsky tinha viajado "pela maioria das terras do Oriente". Buscara "antiguidades na base das Pirâmides", testemunhara "os mistérios dos templos hindus" e — aumentando um pouco as realizações de sua nova camarada — tinha "avançado com uma escolta armada até o interior da África". Olcott garantiu a seus leitores que ele "nunca tinha encontrado uma figura tão interessante e... excêntrica".[1] Embora fosse provável que a maioria de seus leitores nunca chegaria a conhecê-la, em breve HPB faria de tudo para corresponder à sua reputação.

Sua primeira aparição na imprensa, pelo menos nos Estados Unidos — ela afirmava ter escrito para publicações estrangeiras, mas nada anterior a essa época veio à luz —, também se deu no *Graphic*. Foi uma resposta a uma carta ao jornal enviada por um certo doutor Beard, que tinha — pelo menos, no seu entender — "provado" que as manifestações de Chittenden eram falsas. Beard lera os artigos de Olcott e, tal como HPB, decidiu visitar Chittenden e ver por si mesmo. Suas investigações tomaram dois dias inteiros e consistiram em revirar o armário dos espíritos dos irmãos Eddy e exigir que eles segurassem uma bateria galvânica que ele havia levado. A corrente elétrica, acreditava ele, impediria os irmãos de realizar qualquer truque. Os irmãos rejeitaram a proposta — a corrente da bateria era forte —, e a reunião acabou em pancadaria. O doutor Beard voltou para Nova York e escreveu uma carta expondo todo o caso.[2] Blavatsky leu a carta e respondeu-a imediatamente, de um modo que se tornaria familiar para seus leitores.

De modo confiante, como quem bate na mesa, HPB colocou Beard em seu lugar, solapando qualquer qualificação que ele pudesse ter para investigar as manifestações. Se cientistas como William Crookes (inventor do tubo de raios catódicos), Alfred Wallace (codescobridor da teoria da evolução) e Camille Flammarion (o grande astrônomo francês) puderam dedicar anos ao estudo do espiritualismo, concluindo que o fenômeno era *real*, argumentou ela, a "revelação" de Beard após meros dois dias foi deplorável. Blavatsky ficou em Chittenden por mais duas semanas antes de voltar a Nova York, e em sua resposta ao doutor Beard ela descreve com detalhes os espíritos "russos" que chegaram durante sua estadia. Ela também o desafia a produzir, como disse que podia, tudo que acontecia em Chittenden com "três dólares de tecido de segunda mão", oferecendo um prêmio de 500 dólares caso tivesse sucesso.

Beard não aceitou o desafio, nem ninguém. Porém, sob a perspectiva de se compreender a "missão" de HPB, o mais importante aqui é que desde o começo ela fez uma distinção entre a realidade do fenômeno e a de sua suposta fonte. Crookes, Wallace e Flammarion tinham dito que "mesmo que o conhecido fenômeno da materialização de espíritos não prove a identidade das pessoas que supostamente representam, ele não é, de maneira alguma, a obra de mãos mortais; muito menos uma fraude".[3] A frase-chave aqui é "não prove a identidade das pessoas que supostamente representam". Blavatsky já havia explicado para Olcott que as manifestações não eram dos mortos; pelo menos, não de suas "almas imortais", que passavam a se dedicar a questões mais importantes. No entanto, mesmo tendo deixado claro para Olcott que seu propósito era revelar a "verdade" sobre o espiritualismo — ou, de certo modo, expô-lo à sua maneira —, nesse momento, pelo menos, ela tinha de fingir que era uma companheira de viagem dele. Em sua resposta ao doutor Beard, ela se denomina "uma espiritualista de muitos anos". Mas em seu caderno de recortes de jornais, no qual ela inseriu a carta tal como foi impressa no *Graphic*, ela riscou a palavra "espiritualista" e escreveu "ocultista", acrescentando um comentário: "alguém que ri diante das supostas ações de espíritos! (mas que ao mesmo tempo finge ser um)".

O trabalho de Blavatsky como agente secreta esotérica — uma ocultista em trajes espiritualistas — levaria a mais do que um pouco de confusão e também provocaria uma amarga animosidade contra ela por parte das pessoas cujas cren-ças ela estava tentando defender de maneira ostensiva. Sylvia Cranston escreve que, "à vista de seus verdadeiros sentimentos", o fato de HPB fingir "defender" a causa espiritualista é "intrigante".[4] É verdade, mas faria sentido para ela ga-nhar fama e reputação como oponente ardente do tipo de ceticismo tacanho personificado num doutor Beard, levando depois seus seguidores para a verda-deira luz do ocultismo.

Rudolf Steiner, que se tornaria o mais famoso e influente teosofista europeu do início do século XX, deu várias cambalhotas para trás, ministrando palestras para marxistas e seguidores de Nietzsche de tal modo que, lentamente, levou-os até sua versão pessoal do idealismo alemão. Porém, como HPB, ele também foi taxado de vira-casaca quando alguns de seus seguidores acharam que ele tinha abandonado a "verdade" em troca de um caminho diferente. (Steiner compli-cou as coisas pois tinha uma necessidade quase patológica de se "identificar" com um ponto de vista oposto para poder compreendê-lo; essa "identificação" era tão profunda que muitas vezes ele era visto, assim como Blavatsky, como defensor das próprias ideias a que se opunha.)[5]

Naturalmente, é verdade que tais táticas podem ser vistas como puro opor-tunismo. E não dista muito da verdade alegar que o próprio Steiner tornou-se teosofista para conquistar o público, e que ele tinha a intenção de conduzir seu rebanho teosófico para sua própria antroposofia — que, para um leitor sem ten-dências predeterminadas, parece-se muito com os ensinamentos de Blavatsky. Muitos dos que se tornaram seguidores de HPB começaram como espiritualis-tas pela simples razão de, antes de Blavatsky e da Sociedade Teosófica, não haver muitas outras opções para aqueles que estavam infelizes com o materialismo bruto e insatisfeitos com a religião convencional. Bancando os advogados do diabo, podemos dizer que ela tinha de deixar a porta aberta, *fosse como fosse*. Se uma postura temporariamente discreta entre os espiritualistas era o caminho para chegar lá, então foi uma ficção necessária. Mas é claro que alguém como HPB não conseguiria manter uma postura discreta por muito tempo.

BLAVATSKY CONHECIA A MÍDIA O SUFICIENTE para entregar pessoalmente seu ataque a Beard na redação do *Graphic*. Após o relato de Olcott, ela se tornara uma espécie de celebridade, e o editor do *Graphic* tirou proveito de sua visita para entrevistá-la para uma matéria. Não é sempre que uma exótica aristocrata russa que viajou ao redor do mundo entra na sua redação, especialmente se estiver vestida como "uma encomenda mal embrulhada e resplandecente".[6] Mas, mesmo levando em conta os enganos que Jean Overton Fuller alega que o repórter cometeu, a entrevista tem mais do que pequenas bravatas. HPB disse ao repórter que tinha 16 anos quando se casou com Nikifor Blavatsky, que teria 73; na verdade, ela tinha pouco menos de 18 e seu noivo estava na faixa dos 40. Ela também mentiu sobre sua idade, cortando três anos; deixando de lado a correção política, na época isso era considerado uma "prerrogativa das senhoras", e talvez não devamos culpá-la completamente por isso. No entanto, podemos ver o começo da "história de Blavatsky" aqui, e, nos dezessete anos seguintes, o relato de sua vida "em suas próprias palavras" será, de modo geral, uma mistura frustrante de exageros, mentiras e seriedade espiritual, misturados na proporção certa para espantar, estimular a curiosidade e acionar mentes buscadoras.

Na época em que ela apresentou sua réplica ao doutor Beard, irremediavelmente em desvantagem — ela foi publicada em 30 de outubro de 1874 —, HPB tinha se mudado de casa mais de uma vez. Ela acabou morando durante algum tempo no número 23 da Irving Place, a apenas algumas portas do Lotus Club, onde Olcott estava morando enquanto aguardava seu divórcio (ele seria oficializado antes do final do ano). Desde seu encontro em Chittenden, ficaram praticamente inseparáveis. Ela começou a orientar Olcott no ocultismo, cujo ensino no Ocidente era sua missão. Ela já tinha explicado que os fenômenos que ela podia produzir eram o trabalho de elementais, dizendo-lhe que, se estivesse disposto a aceitar os rigores necessários, ele também poderia dominar essas forças. Olcott mostrou-se ansioso por enfrentar o desafio, que exigia, entre outras coisas, celibato, abstinência de bebidas e dieta vegetariana. Esse último item era o mais difícil, e a própria HPB admitia que ainda não tinha conseguido abrir mão das carnes. Seus hábitos alimentares, pelos padrões de hoje, eram tudo menos espirituais, e um de seus pratos prediletos era ovos fritos flutuando na manteiga, o que deve ter elevado seu colesterol a níveis escandalosos. Porém, como ela diria mais tarde, no longo prazo, "as ações e funções puramente corporais são bem menos importantes do que aquilo que um homem *pensa* e *sente*, do que os desejos que ele estimula em sua mente", um ponto com o qual Rudolf

Steiner concordou quando disse a um seguidor que estava se esforçando para se tornar vegetariano que "é melhor comer presunto do que pensar em presunto".[7]

Seus Mestres, porém, eram castos em todas essas coisas, e ela lembrou o coronel de que eles não eram "espíritos", mas homens de carne e sangue que tinham conseguido o domínio sobre si mesmos e graças a isso adquiriram poderes notáveis. E, embora o aprendizado dela tivesse se dado no Tibete, os Mestres não eram todos orientais, mas vinham de todas as raças. Ela falou de um grego, um copta (cristão egípcio nativo), um veneziano e também um inglês. Havia outros, mas todos eram bodhisattvas, homens que atingiram a iluminação mas que ficaram no mundo em vez de entrarem no Nirvana, a fim de ajudarem outros homens.

Um homem e uma mulher que precisavam de ajuda naquele momento eram um casal espiritualista da Filadélfia. Nelson e Jennie Holmes tinham sido acusados publicamente de fraude quando um espiritualista mais idoso, Robert Dale Owen — ex-congressista e filho do famoso Robert Owen, fundador da comunidade utópica New Harmony [Nova Harmonia] — declarou ter sido enganado por eles. Durante algum tempo, o casal Holmes manifestou um espírito conhecido como "Katie King", que seria filha do famoso espírito "John King", familiar para os frequentadores de sessões mediúnicas dos dois lados do Atlântico. John King chegou a se manifestar para Madame Blavatsky, e durante algum tempo ela o incluiu na sua lista de Mestres. Katie King também era uma celebridade, tendo aparecido em sessões organizadas por William Crookes. Mas uma mulher chamada Eliza White confessara ter se passado por Katie e vendera sua história para um jornal. Os Holmes negaram as acusações, mas uma das pessoas envolvidas na suposta farsa foi Robert Dale Owen, e o fato de ele ter admitido que fora enganado foi um grande golpe sobre a causa espiritualista. Os Holmes leram os artigos sobre Chittenden no *Graphic* e apelaram para que Olcott fosse à Filadélfia para testá-los.

Olcott o fez, e, depois de diversas sessões realizadas em janeiro de 1875, ele concluiu que Jennie Holmes era uma médium autêntica. Contudo, HPB tinha conhecimento de causa sobre o assunto. Ela admitiu que *às vezes* Jennie Holmes era autêntica, mas nem sempre. Como muitos médiuns profissionais, ela possuía pouco controle sobre seus poderes, e quando uma plateia exigia resultados e ela estava "fora do jogo" — como acontecia com frequência — recorria a truques, um expediente sujo que lançava muitas dúvidas sobre vários médiuns que, tirando essas ocasiões, eram autênticos. Mas indo diretamente ao ponto, num bilhete escrito por Blavatsky que Olcott encontrou depois de sua morte, ele descobriu que fora a própria HPB que "salvara a situação", usando seus próprios poderes — apoiados pelos poderes de Mestre Morya — a fim de manifestar "Katie King", provando assim que ela era um espírito "real". Em outras palavras, para provar que Katie era "real", Blavatsky teve de "falsificá-la" de forma mágica. Blavatsky lamentou ter de "se identificar durante aquele vergonhoso incidente dos *médiuns* Holmes com os espiritualistas". Ela recebera a missão de provar a realidade do fenômeno, e o melhor modo de fazer isso, concluiu, era fornecer munição ao espiritualismo contra os céticos. Bastava as pessoas verem que havia *alguma* realidade além do mundo material; a verdade exata a respeito disso poderia ser revelada depois.[8]

O salvamento de Blavatsky no campo do esoterismo não teve muito efeito sobre a reputação dos Holmes, mas seu envolvimento no caso leva a alguma especulação sobre aquilo que podemos chamar de "história oculta" do mundo moderno. Jean Overton Fuller escreve que "nessa época, havia uma epidemia de espiritualismo nos Estados Unidos", e outro autor observa que as sessões espíritas, mesas girantes e outros fenômenos místicos eram tão populares que se podia falar numa "invasão dos espíritos".[9] Mas se havia uma "invasão", por que estaria acontecendo naquela época? Por que os "espíritos" escolheram justamente aquele momento — a segunda metade do século XIX — para sua invasão? Afinal, as pessoas vinham morrendo havia eras, e as viagens ao mundo inferior e os oráculos de "espíritos" fizeram parte da tradição ocidental desde o princípio. Por que os mortos começaram subitamente a conversar com os vivos em 1848, prosseguindo pelo resto do século?

John Symonds sugere que, apesar de muitas pessoas terem interesse pelo outro mundo — as sessões espíritas eram rotineiramente anunciadas nos jornais, ao lado de cultos religiosos tradicionais —, não havia uma crença real e profunda na filosofia espiritualista, e diz ainda que ela foi "adotada pelo público em geral só porque era a última mania".[10] Mas isso não nos diz nada. *Por que* era a última mania? Alguns historiadores do esoterismo sugeriram que o que pode ter acontecido é que o povo do mundo espiritual decidiu invadir o nosso mundo.

Segundo uma estranha teoria desenvolvida pelo ocultista inglês C. G. Harrison, e depois adotada por Rudolf Steiner, no começo do século XIX, alguns ocultistas ficaram preocupados com a ascensão do materialismo, a crença de que as únicas coisas "realmente reais" do universo são a matéria e as forças que atuam sobre ela. As crenças espirituais tradicionais estavam perdendo terreno, e por isso os ocultistas se reuniram para discutir um plano de ação. Um grupo — a "ala direita" — era favorável a se manter em segredo os conhecimentos do mundo superior, com receio de que a publicidade levaria à sua profanação. Os ocultistas da "ala esquerda" eram favoráveis a se pôr tudo na mesa e queriam instruir a sociedade como um todo na realidade do mundo espiritual. Foi conseguido um meio-termo, e segundo ele seriam realizados "experimentos" com certas pessoas de "constituição psíquica" incomum — médiuns — para se saber se, por meio deles, o público poderia se convencer da realidade dos mundos espirituais. Esse experimento foi o espiritualismo, e no final ele foi considerado um fracasso, exatamente pelo mesmo motivo que Blavatsky disse o que estava errado nele: a crença de que os fenômenos associados a ele eram obra dos mortos.

O que é notável aqui é a ideia de que a "epidemia de espiritualismo" não foi um golpe de sorte, o fruto de "forças sociais", ou da "ameaça da modernidade, de uma crise econômica, ou de alguma outra causa "razoável". Tampouco foi o fruto de uma guerra, quando muitas pessoas, compreensivelmente, desejariam entrar em contato com entes queridos, tal como aconteceu nos anos posteriores à Primeira Guerra Mundial, que viu um súbito aumento de interesse pelo espiritualismo.[11] Foi, segundo essa visão, o trabalho de seres conscientes, que decidiram agir. Esses indivíduos eram adeptos, como os Mestres de HPB; homens e mulheres que desenvolveram o tipo de poder que Blavatsky atribuía a seus professores e que, como vimos, estão associados a lamas e gurus no Tibete. Naturalmente, isso nos leva a perguntar quem eram esses Adeptos, presumindo que de fato existiram e que a ideia de uma "intervenção oculta" direta não é absurda. A estudiosa Joscelyn Godwin levou a ideia tão a sério que a pesquisou exaustivamente e reuniu fios diferentes naquilo a que dá o nome de teoria da "mão oculta" do espiritualismo. O fundamento disso é que HPB aparece em cena, não plenamente formada como Minerva ao sair da testa de Júpiter, mas à frente de uma rica corrente esotérica que remonta ao século XVII, no mínimo, e possivelmente recua ainda mais.[12]

Dois grupos ocultistas anteriores à fundação da Sociedade Teosófica parecem, segundo Godwin, ser os melhores candidatos para aqueles que deviam mexer os pauzinhos ocultos por trás da "epidemia de espiritualismo". Ambos estão associados a pessoas que estariam envolvidas com a Sociedade Teosófica em seus primeiros dias, ou que exerceriam uma profunda influência sobre ela e sobre Blavatsky. Um desses grupos era conhecido como Círculo Órfico, e num notável livro publicado em 1876, *Ghost Land*, mencionado antes, podemos ter alguma ideia do que faziam. Parte do material que veio a ser *Ghost Land* foi publicado originalmente numa revista espiritualista, *The Western Star*, em 1872, cuja editora, a espiritualista Emma Hardinge Britten, também editou a versão em livro. Apesar de se desentenderem mais tarde, houve uma época em que Emma Hardinge Britten era amiga de HPB e, como mencionado, uma das primeiras pessoas a se filiar à Sociedade Teosófica. O verdadeiro autor do material é desconhecido, e tanto os "esboços autobiográficos" originais quanto o "romance" expandido foram publicados sob o pseudônimo de "Chevalier Louis de B". O pesquisador psíquico E. J. Dingwall acha que o verdadeiro autor foi o barão Joseph Henry Louis de Palm, um aristocrata europeu decadente que morou com Olcott durante um breve período e que, ao morrer, deixou um baú que alguns diziam que continha textos esotéricos importantes.[13] Alguns críticos de HPB – entre os quais, Emma Hardinge Britten – até disseram que *Ísis sem Véu* foi um plágio de trabalhos do barão. O baú continha, porém, pouco mais do que algumas ações sem valor e umas poucas camisas que o barão empobrecido furtara de Olcott; a coisa mais significativa que ele deixou foi o pedido para que seu corpo fosse cremado. (Olcott cumpriu os desejos de Palm, e sua cremação foi a primeira realizada nos Estados Unidos.) Como Olcott veio a descobrir, o barão sem tostão estava sendo procurado pela polícia de diversos países europeus. Embora isso não o impedisse necessariamente de ser um profundo pensador esotérico, faz com que a ideia de que ele poderia ter escrito o material constante em *Ghost Land* seja pouco provável.[14]

Quem quer que o "Chevalier Louis de B" tenha sido de fato – e alguns acreditavam que ele seria a própria Emma Hardinge Britten –, seu relato sobre ter entrado para o "ramo alemão de uma ordem secreta muito antiga" permanece empolgante. O período coberto é o início da década de 1800, e à "ordem secreta" Louis dá o nome de "Fraternidade de Berlim". Desejando estudar os mundos espirituais de forma científica, a ordem usava uma série de métodos para induzir um estado de "sono magnético", estimulando o "magnetismo animal" descoberto no final do século XVIII pelo suábio Franz Anton Mesmer (que nos deu o termo "mesmerizado"). Esse estado podia ser induzido "às vezes por drogas, vapores e essências animais; às vezes por feitiços, como por música, pela observação fixa de cristais, os olhos de cobras, água corrente ou outras substâncias reluzentes; por intoxicação causada pela dança, por giros [dervixes alemães?] ou clamores que distraem". Mas o método mais eficiente para induzir um "transe magnético" era o dos "passes magnéticos", movimentos lentos das mãos bem perto da superfície do corpo, levando o médium àquilo que ele chamava de "lucidez". O relato de Louis entrando nesse estado lembra relatos posteriores de experiências "fora do corpo", mas essa notável mudança em sua consciência acarretou outras conclusões. Uma atmosfera cristalina o envolveu, e ele sentiu que podia ver "uma área com espaço quase ilimitado". Um "vasto mundo de percepção" se abriu, e ele achou que não só podia ver através das paredes da sala, como também podia "passar por elas com perfeita facilidade". E não apenas isso: "a própria mobília, se entrasse no perímetro solvente da bruma de fogo radiante que me rodeava, seria dissolvida, tornando-se ... *tão solúvel* que poderia passar... através de todas as coisas materiais".

Essa possibilidade, de a matéria tornar-se infinitamente permeável, vai voltar quando estudarmos o caso das misteriosas Cartas dos Mahatmas. Porém, o relato de Louis também lança luzes sobre como os fenômenos associados com o espiritualismo poderiam ser realizados pelos vivos. Ele escreve que foi levado à "lucidez" com o uso de óxido nitroso — sintetizado inicialmente em 1772 pelo químico Joseph Priestley — e diz que seu "espírito atmosférico" foi levado, com outros dois "sujeitos lúcidos", para um castelo na Boêmia. Lá, eles atiraram pedras, moveram objetos, gritaram, grunhiram e fizeram muito barulho — exatamente o tipo de coisa associada a *poltergeists* e a outros "espíritos". E, embora Louis e seus companheiros não se lembrassem de sua "viagem" quando voltaram a acordar, pouco depois, viram um relato no jornal da "assombração" no mesmo castelo que tinham visitado.

Tendo em vista o anonimato do autor de *Ghost Land*, é melhor, como sugere Godwin, considerá-la ficção. Mas Emma Hardinge Britten deixou um relato de seu ingresso numa sociedade ocultista secreta que lembra muito a de "Louis B". Como Louis, ela foi iniciada com pouca idade por causa de sua capacidade sonambúlica. Os membros da sociedade eram damas e cavalheiros de elevada posição, provenientes de todas as partes da Europa. Essa era mais uma dentre tantas sociedades cuja história remonta ao antigo Egito. Estudavam a Cabala, o "ocultismo filosófico" e também a "magia prática". Esta consistia em mesmerismo, bolas de cristal, o uso de "espelhos mágicos" e outras formas de evocação – práticas destinadas a fazer com que entidades espirituais se manifestassem fisicamente e a se atingir o que chamaríamos de estados alterados de consciência. Entre os envolvidos, achava-se o romancista Edward Bulwer-Lytton, um dos primeiros investigadores psíquicos "científicos" e autor, entre outras obras, do clássico rosa-cruz *Zanoni*.[15]* Juntamente com praticamente todos os ocultistas do final do século XIX e início do XX, Blavatsky foi imensamente influenciada por Bulwer-Lytton; alguns até pensam que ele seria o Mestre que ela conheceu em Londres em 1851. Como Blavatsky, Bulwer-Lytton rejeitava a ideia de que os fenômenos espiritualistas fossem causados pelos mortos; ele acreditava que eles eram o produto de forças naturais desconhecidas, que ele costumava chamar de "elementais". Essas forças, segundo acreditava, poderiam ser investigadas, compreendidas e no devido tempo dominadas, e era exatamente isso que o Círculo Órfico de Britten pretendia.[16]

Enquanto o Círculo Órfico estava explorando essas forças desconhecidas, outro grupo estava ocupado com uma atividade similar. É difícil dizer exatamente quando a Fraternidade Hermética de Luxor, mencionada antes, começou. Seu aparecimento público "oficial" foi em 1884, uma década depois que o coronel conheceu HPB. Porém, como muitas sociedades ocultistas, essa também dizia que tinha uma linhagem que recuava milênios, e parece razoável presumir que uma ordem secreta "interna" existiu muito antes de a "externa" surgir. Uma data de início mais flexível pode ser 1870, mas há razões para acreditar que o grupo existia sob disfarce antes disso; imagina-se que a própria Emma Hardinge Britten tenha pertencido a alguma forma dela na década de 1850. No capítulo anterior, comentei que, quando HPB começa a falar de uma misteriosa Frater-

---

* Publicado pela Editora Pensamento, São Paulo, 1918. (fora de catálogo)

nidade de Luxor, ela pode estar se referindo a pessoas como o radical sufi Jamal ad-Din al-Afghani e a James Sanua, dramaturgo judeu egípcio — com quem, como diz K. Paul Johnson, ela entrou em contato no Cairo em 1871. Creio que também temos de aceitar a possibilidade de os personagens que Blavatsky tinha em mente serem pessoas como Paulos Metamon e seu "filho" Max Théon, que conhecemos no Capítulo 4.

Théon é uma figura fugaz que, exceto por aparecimentos ocasionais sob os holofotes, tende a se manter nos bastidores como uma espécie de mente magistral, ou "mestre oculto". Como associado de Paulos Metamon, Théon seria membro da Fraternidade de Luxor — juntamente com Albert Rawson, al-Afghani e outros esoteristas com quem HPB confraternizou no Cairo. Quando a Fraternidade Hermética de Luxor — ou F. H. de L., como foi conhecida durante a maior parte de sua existência (até seu nome era considerado um segredo importante) — começou a fazer publicidade para atrair membros, Théon era chamado de seu Grande Mestre e era considerado em seus textos como um "adepto exaltado", mas ele teve muito pouca relação com a operação em si; na verdade, com sua esposa, que era médium, ele se concentrou em desenvolver o que chamou de sua "Filosofia Cósmica", e depois seria professor de Mirra Alfassa, que mais tarde, conhecida como "A Mãe", seria líder do ashram de Sri Aurobindo em Pondicherry. Não é preciso dizer que a Fraternidade Hermética de Luxor e a Fraternidade de Luxor têm nomes notavelmente similares, e os dois grupos, que podem ou não ter tido alguma conexão, são confundidos facilmente. É possível que a F. H. de L. tenha, de algum modo, surgido da Fraternidade de Luxor, mas também é possível que as duas tivessem apenas relação pelo nome.

Uma das fontes dos ensinamentos da F. H. de L. — que, quando se tornou "pública", ficou disponível graças a um "curso de ocultismo por correspondência", possivelmente o primeiro de seu tipo — foi a obra do excêntrico espiritualista e ocultista mestiço Paschal Beverly Randolph, que provavelmente iniciou um dos membros da F. H. de L., o escocês Peter Davidson, em 1874. O próprio Davidson conta que foi procurado por Max Théon em 1870, quando o "adepto exaltado" foi autorizado por seus Irmãos Iniciados a acolher um neófito, treinando-o em seu trabalho — assim como HPB foi procurada pelo Mestre Morya. Personagem inconstante, embora carismático, Randolph levou uma vida que rivaliza com a de HPB em termos de viagens, aventuras e ambiguidade. Sua personalidade instável, exacerbada por álcool e drogas — ele usava haxixe em práticas ocultistas, e muito possivelmente foi a fonte de seu suposto uso por parte de HPB —, levou a muitas crises, e em 1875, aos 49 anos, ele estourou os miolos logo depois de informar um vizinho atônito de sua intenção. Autor prolífico e defensor vigoroso de suas ideias, Randolph é mais conhecido hoje por ter sido um dos primeiros proponentes da "magia sexual" associada a Aleister Crowley e sua Ordo Templi Orientis (O.T.O.). Ao longo de sua carreira, Randolph foi preso por promover o amor livre — assim como sua contemporânea Victoria Woodhull —, e sua liberalidade nessa área levou-o a abandonar sua primeira esposa e seus filhos, um dos quais morreu por negligência. (Mais tarde, ele também largou sua segunda esposa.) É possível, como sugere Christopher Bamford, que Randolph tenha fundado uma forma da F. H. de L. em Boston, talvez já em 1868.[17] Também está claro, a julgar por diversos relatos, que ele era, como diz Bamford, "autêntico e farsa em partes iguais". Algo parecido, naturalmente, também foi dito de HPB.

O que coloca a F. H. de L. nessa mistura curiosa é uma observação feita pelo filósofo tradicionalista René Guénon. "Desde o início do século XIX", escreve Guénon, "houve na Alemanha... sociedades secretas... ocupadas com magia e evocações, e também com magnetismo", e que "foi precisamente a F. H. de L. ... que esteve em contato com algumas dessas organizações." Isso colocaria a Fraternidade na corrente esotérica muito antes da data de seu aparecimento "oficial". Guénon afirma que "indicações disso podem ser encontradas numa obra anônima, intitulada *Ghost Land*, publicada sob os auspícios da F. H. de L.".[18] Guénon, na verdade, foi o primeiro a se perguntar por que as assombrações de Hydesville motivaram a epidemia espiritualista se já havia "manifestações de espíritos" similares antes disso. E ele chama atenção para as sociedades secretas ocultistas da Alemanha — a "Fraternidade de Berlim" de Louis B? — dedicadas à evocação, e que atuavam já no final da década de 1770, o que as colocaria no contexto do início do mesmerismo e do swedenborguismo, sendo que ambas, de formas diferentes, buscavam entrar em contato com entidades espirituais.[19]

Por mais fascinante que seja isso, qualquer digressão mais profunda vai nos afastar de nosso assunto, ou então nos enredar em detalhes que ocupariam o restante do livro para sua elucidação. Basta dizer que HPB entrou nesse enredo em 1871, durante sua segunda estadia no Cairo. De certo modo, porém, ela entrou nele já em seu nascimento. Segundo C. G. Harrison, o "aspecto do céu" quando HPB nasceu "assustou" os ocultistas da "ala direita".[20] O motivo exato para isso não ficou claro, mas presume-se que as estrelas prenunciaram a chegada de uma poderosa figura ocultista que, de algum modo, agiria contra seus planos. A história é que, durante sua segunda estadia no Cairo, um dos ocultistas da "ala esquerda" teria falado sobre isso com Blavatsky. Diz-se que ela teria corrido para Paris, onde exigiu ser admitida numa fraternidade ocultista. A fraternidade se recusou e Blavatsky foi à América, onde fez uma exigência similar para outro grupo ocultista, que se imagina que tenha sido a F. H. de L. Nela, foi aceita inicialmente e depois expulsa, e, em retaliação, HPB ameaçou "acabar" com o grupo norte-americano. Foi nesse ponto que certos ocultistas se reuniram para colocá-la numa "prisão ocultista", estado no qual ela foi mantida na época em que teria estado no Tibete.[21] Depois, ela foi libertada, segundo afirma Harrison, por certos adeptos hindus — seus Mestres —, ficando em dívida para com eles.

É preciso observar que, pouco depois da realização do "experimento espiritualista" — pelo menos conforme o relato de Harrison —, os ocultistas da "ala direita" reconheceram que tinham fracassado e interromperam sua operação. Mas, segundo Rudolf Steiner, que levou adiante a pista de Harrison, os ocultistas da "ala esquerda" prosseguiram, mas com seus próprios propósitos. Esses propósitos incluíam desacreditar a ideia da reencarnação.[22] Já vimos que o "espiritismo" de Allan Kardec aceitava a reencarnação, mas, com a morte de Kardec, seus ensinamentos perderam força na Europa e nos Estados Unidos, e, em sua maioria, o "espiritualismo convencional" sobreviveu sem o conceito, como diz Steiner, de "repetidas vidas terrenas". Tal como aconteceu em seu relacionamento com o espiritualismo, HPB também teria sido acusada de mudar de opinião com relação à reencarnação, dando-lhe um caráter menor ou mesmo negando-a em *Ísis sem Véu* e tornando-a um tema central de *A Doutrina Secreta*. Na época em que a F. H. de L. começou a ser aceita abertamente — entre 1884 e 1885 —, ela passou a adotar um programa rigorosamente antirreencarnacionista e foi igualmente oposta à Sociedade Teosófica, contrapondo seus ensinamentos, na época orientalistas, com seu ocultismo ocidental peculiarmente "materialista".

Isso, segundo Annie Besant, mais tarde líder da Sociedade Teosófica, "foi algo nitidamente parecido com as práticas questionáveis dos cultos tântricos mais sombrios da Índia".[23]

SE O LEITOR ESTIVER se sentindo um pouco tonto depois de tudo isso, não posso culpá-lo, e, para ser sincero, nem eu estou certo de ter captado todos os fios desse intrigante cenário. Mas embora esses mistérios "por trás do véu" exijam claramente uma ponderação profunda — e o leitor interessado deve consultar a obra original de Godwin —, parte das atividades mais declaradas de HPB são igualmente intrigantes. Como a razão pela qual teria decidido subitamente casar-se com Michael C. Betanelly, da Geórgia, que conheceu em Nova York no final de dezembro de 1874. Betanelly morava na Filadélfia e, depois de ler os relatos de Olcott no *Graphic*, escreveu para ele perguntando se podia conhecer sua conterrânea para conversarem sobre o espiritualismo. HPB concordou e Betanelly foi a Nova York. Ele confessou sua admiração e seu amor profundo por HPB e deu continuidade a isso em cartas que expressavam uma grande adoração. HPB o desprezou. Quando Olcott saiu da Filadélfia, HPB ficou um pouco mais na Cidade do Amor Fraterno. Betanelly renovou seus ataques e deve ter sido persistente. Achando erroneamente que Nikifor já tivesse morrido — sua irmã Vera tinha dito isso, mas na verdade ele ainda estava vivo — e deixando claro para seu pretendente que sexo ou intimidades estavam fora de cogitação — ela não queria, como disse, viver como uma mulher casada —, ela mudou de ideia. O fato de Betanelly ter ameaçado suicídio caso ela se recusasse deve ter tido algo a ver com isso, embora seja difícil imaginar uma mulher que tinha combatido em barricadas e atravessado o Tibete deixando-se levar por essas táticas neuróticas. Olcott lembrou-a, e com razão, de que Betanelly era, de todos os modos, inferior a ela, e que seu negócio de importações da Rússia estava tão solvente quanto a granja dela (mas, nesse caso, ela vencera a ação judicial e recuperara o investimento). Ela concordou, mas respondeu que casar-se com ele era um "infortúnio" do qual ela não poderia escapar. A razão exata para isso não ficou clara, e podemos nos perguntar se isso teria alguma relação com tentar obter o "mineral astral" que ela buscara, alquímica e malogradamente, em seu primeiro marido. Talvez o alívio de conversar em russo fosse o atrativo, mas, se Betanelly era tão inadequado como Olcott dizia, sobre o que poderiam falar? Seja como for, Betanelly mostrou-se incapaz de resistir a seus impulsos animais, e, após esquivar-se de seus avanços, HPB acabou fugindo dele (como podemos ver, HPB não tinha tempo a perder com as ideias de P. B. Randolph sobre "magia sexual"). Mais tarde, ele entrou com um processo de divórcio e acabou voltando para a Geórgia.

Mas um incidente durante essa união bígama se destaca. Quando seu joelho, já machucado, piorou, seu médico achou que o caso era tão grave que a amputação seria a única solução. Blavatsky discordou e, seguindo um conselho de Francis Bacon, durante duas noites ela dormiu com um cãozinho — alguns relatos dizem que era um cão branco — deitado sobre sua perna.[24] Três dias depois ela melhorou e logo depois voltou para Nova York.

Nessa época, Olcott tinha sintetizado sua pesquisa sobre o espiritualismo, escrevendo um livro. Em março de 1875, surgiu *People from the Other World*, uma obra que reunia seus artigos no *Graphic*. Nem é preciso dizer que HPB aparecia nele, e, como mencionado, foi o relato feito por Olcott sobre os poderes de Blavatsky em Chittenden que despertou a ira de D. D. Home. Infelizmente, ele despertou pouco mais que isso, e o livro não foi um sucesso. Apesar de ele e HPB terem controlado a situação por ocasião do triste episódio envolvendo Robert Dale Owen e Katie King, o interesse pelo espiritualismo estava claramente em declínio. Se, do ponto de vista de sua missão, isso teria sido bom, o resultado imediato foi o aumento do ceticismo sobre qualquer realidade não material. O caso Katie King não podia ser a única causa, e o motivo central para o espiritualismo estar perdendo forças foi que, aparentemente, não estava levando a lugar algum. Pandeiros flutuavam, ectoplasmas apareciam e vozes eram ouvidas, mas o que diziam não era particularmente revelador. A imensa maioria das mensagens dos mortos era tão trivial que entorpecia os sentidos, e embora a prova da sobrevivência levasse consolo para muitos, fez com que muitas mentes inteligentes acreditassem que a vida após a morte devia ser miseravelmente sem graça. Como boa parte do material "canalizado" de hoje em dia, os "ensinamentos" dos espíritos eram, de modo geral, pouco mais do que meditações vazias em torno de linhas vagamente místicas. Se o passo seguinte de HPB foi motivado por um bom faro para a Próxima Atração ou por sua missão, isso é algo a se discutir, e talvez ambos tenham coincidido. De qualquer modo, se ela quisesse sobreviver ao declínio do espiritualismo, teria de agir depressa. Olcott, impressionado com os poderes de HPB e suas histórias dos Mestres, já tinha apontado na direção geral, proporcionando a primeira sugestão da teoria da "mão oculta" discutida antes. Numa nota de rodapé em seu relato sobre HPB, ele levantou a suspeita de que "este surto bem americano de fenômenos espiritualistas está sob o controle de uma Ordem que, embora dependa de agentes invisíveis para obter resultados, tem sua existência sobre a Terra entre homens".

UM DOS RESULTADOS DO livro de Olcott foi uma carta do espiritualista russo Alexander N. Aksakov, que teve seu próprio encontro com Katie King e considerou-a bem real.[25] Aksakov perguntou se Blavatsky poderia traduzir o livro para o russo, e ela parece ter iniciado vários trabalhos de tradução, enfrentando inclusive *A Origem das Espécies* de Darwin — uma escolha irônica, tendo em vista desdobramentos posteriores. Entretanto questões mais prementes a ocupavam. Ela recebeu uma carta de M. dizendo que era hora de falar abertamente do ocultismo, abandonando seu disfarce espiritualista. A maneira de fazê-lo era a questão. *The Banner of Light*, para a qual ela tinha escrito textos, não se interessou pela nova ideia, pois fazia críticas ao espiritualismo e eles já tinham tido problemas suficientes nessa área. Então ela se lembrou de *The Spiritual Scientist*, um pequeno jornal publicado em Boston. Seu editor, Elbridge Gerry Brown, lera seu ataque ao doutor Beard e a convidara, bem como a Olcott, para visitá-lo se estivessem em Boston. Por que não iniciar sua campanha lá?

Olcott concordou e escreveu uma carta circular para Brown, informando da nova direção que ele e HPB estavam seguindo. Quando ele reorganizou os parágrafos para que a carta ficasse mais legível, sua camarada chamou sua atenção para um detalhe. A primeira letra da primeira palavra de cada um dos seis parágrafos iniciais formava um nome: TUITIT. Era um dos Mestres, Tuitit Bey, para ser exato (que pode ou não ter sido Max Théon). Olcott perguntou a HPB quem deveria assinar a circular, ela ou ele. Blavatsky disse que aparentemente ela já tinha sido assinada, pelo próprio Tuitit Bey. Olcott concordou e a enviou, sob os auspícios da "Fraternidade de Luxor". Brown a imprimiu, e assim começou uma colaboração entre ele, Olcott e HPB.

Não muito depois disso, o coronel Olcott recebeu outra carta, cujo local de origem pareceu mais exótico do que a Rússia. Ele já tinha percebido que havia alguma coisa estranha com sua correspondência. Ele tinha recebido cartas na Filadélfia que não tinham sido redirecionadas por seu escritório em Nova York, onde deixara instruções para envio de correspondência. Mas quem poderia saber que ele estava lá? Ou seja, o remetente enviara a carta para seu escritório, mas a carta foi parar diretamente nas mãos dele, sem ter sido redirecionada. Como isso poderia ter acontecido? Agora, outra carta aparecia. Tinha vindo num envelope preto e envernizado. O endereço estava escrito em francês com tinta dourada; estranhamente, fora endereçada para seu escritório na Rua Beekman, mas enviada aos cuidados de Madame Blavatsky, que pouco visitava o escritório. Era de Tuitit Bey, o Mestre cujo nome Olcott tinha soletrado inconscientemente ao reorganizar o texto de sua carta circular. Poderia ser pura coincidência? Num bilhete de HPB acompanhando essa estranha epístola, ela explicou que a carta fora "ordenada em Luxor" e "escrita em Ellora" — na Índia — e confiada a ela para que a entregasse a ele. Ela o advertiu da aceitação do convite que essa carta continha, pois era nada menos do que um convite de seus Mestres para que se unisse a eles. Se ele concordasse, ele estaria, segundo ela, "cozido".

Analisando a estranha mensagem, escrita com tinta dourada sobre papel verde e decorada com diversos símbolos maçônicos e ocultistas, Olcott viu que ela era da Fraternidade de Luxor — da Sétima Seção, para ser exato — e o tratava como "Irmão Neófito", dizendo: "Aquele que nos procura *encontra-nos*. Tenta. Repousa tua mente — expulsa toda dúvida tola. Mantemos vigília sobre nossos soldados fiéis. Irmã Helena é uma valente e confiável serva. Abre teu Espírito para a convicção, tem fé e ela te levará ao Portão Dourado da verdade". Depois de algumas palavras críticas sobre "John King" — que não tornaria a aparecer —, a carta informava Olcott de que três Mestres, nada menos, estavam de olho nele: Serapis Bey da Seção Ellora; Polidorus Isurenus, da Seção Salomão; e Robert More, da Seção Zoroastro. Suplicando a Olcott manter "Atividade e Silêncio", estava assinada "Tuitit Bey, Observatório de Luxor".

Olcott estava cozido mesmo. Uma parte da mensagem que tanto Tuitit Bey como sua mensageira, HPB, sublinharam para ele foi "Tenta". Como Joscelyn Godwin mostrou, "TENTA" era o lema mágico de Paschal Beverly Randolph, uma espécie de "Just do it"* esotérico, hoje familiar por motivos menos nobres, e apareceria mais de uma vez nas mensagens místicas que se seguiriam. A obra

---

* "Simplesmente faça", *slogan* de uma marca de artigos desportivos. (N.T.)

de Randolph, como sabemos, fazia parte do currículo da F. H. de L., e com a carta vinda da Fraternidade de Luxor não podemos deixar de nos perguntar se haveria uma conexão — mesmo que fosse o fato de HPB ter ouvido falar na F. H. de L., colocando seu nome naquela que estava se tornando uma mistura bem rica. Em breve, Olcott receberia outras cartas, principalmente de outro Mestre, Serapis Bey, rogando-lhe para ter coragem e esperança, e, mais de uma vez, para ter paciência com sua camarada e fazer o que pudesse para ajudá-la. Por serem cartas escritas por um Mestre místico, elas até que tinham um tom curiosamente prático. Uma dessas coisas era a necessidade de concluir o divórcio de Betanelly. O casamento amalucado de HPB fora uma calamidade e podia causar-lhe problemas legais, pois dizia-se que Betanelly estava planejando sair do país, deixando sua esposa responsável por várias dívidas. O vínculo precisava ser cortado imediatamente. (Isso aconteceu, e Betanelly voltou à Georgia.)

Outras cartas sugeriram que Olcott tomasse dinheiro emprestado dos parentes de sua ex-mulher para financiar sua missão; outra chegou a sugerir uma parceria entre eles e Betanelly. Porém, os Mestres mudaram rapidamente de ideia a respeito disso.

Outra preocupação de Serapis Bey foi a colaboração com E. Gerry Brown. Embora Brown tivesse publicado aquilo que Blavatsky chamou depois de seu "primeiro tiro ocultista", no qual ela declarou publicamente pela primeira vez a existência dos Mestres, ele não se mostrou o apoio sólido que Serapis Bey imaginara que fosse, e aparentemente ele estava interessado em promover a missão de HPB desde que ela pudesse pagar para que seus artigos saíssem na revista. Sua colaboração com os camaradas foi breve, e em pouco tempo Brown saiu de cena, mas em "Algumas perguntas para Hiraf", publicado por Brown em julho de 1875, Blavatsky faz uma espécie de teste para aquela que em breve seria sua primeira declaração ocultista importante, *Ísis sem Véu*.

Hiraf era um acróstico formado pelas primeiras letras dos nomes de cinco estudiosos amadores que tinham colaborado num artigo publicado em *Spiritual Scientist* intitulado "Rosacrucianismo".[26] HPB leu o artigo e ficou tão impressionada que escreveu uma longa resposta. Embora o uso da expressão "rosacrucianismo" para cobrir todos os aspectos do ocultismo estivesse errado, ela achou o artigo inteligente e perceptivo a ponto de provocar um esclarecimento. Em sua resposta, ela disse que "o Ocultismo... está para o Espiritualismo assim como o infinito está para o finito", e ela afirma a existência de "escolas" da "Ciência Secreta" no Oriente. Ela revelaria, segundo disse, "um pouco do pouco que captei em minhas longas viagens pela vastidão do Oriente — o berço do Ocultismo" para ajudar os "inquiridores sinceros" que gostariam de beber "da fonte do conhecimento". Aqueles que desejam aprender a "Grande Verdade" podem fazê-lo, desde que "tentem" encontrar a pessoa certa — usando, mais uma vez, o lema "mágica de Randolph". A localização das Fraternidades, porém, nunca será revelada, "até... a Humanidade despertar em massa de sua letargia espiritual, abrindo seu olho cego para a estonteante luz da verdade".

Um ponto que ela enfatizou, e que se tornaria um tema central de seu trabalho posterior, é a diferença entre o que ela chamou de Cabala oriental e a Cabala judaica (Cabala ou *Kabbalah* significa "tradição"). A Cabala oriental, que é a "mais secreta de todas", está "cuidadosamente preservada na sede de uma Fraternidade no Oriente", possivelmente uma seita sufi à qual al-Afghani pertencia. Essa loja misteriosa preserva os "poderes secretos dos antigos caldeus", e, como mencionado, mais tarde, Blavatsky fez diversas referências a um misterioso "Livro Caldeu dos Números". Essa Cabala, a primeira e a original, foi alterada depois por Moisés, um "ambicioso profeta e médium" que trocou seu "espírito familiar, o vingativo 'Jehovah'", pelo espírito de Deus. A principal diferença entre a Cabala oriental e a mosaica, alterada, é a introdução de um princípio do mal. Isso está ausente da Cabala original, e sua introdução por Moisés e seus descendentes, segundo Blavatsky, causou mais do que alguns problemas.[27]

Como Joscelyn Godwin e K. Paul Johnson mostraram, uma meta comum compartilhada pelos primeiros confederados ocultistas de HPB é a crítica da tradição judeu-cristã, não apenas em questões ocultistas, como também sociais, pessoais e políticas. Lembremo-nos da apaixonada crença antijesuíta de Agardi Metrovitch, das pesquisas de Albert Rawson sobre os drusos, sufis e outras formas de religião islâmica, e do período passado por HPB em Mentana, lutando com os italianos de Mazzini contra as tropas papais, e lembremo-nos do extraordinário poder que as ideias judeu-cristãs tinham sobre a consciência moral e filosófica da época vitoriana. Embora ela seja quase sempre lembrada em termos ocultistas ou espirituais, precisamos admitir que Blavatsky também estava ligada a muitos movimentos progressistas modernos e que ela foi uma das primeiras combatentes na luta contra aquela que muitos consideravam como uma tradição religiosa, moral e social opressiva. Se ela esteve envolvida em "nada mais nada menos do que a abolição do cristianismo em prol de um humanismo do livre-pensar", como argumenta Godwin, é discutível.[28] Sua animosidade contra o ethos judeu-cristão, porém, é clara, e em pouco tempo granjear-lhe-ia mais de um inimigo. Duas citações devem dar uma ideia de sua atitude com relação a ele. Num ensaio intitulado "O Caráter Esotérico dos Evangelhos", HPB escreveu que "a Bíblia não é a 'palavra de Deus', mas contém, na melhor das hipóteses, as palavras de professores falíveis e imperfeitos". E, para ela, o cristianismo é "a religião da arrogância por excelência, um trampolim para a ambição, uma sinecura para a riqueza, o fingimento e o poder, e uma tela conveniente para a hipocrisia".[29]

ALÉM DE VEREM o que aconteceria se trabalhasse com Brown, os Mestres instigaram Blavatsky novamente para que tentasse formar uma sociedade, "uma sociedade secreta como a Loja Rosa-Cruz", como aquela a que seu bisavô, o príncipe Dolgorukov, pertencia. Ela já tinha passado duas vezes pelo Cairo, mas ela e Olcott decidiram tentar novamente. O resultado foi, como mencionado, algo a que chamaram de Clube dos Milagres, e suas atividades foram mantidas em segredo, até certo ponto. Infelizmente, nada de muito milagroso aconteceu nele, mesmo por trás de um véu de sigilo. Dedicou-se, na maior parte do tempo, às rotinas espiritualistas conhecidas, e aqueles que foram até lá não viram nada que não pudessem ver em outros lugares. Mas ele criou o ambiente para aquilo que se tornaria um sucesso absoluto.

Um dos milagres compartilhados pelos membros do clube foi uma palestra dada em 7 de setembro de 1875 pelo engenheiro, arquiteto e inventor George H. Felt sobre "O cânone perdido da proporção dos egípcios, gregos e romanos". A palestra, feita na sala do apartamento de Blavatsky no número 46 da Irving Place — ela se mudara novamente —, foi muito boa, e enquanto Olcott a assistia ocorreu-lhe um pensamento (embora mais tarde ele questionasse se havia sido mesmo um pensamento dele). Não seria uma boa ideia fundar uma sociedade que estudasse esse tipo de coisa? — perguntou-se. Olcott anotou a ideia num pedaço de papel e entregou-a a um novo camarada, William Quan Judge, um imigrante irlandês de 24 anos interessado no espiritualismo e que havia pouco passara no exame para exercício da advocacia em Nova York. Judge concordou e passou o bilhete para HPB, que assentiu em sinal de aprovação. A palestra continuou, e Felt, que alguns acreditam que fosse membro da F. H. de L., afirmou que os homens que tinham projetado as pirâmides eram adeptos. Suas grandes estruturas, que sobreviviam aos milênios, não eram feitas apenas com pedras e argamassa — ou seu equivalente no Egito antigo —, mas eram o fruto de uma sabedoria oculta, cuidadosamente guardada pelos sumos sacerdotes. Essa sabedoria consistia numa ciência mística exata, que podia ser alojada em projetos geométricos específicos. Com efeito, esses desenhos geométricos, que envolviam o uso do zodíaco egípcio, podiam, como alegava Felt, ser usados para manifestar "presenças" espirituais, que Felt associava aos elementais. Infelizmente, apesar de Felt prometer que faria uma apresentação desses seres misteriosos, ele não o fez — não está claro se não estava disposto ou se não era capaz, mas mesmo assim ele ganhou 100 dólares por seus esforços e depois sumiu de vista.[30]

Mas Felt manifestara algo que talvez fosse mais notável ainda. Durante a conversa sobre os egípcios e sua sabedoria após a palestra, Olcott se levantou e informou a plateia — eram dezesseis ou dezessete pessoas — sobre a ideia que tinha ocorrido a ele, Judge e HPB. Todos os presentes acharam a ideia esplêndida, e foi feita uma votação imediata, reunindo os presentes numa sociedade dedicada precisamente a estudar o tipo de coisa que vinham discutindo. Judge fez uma moção para que Olcott fosse o presidente; Olcott replicou, nomeando Judge como secretário. Nesse momento, Blavatsky não tinha nenhum cargo na nova sociedade, que ainda não tinha sequer um nome. Foram realizadas eleições oficiais na noite seguinte, e Blavatsky acabou se tornando secretária correspondente. Mas só depois de uma semana é que a sociedade foi adequadamente batizada. Diversos nomes foram analisados: Hermética, Rosa-Cruz, Egiptológica, mas nenhum desses nomes parecia adequado e nem traduzia o sentido, comungado pelos presentes, de que ela seria alguma coisa diferente. Podemos estar certos de que HPB queria acertar bem no alvo esotérico, tendo já disparado três vezes e com o Mestre olhando sobre seu ombro. Frustrado, um dos presentes, Charles Sotheran, jornalista, bibliógrafo e antiquário, com interesse em ramos maçônicos paralelos e política radical — e que pode ter conhecido Blavatsky em outra época —, agarrou o dicionário da estante e começou a folhear suas páginas (hoje, naturalmente, ele iria direto ao Google). Foi o acaso, o destino ou o Mestre? Nunca saberemos, mas o olho de Sotheran bateu naquele que pareceu ser um bom candidato. "E que tal 'teosofia'?", perguntou. Era isso. Todos concordaram. No dia 13 de setembro de 1875, nasceu a Sociedade Teosófica. Não muito depois disso, numa reunião em 17 de novembro, realizada no Mott Memorial Hall na Madison Avenue, ela se tornou oficial, e, como diz o ditado, o mundo nunca mais seria o mesmo.

DESVELANDO ÍSIS

Embora incomum, o termo "teosofia" tinha precedentes. Formado por duas palavras gregas, *theos* ("deus") e *Sophia* ("sabedoria") — como na palavra "filosofia", que é o amor à sabedoria —, ele poderia ser traduzido aproximadamente como "sabedoria-deus", ou "sabedoria divina", ou "a sabedoria dos deuses". Isso pode significar a sabedoria *acerca de* Deus ou dos deuses, ou a sabedoria *possuída* por Deus ou pelos deuses, uma mais próxima da teologia, a outra mais próxima do misticismo. Na verdade, "teosofia", conforme usada por HPB, incluiria os dois significados e muito mais — tanto que, exatamente o que a teosofia significa, levaria a mais de uma tentativa insatisfatória por parte dos teosofistas para defini-la. William Quan Judge pode ter realçado e contornado o problema, dizendo que "a força da teosofia está no fato de que ela não pode ser definida". Mas muitas das pessoas que querem ter uma ideia do que a Sociedade Teosófica faz não se convencem da crença de Judge de que, em sua "evolução", "novas verdades" e "novos aspectos de antigas verdades" podem eliminar a necessidade de "dogmas ou 'definições inequívocas'", que, francamente, soa como uma fuga.[1] A pessoa quer saber exatamente *o que* está evoluindo e, sem uma concordância sobre isso, a coisa soa como um "vale-tudo".

A própria Blavatsky disse que a palavra proveio dos filósofos alexandrinos dos séculos II e III d.C., e ela se referiu a um grupo conhecido como os filaleteus, ou "amantes da verdade", de *Philo* ("amor") e *aletheia* ("verdade"). Pensadores neoplatônicos do mesmo período, como Jâmblico e Porfírio, cuja postura diante da filosofia pendia muito mais para o misticismo e para o oculto do que qualquer filósofo atual poderia permitir, usavam-na, e em época mais recente ela esteve associada com o trabalho de Jacob Boehme, sapateiro e místico da Silésia que viveu no século XVII. Em 1600, Boehme teve uma relevante experiência mística. Enquanto olhava a luz do sol refletida num prato de estanho, ele acreditou que lhe mostraram "a assinatura de todas as coisas", a verdadeira relação entre o homem e Deus, a natureza do bem e do mal e a estrutura espiritual do mundo. Numa série de livros pesados e obscuros, escritos numa linguagem alquímica, normalmente difícil, Boehme tentou transmitir suas percepções. Um desses livros, seu último, foi chamado de *177 Questões Teosóficas*.

O emprego de Blavatsky da palavra "teosofia", porém, seria algo mais e algo menos do que o de expoentes anteriores, e a vagueza da expressão — pelo menos conforme a visão de alguns — levou não poucos críticos a questionarem se realmente queria dizer alguma coisa. Peter Washington mostra que a noção de "verdade" e de "ciência" que HPB e seus teosofistas respeitavam nos sábios antigos como Pitágoras e Plotino não era nada conciliável com a visão contemporânea desses valores.[2] Parte da meta da nova sociedade era aplicar o estudo "científico" aos fenômenos com que os espiritualistas estavam familiarizados, o que significaria manter padrões de objetividade, desapego, precisão e neutralidade — qualidades que não estão habitualmente associadas com a "sabedoria dos deuses". Mas se você começa aceitando que esses fenômenos são reais — como HPB, Olcott e os outros primeiros membros —, então, pergunta Washington, você já não está prejulgando suas investigações? Essa bagunça, porém, é apenas aparente, pois você não teria nada para investigar se não acreditasse que aquilo existe, e o outro lado da moeda é a crença arraigada do cientista de que tais fenômenos são impossíveis. Se você não acredita que existem, poderia perguntar HPB, como pode estudá-los? Um indicador maior da vagueza intrínseca da teosofia — que não é necessariamente uma fraqueza — é sua abrangência. Algum tempo depois da fundação da sociedade, ela produziu uma "declaração de missão", que orienta seus diversos ramos hoje:

1. Formação do núcleo de uma fraternidade universal da humanidade, sem distinção de raça, credo, sexo, casta ou cor.

2. O estudo de religiões, filosofias e ciências antigas e modernas, e a demonstração da importância de tal estudo.

3. A investigação das leis inexplicadas da natureza e dos poderes psíquicos latentes no homem.

Das três, as duas últimas podem, creio, encontrar lugar sob a definição mais estreita de "teosofia". Porém, na prática, pelo menos durante a vida de HPB, foi à primeira meta que ela dedicou mais tempo e energia. Blavatsky repreendeu várias vezes seus seguidores por quererem se dedicar às outras — especialmente à terceira — sem garantir aquela que, para ela, era a meta mais importante. Isso parece mais sintonizado com o tipo de "humanismo livre-pensador" que Joscelyn Godwin acha que ela buscava do que qualquer tipo de doutrina mística, embora o conceito de uma "fraternidade universal da humanidade" tenha um claro tom maçônico.

Embora não seja correto dizer que a teosofia era tudo para todos, ela proporcionava um guarda-chuva bastante amplo, sob o qual várias coisas podiam encontrar seu lugar. Essa abrangência se estendia aos próprios teosofistas. Num artigo posterior, "Como se tornar um teosofista", publicado em seu jornal *Lucifer* (cujo título expressava seus sentimentos anticristãos e refletia o seu próprio *status* "decaído" na sociedade da época), HPB explicou que

qualquer pessoa com capacidade intelectual mediana e pendor para o metafísico; com vida pura e altruísta, que fica mais feliz ao ajudar o próximo do que ao receber ajuda; que está sempre pronto a sacrificar seus próprios prazeres em nome de outras pessoas; e que ama a Verdade, o Bem e a Sabedoria por si mesmos, e não pelos benefícios que podem conferir — é um teosofista.[3]

Isso, como ela costumava lembrar, significava que havia muitos teosofistas que não eram membros da sociedade, assim como havia muitos membros da sociedade que não eram necessariamente teosofistas, uma distinção que ela enfatizou várias vezes durante as lutas que se seguiram. Se formos classificar a palavra "teosofista", essa definição parece indicar, em termos amplos, o que no Ocidente costumava ser chamado de vida filosófica. No Oriente, especialmente no Tibete, ela poderia indicar o princípio de um bodhisattva.

Nos primeiros dias, porém, a teosofia significava principalmente a própria HPB, e seu cargo como secretária correspondente era um acordo tácito de que ela seria a teórica da nova sociedade, bem como a pessoa das ideias. Se os teosofistas recém-batizados queriam alguém para lhes dar alguma noção de direção, era ela.

O GRUPO EM SI, no entanto, não era formado apenas por meros seguidores. Como mostra um relatório da primeira reunião, publicado num jornal de Nova York, aqueles que estavam reunidos na sala de Blavatsky naquela noite predestinada incluíam "diversas pessoas de grande cultura e... vasta influência pessoal". Além de HPB, Olcott e Charles Sotheran, que sugeriu o nome da sociedade, estava lá William Quan Judge, considerado um dos pais fundadores da teosofia. Judge mantinha contato com ocultistas e espiritualistas de Dublin, Irlanda — sua terra natal — e se correspondia com George Russell, o poeta místico e amigo íntimo de W. B. Yeats, que escrevia sob o pseudônimo de "A. E.". O pai de Judge fora maçom, e o próprio Judge procurou HPB graças à leitura de *People from the Other World*, de Olcott. Já vimos a associação entre Emma Hardinge Britten e misteriosas sociedades secretas ocultistas; ela estava acompanhada de seu marido. O senhor Bruzzesi, italiano conhecido como *Il Conte*, era escultor e ex-secretário de Mazzini; também era, segundo muitos relatos, tal como Agardi Metrovitch, um carbonário que conheceu HPB em suas viagens pela Europa. O inglês C. C. Massey era advogado e maçom. Também estava presente um cabalista, o doutor Seth Pancost, que não conseguira curar a perna de HPB na Filadélfia e recomendara precipitadamente a amputação; William Livingston Alden, redator editorial do *New York Times*, John Storer Cobb, editor de um jornal chamado *The New Era*, e um "judeu português muito culto", D. E. da Lara. Havia ainda os editores de dois jornais religiosos, os coeditores de duas revistas literárias, um professor de Oxford, o presidente da Sociedade de Espiritualistas de Nova York e um juiz nova-iorquino e sua esposa. Embora nem todos fossem permanecer — na verdade, vários saíram pouco depois, ou foram convidados a sair —, a reunião inicial mostrou que a missão de HPB não estava atraindo "cabeças ocas" ou "birutas", como diríamos hoje, mas mulheres e homens realizados, reunidos por um interesse comum. E, como vimos, em seu apogeu a Sociedade Teosófica de fato atrairia e influenciaria algumas das pessoas mais criativas e influentes da época.

Embora Blavatsky alegasse repetidamente que a teosofia não era uma religião — segundo pensava, já havia religiões demais —, a etapa seguinte de sua missão pareceu óbvia: seu novo movimento precisava de uma Bíblia. Ela já havia começado a trabalhar nisso, e o resultado seria uma obra notável, *Ísis sem Véu*, seu imenso compêndio de ideias herméticas, ocultistas e esotéricas. Mas talvez ainda mais notável do que a obra em si tenha sido sua forma de produção. Durante alguns meses antes da fundação da nova sociedade, o coronel percebeu uma estranha mudança em sua camarada. Ele achou que não tinha liberdade para falar abertamente sobre isso, mas, em cartas para sua família, a própria Blavatsky faria um relato de uma estranha transformação que parecia estar se dando dentro dela. Era outra manifestação da "vida dupla" que ela experimentara antes. Numa carta para Vera, HPB disse que estava sentindo uma "dualidade muito estranha", como se tivesse outra consciência presente em seu corpo, que ela chamou de "Número 2". Ela mantinha sua noção de si mesma, mas junto com essa havia *outra pessoa*. Ela falou do "hóspede que está em mim", e da estranha experiência de *compartilhar* o conhecimento e as memórias desse hóspede, que eram bem diferentes das suas. Esse "hóspede" era seu hindu familiar, mas agora parecia que ele começara a infundir sua própria consciência na dela, uma prática que no budismo tibetano está associada a um fenômeno conhecido como um *tulku*. Ele se dá quando um yogue ou homem santo transfere sua consciência para a mente de outra pessoa, uma experiência descrita pelo Lama Anagarika Govinda no Capítulo 3. Blavatsky disse que tinha lembranças de lugares que nunca tinha visitado e o conhecimento de coisas que eram desconhecidas de seu "verdadeiro" eu. Porém a nova consciência que a inspirava não era completamente "outra", e HPB também disse a Vera que aquilo que sentia que estava acontecendo era um "eu superior e luminoso", pensando e escrevendo por ela.[4] Isso sugere a possibilidade de que o Mestre com quem HPB se encontrava desde a infância pode ter sido, pelo menos em parte, a personificação de algum aspecto maior dela mesma.[5]

A "estranha dualidade" de Blavatsky também foi percebida por outras pessoas. Um repórter do *Hartford Daily Times*, entrevistando-a alguns anos depois, falou de seu "semblante raro e estranho", no qual uma "combinação de humores" parecia estar sempre em ação. Uma "corrente sutil, aguçada e alerta de sentimentos e percepções" que era "visível em... seus olhos" impressionou o jornalista com a "ideia de uma dupla personalidade... como se ela estivesse lá e não estivesse lá; falando, mas pensando ou agindo longe dali".[6] Muitos anos depois da morte de Blavatsky, a escritora Beatrice Hastings — uma personalidade notável, que, tristemente, poucos conhecem hoje em dia — comentou que partes de *Ísis sem Véu* mostravam claramente que havia mais de uma mente em funcionamento em sua produção. Comparando o estilo de Blavatsky em suas cartas e seus textos mais polêmicos com certos trechos de *Ísis sem Véu*, Hastings observou que enquanto suas "cartas privadas costumam ter expressão contida" e seus textos polêmicos são sempre apresentados com "uma batida na mesa", HPB "não tinha nada do temperamento necessário para a expressão expositiva serena que encontramos tanto em *Ísis sem Véu*".[7] Hastings também disse que essa diferença marcante de estilo era — pelo menos segundo ela acreditava — uma prova de que HPB não poderia ter escrito as famosas Cartas dos Mahatmas, cujas sentenças sonoras parecem alinhadas com as passagens mais impressionantes de *Ísis*.

Adam Crabtree, uma autoridade em personalidades múltiplas, observa que "seres humanos possuem uma maleabilidade ou plasticidade interior misteriosa", e que "em alguma obscura profundidade da psique pode ocorrer a modelagem de discretas unidades mentais".[8] Essas "discretas unidades", diz Crabtree, manifestam-se como personalidades separadas, e um dos aspectos mais intrigantes desse fenômeno notável é que a personalidade original — a "Número 1", por assim dizer — costuma ser completamente alheia às suas estranhas parceiras. Em sua absorvente história da descoberta e do tratamento desse fenômeno bizarro, *Multiple Man* [Homem Múltiplo], Crabtree conta como o famoso psicólogo francês Pierre Janet desenvolveu um método de comunicação diretamente com as "outras" personalidades. Janet observou que, se a personalidade "Número 1" estivesse ocupada com alguma atividade, ele poderia fazer perguntas para a "outra", falando numa voz calma e baixa, à qual ela iria responder. Quando Janet perguntava à personalidade "Número 1" sobre o que ela havia acabado de falar, ela não saberia dizer, parecendo intrigada com a pergunta. A impressão é que ao se pegar a personalidade "Número 1" desprevenida, distraída com alguma atividade absorvente, a "Número 2" poderia aparecer discretamente. Pessoas que conheceram HPB mais tarde comentaram a aparente obsessão de HPB pelo jogo de Paciência; em seus relatos, ele é tão onipresente quanto os cigarros. Archibald Keightley, que conheceu HPB durante seus últimos anos em Londres, comentou que "enquanto a Paciência ocupava o cérebro, HPB se dedicava a um trabalho bem diferente". Ela podia "participar de uma conversa mantida perto dela... cuidar daquilo que costumávamos chamar de 'andar de cima' e também ver o que estava acontecendo em sua própria sala e em outros lugares da casa e fora dela, tudo ao mesmo tempo".[9] Mas essa "cisão" da consciência fazia parte dela desde cedo. Quando HPB voltou para sua família em 1858, após seus primeiros anos de perambulação, e distraiu-os com batidas e toques estranhos, ela costumava produzir esses sons misteriosos enquanto estava sentada, entretida com seus bordados. Era como se fosse preciso manter a consciência "Número 1" ocupada para que essas manifestações ocorressem, assim como os pacientes de Janet precisavam se distrair para que ela pudesse conversar com seus outros eus. Parece que a dedicação a alguma atividade de concentração, mas trivial — bordados, jogar cartas, talvez até enrolar e fumar cigarros —, faz com que nossa consciência cotidiana "libere" algum espaço interior que o "outro" eu usa para poder aparecer. Essa possibilidade sugere que algumas atividades relacionadas com a prática espiritual, como entoar um mantra, repetir uma prece, os rituais envolvidos na magia cerimonial e até as cerimônias do chá associadas ao zen--budismo, são métodos para distrair o eu cotidiano a fim de permitir que o "outro" se manifeste.[10]

O "outro" de Blavatsky, naturalmente, manifestava-se de maneiras muito mais monumentais do que qualquer coisa produzida pelos pacientes de Janet ou de Adam Crabtree. Ao analisar o esforço imenso despendido em *Ísis sem Véu*, ficamos tentados a voltar às antigas ideias de "inspiração", embora o "sopro divino" associado com essa ideia possa ser visto como uma forma de "personalidade múltipla" ou até "possessão", seja por um "eu superior", seja por alguma entidade mais externa.[11] Embora escrita sob "ordens", quando HPB começou a obra, ela não tinha muita certeza da direção que ela iria tomar, o que também aconteceu com a incipiente Sociedade Teosófica. Olcott diz que em algum momento do verão de 1875 — e o local exato onde estavam morando na época não está claro — HPB entregou-lhe algumas páginas de um manuscrito. "Escrevi isto na noite passada", ela lhe disse, "'por encomenda', mas o que isso vai ser, eu não sei." Ela achou que podia ser para um artigo, talvez um livro, ou possivelmente nada disso. Com esse comentário menos do que encorajador, ela jogou as folhas numa gaveta e se esqueceu delas durante algum tempo. O que a levou a voltar a esse trabalho não está claro, embora a publicação de um livro de Emma Hardinge Britten, *Art Magic*, possa ter alguma coisa a ver com isso.

Britten afirmou que o livro não foi escrito por ela, mas ditado por um adepto, ninguém menos do que o misterioso Chevalier Louis de B, suposto autor de

Ghost Land. Embora falasse de Adeptos, de magia branca e negra e da importância da Luz Astral — temas sobre os quais a própria Blavatsky iria escrever —, nem Olcott nem HPB ficaram impressionados com o livro. Na verdade, por vários motivos, eles o consideraram escandaloso, principalmente por sua afirmação de que o desenvolvimento de comunicações com os mortos, bem como sua aceitação como guias e "controles" espirituais, ajudaria seus leitores a se tornarem adeptos, uma crença que Blavatsky estava determinada a solapar. Britten era uma médium de sucesso e oradora de talento, e, embora tivesse limitado a tiragem do livro a quinhentos exemplares, os comentários a seu respeito se espalharam rapidamente pelo meio que a própria Blavatsky desejava conquistar. A estrela de HPB estava em ascensão, mas naquela época Britten era a figura mais estabelecida. Em pouco tempo, porém, ficaria claro que sessão espírita alguma seria grande o suficiente para ambas.

O fato de que Blavatsky já tinha em mente algum trabalho importante é sugerido por uma carta que ela escreveu no começo de 1875 para Hiram Corson, professor de literatura inglesa na Cornell University, no norte de Nova York. Corson tinha escrito para HPB depois de ler sua defesa dos irmãos Eddy no *Graphic*; ele se voltara para o espiritualismo após a morte de sua filha adolescente e esperava poder estabelecer contato com ela por intermédio de Blavatsky. Em uma das cartas, HPB comentou que acreditava que "nós... estamos às vésperas de uma época em que mil mistérios serão revelados", e lamentou que coubesse a "agentes tão fracos e mortais", como a pena de Corson e a sua própria, determinar "quão brevemente o mundo será iluminado". Não cheguei a contar quantos mistérios são revelados em *Ísis sem Véu*, mas eu diria que mil é uma estimativa aproximada.

A correspondência entre Corson e Blavatsky levou a um convite do professor para que HPB fosse até sua casa em Ithaca e ficasse hospedada com ele e sua esposa. Ali começou de fato o trabalho que depois iria se tornar *Ísis sem Véu*, embora o professor não tivesse muita ideia daquilo em que estava se metendo. As cartas de Blavatsky podem ter preparado Corson para uma "mulher de intensidade frenética", mas recebê-la em sua casa não apenas como correspondente era outra história. O aparecimento de HPB num manto volumoso que, segundo um relato, dava a impressão de que as cortinas tinham caído sobre ela já fora bem ruim, mas, como era de se esperar, seu consumo de tabaco foi o verdadeiro choque.[12] HPB o havia advertido de que ela faria uma pausa a cada quinze minutos para fumar no porão; ela acabou percebendo que, entre pessoas mais instruídas, nos Estados Unidos, ainda era um tabu ver mulheres fumando em público. Mas seu apreço pela nicotina não se limitava aos porões. Corson não tardou a descobrir que seus vasos de flores estavam repletos de bitucas, e, num dado momento, enquanto fazia um giro pela área numa carruagem, ela lhe pediu que parasse para que ela pudesse fumar longe de suas vistas. Ele estimou que ela fumava por volta de duzentos cigarros por dia, o que parece confirmar o comentário de Hannah Wolff, de que ela devia consumir facilmente meio quilo de fumo por dia. Corson também se aborreceu com o fato de HPB se recusar a entrar em contato com sua filha e com sua veemente censura a tais práticas, contrárias aos ensinamentos de seus Mestres. Ela era, disse, "uma mulher inteligente, mas ignorante das graças e amenidades da vida", resumindo a avaliação de sua personalidade chamando-a de "grande urso russo".

No entanto a rudeza de seus hábitos pessoais era mais do que compensada por sua notável capacidade de trabalho. Fechada em seu quarto, HPB produzia cerca de 25 "páginas de papel ofício escritas com letra miúda por dia". Além disso, não bastasse o fato de o volume de palavras ser impressionante, mais ainda era a aparente capacidade de Blavatsky para citar longos trechos de obras que nem ela nem o professor possuíam e que Corson suspeitava que sequer estavam à venda nos Estados Unidos naquela época. Blavatsky explicou que ela via os trechos "em outro plano da existência objetiva", e simplesmente os anotava — se necessário, traduzindo-os da língua em que estivessem para o inglês. Ela usava, ao que parecia, uma espécie de "leitura clarividente"; isso, ou então possuía uma memória fenomenal, o que, conforme observou Corson, evidenciaria um fato ainda mais espantoso do que a obtenção de suas referências "do éter".[13]

Corson não foi o único que conheceu os curiosos hábitos de escrita de Blavatsky. Nessa época, o coronel Olcott e sua camarada já haviam dividido mais de um alojamento, e naquela que se tornaria sua casa mais conhecida ele observou a notável "leitura clarividente" de HPB em primeira mão. No final de 1875, eles moraram no número 433 da Rua 34ª Oeste, onde o barão de Palm, já sem dinheiro, tinha morrido. Sua cremação causou alvoroço: havia uma sociedade de cremação em Nova York, mas até então ela não havia queimado corpo algum. Além disso, ela não queria ficar associada àquela que era considerada uma duvidosa organização ocultista. Na verdade, o funeral do barão e sua cremação ocorreram com seis meses de diferença, tempo no qual seu corpo ficou envolvido em barro, dando origem à história de que Olcott teria construído seu próprio forno de barro para queimá-lo. Na cerimônia, idealizada por Olcott e realizada no Templo Maçônico de Nova York em 29 de maio de 1876, o coronel descreveu Deus em termos teosóficos como a "causa não causada".[14] O pregador metodista se ofendeu com isso e gritou "É mentira", dando início a uma confusão. A multidão reunida riu-se da cerimônia e o caso granjeou manchetes negativas, algo que foi repetido em dezembro, quando o corpo do barão foi finalmente consumido pelas chamas no crematório particular do doutor Francis Le Moyne, que ele havia construído para uso pessoal em Washington, Pensilvânia. A notícia dos acontecimentos "acalorados" se espalhou pelo país e pela Europa, e a sociedade foi criticada por apoiar aquilo que, para muitos, era um costume "pagão". Mas a essa altura Olcott já havia absorvido a atitude tranquila de sua camarada com relação à publicidade. Embora criticado, o acontecimento tornou a Sociedade Teosófica mais conhecida, ajudando a fazer da cremação uma prática aceita.

No início de 1876, os camaradas encontraram um novo lugar de Nova York, um bairro de Manhattan conhecido como Hell's Kitchen [Cozinha do Inferno], talvez o ponto mais improvável para a sede de um movimento espiritual. No número 302 da Rua 47ª Oeste, perto da Oitava Avenida, HPB e o coronel puderam descansar naquela que seria sua última residência nos Estados Unidos. A decoração incomum do apartamento levou um repórter a apelidá-lo de "o Lamastério", um nome adequado, tendo em vista o gosto dos camaradas pelo exótico. Olcott equipou o local com bricabraques sortidos e excêntricos, comprados em lugares que antes eram chamados de "lojas de curiosidades". Armários japoneses, um cuco suíço e a cabeça empalhada de uma leoa saudavam os visitantes que entravam num apartamento envolvido em incenso e fumaça de cigarro. Um piano de armário servia de suporte para imagens do Buda e de outros mestres espirituais, e uma coruja cinzenta empalhada numa estante olhava para as visitas de forma assustadora. Espelhos compridos e estreitos adornavam os cantos dos recintos, macacos empalhados pendiam das paredes, tal como diversos lagartos de brinquedo, e palmeiras em vasos atingiam o teto. Um morcego empalhado ficava sobre uma porta, um crocodilo empalhado sobre outra, e a parede da sala de jantar apresentava uma tapeçaria da selva, incluindo uma cobra, um tigre e um elefante, cercados por uma espessa folhagem. Outra cobra enrodilhava-se em torno do espelho sobre a lareira. O mais famoso *objet d'art*, porém, era o célebre babuíno empalhado. Olcott vestiu-o com um colarinho, uma gravata branca e um par de óculos, colocando sob um de seus braços o manuscrito de uma palestra sobre *A Origem das Espécies*, de Darwin. Eles batizaram a caricatura de Professor Fiske por causa de um acadêmico que apresentou uma visão extraordinariamente estreita e materialista do universo. Mas nem todos os animais do apartamento dos camaradas eram empalhados. Blavatsky gostava de bichos — numa de suas visitas ao Oriente Médio, ela comprou diversos macacos, os quais depois ela foi forçada a abandonar —, e no Lamastério ela mantinha um casal de canários, que ela costumava deixar voando pelo apartamento. Eles chegaram a fazer um ninho no candelabro usando aparas do manuscrito crescente de HPB.

Nos anos seguintes, o Lamastério foi o salão mais famoso de Nova York, onde cristãos, judeus e "pagãos" se encontravam com artistas, intelectuais e boêmios, bem como médicos, advogados e aristocratas, para discutir "todo assunto que se possa imaginar na Terra, no céu sobre a Terra e nos lugares mais profundos", com uma "curiosa mistura de sagacidade e filosofia".[15] HPB também fazia demonstrações ocasionais de seus poderes, embora detestasse cada vez mais desperdiçar suas energias com essas trivialidades, e foi por causa de sua relutância nessas questões que muitos dos primeiros membros da sociedade acabaram saindo dela. As demonstrações que ela efetivamente fazia parecem não deixar muitas dúvidas de que HPB era realmente uma maga. Anos depois, William Quan Judge escreveu que em sua presença Blavatsky fez objetos se moverem sem tocar neles, inclusive uma colher de prata que atravessou duas paredes para chegar à sua mão. Ela materializou frascos de tinta, tirou uma carta de um envelope fechado e a duplicou e criou a alucinação de um de seus anéis, dando-a para uma mulher que o cobiçava.[16] Desse mesmo período, Olcott descreveu demonstrações de telepatia, materialização (quando Olcott se recusou a lhe emprestar um lápis — pois ela sempre ficava com eles —, ela "materializou" uma dúzia deles para provocá-lo), comandou elementais, provocou "alucinações mesméricas", "precipitações" — quando uma imagem ou texto aparece num papel em branco —, clarividência e a leitura daquilo que ela chamava de "a Luz Astral" ou "Registros Akáshicos", "*akasha*" sendo a expressão sânscrita para "éter". Muitas dessas demonstrações eram acompanhadas pelos sons de "sinos astrais", delicados toques do mundo espiritual que precediam alguns fenômenos.

O último poder descrito por Olcott ficou mais em evidência enquanto HPB trabalhava naquela que se tornaria sua primeira obra importante. Durante o dia, Olcott ia para seu escritório, onde mantinha a prática jurídica que proporcionava sustento para si mesmo e sua camarada, bem como para sua ex-esposa e seus filhos; quando analisamos o estranho mundo no qual ele estava entrando, o fato de ele conseguir sustentar tanto Blavatsky e a si mesmo quanto sua família parece ser um testemunho de sua diligência e senso de obrigação. HPB trabalhava por sua conta de dia, mas à noite, após o jantar — que uma empregada costumava preparar, embora Olcott cozinhasse de vez em quando; HPB era inútil numa cozinha —, eles se sentavam, um na frente do outro, em torno de uma escrivaninha comprida, o principal móvel do Lamastério, e trabalhavam juntos noite adentro. Blavatsky lhe mostrava aquilo que tinha escrito antes, e ele fazia seus comentários e, com certa frequência, corrigia seu texto. Embora ela tivesse desenvolvido um estilo vigoroso e idiomático, HPB não era muito boa em pontuação, e sua sintaxe teria feito Proust revirar-se no túmulo. Ela era ainda menos do que organizada, e suas páginas costumavam ficar cobertas de novos parágrafos colados sobre trechos anteriores rejeitados. Olcott supervisionava a confusão, corrigia erros, sugeria mudanças e às vezes reescrevia trechos inteiros. Estes eram lidos para ela, que os aceitava ou não. Não era incomum ela jogar fora aquilo que ela e Olcott tinham escrito, recomeçando do zero.

Como se não bastasse a materialização de lápis, Olcott também ficava intrigado com o número de citações que Blavatsky colocava na sua obra. Como eles tinham poucos livros no apartamento, ele não conseguia entender de onde elas vinham. Claro, ela consultava bastante os livros que tinham, e referências ao trabalho do ocultista francês Éliphas Lévi; ao escritor francês sobre a Índia, Louis Jacolliot; o inevitável Bulwer-Lytton; o livro de Hargrave Jennings sobre os rosa-cruzes; as obras de Max Müller; as de Samuel Fales Dunlap; Joseph Ennemoser; C. W. King sobre os gnósticos; e outros autores pouco lidos ou praticamente desconhecidos hoje, saídos de suas escassas prateleiras, encontraram o caminho para a crescente *magnum opus* de Blavatsky. Porém, como observara o professor Corson, muitas citações vinham de fontes que não se encontravam prontamente à mão, nem mesmo na biblioteca pública, que Olcott tinha certeza de que ela não visitava. Ela raramente saía de seus aposentos, se é que o fazia, nem mesmo para caminhar pelo bairro à noite. Segundo alguns relatos, ela ficava dentro de casa durante seis meses seguidos, trabalhando dezessete horas por dia.

Sua maneira de escrever era tudo, menos metódica, e parecia dispensar a conscienciosa conferência de informações de autores mais meticulosos. Aparentemente, ela trabalhava sem um plano fixo, com as ideias correndo por sua mente numa torrente incessante, o lápis deslizando pela página num esforço desesperado para manter seu ritmo. Quando ela parava, não era para sair da cadeira e folhear algum livro. Olcott conta que o lápis parava subitamente no meio da frase, e ela ficava olhando para o espaço à sua frente. Então, ela franzia os olhos, "como se olhasse para alguma coisa sendo mantida invisivelmente no ar à sua frente", e voltava a escrever, aparentemente copiando no papel aquilo que acabara de ler. Quando ela mostrava ao coronel o acréscimo mais recente, ele invariavelmente continha uma citação de algum trabalho do qual nenhum dos dois possuía um exemplar. Se Blavatsky estava recorrendo à sua memória, então ela parece ter sido capaz de produzir "imagens eidéticas", da qual uma definição é "uma imagem subjetiva de minúsculos detalhes fotográficos, percebidos como uma realidade concreta e tridimensional". Uma pessoa eidética famosa foi o inventor Nikola Tesla, que podia visualizar uma planta inteira em sua mente, usando-a para construir algum aparelho. Já relacionei as imagens eidéticas com o fenômeno da hipnagogia, as imagens costumeiramente bizarras e nitidamente detalhadas que muitos percebem logo antes de dormir.[17] A hipnagogia está associada ao estado intermediário entre o sono e a vigília, e, como mencionado, pode ser vista como outra forma da "consciência dupla" que Blavatsky vivenciava repetidamente.

Uma característica curiosa da aparente alfabetização astral de HPB era um tipo de dislexia numérica. Às vezes, ela pedia a Olcott para conferir na biblioteca alguma referência que ela tinha colhido do éter, e volta e meia ele descobria que a página que ela lhe dera estava errada. Contudo, se ele trocasse os números, a página seria a correta. Assim, por exemplo, a página 291, número dado por ela, seria na verdade a página 192. Quando ele perguntou a razão, ela explicou que "no astral" as coisas parecem estar num espelho, ou seja, invertidas. Embora fosse difícil, ela treinou para ler de trás para a frente — o que já é um feito —, mas, por algum motivo, ela frequentemente se esquecia de inverter os números. Seguidores posteriores, que ajudaram a organizar sua outra obra monumentalmente intratável, A *Doutrina Secreta*, também tiveram o mesmo problema.

Outra característica curiosa dos hábitos de escrita de HPB observados por Olcott era uma mudança nítida na caligrafia em função do assunto no qual estava trabalhando. Ocasionalmente, ela também parecia se tornar outra pessoa; essa transformação costumava acontecer quando ela saía rapidamente do recinto. Ao voltar, ela era "outra pessoa", uma metamorfose estranha que também foi vista em Gurdjieff em algumas ocasiões.[18] Ela não ficava "em transe", nem possuída por "guias espirituais", mas, disse a Olcott, "outros" estavam escrevendo o livro por intermédio dela, e ficamos a pensar se os trechos de "serena expressão expositiva" que Beatrice Hastings achava HPB incapaz de fazer se igualavam àqueles supostamente escritos pelos "outros" de Blavatsky. Naturalmente, esses "outros" eram os Mestres — ela falou de um indiano, Narayan, e de um húngaro chamado Rákóczy (que era nada mais nada menos que o príncipe Francis II Rákóczy, da Transilvânia [1676-1735], suposto pai do lendário Conde de Saint-Germain) —, mas vale ressaltar que, em seus estudos sobre personalidade múltipla, Adam Crabtree encontrou, mais de uma vez, casos em que a personalidade "Número 1" ficava tão diferente que a própria aparência de seu paciente mudava. Porém, Crabtree não menciona nenhum caso em que os cabelos do paciente também mudaram, mas, ao que parece, os de HPB mudavam. De seu estado normal, claros e ondulados, Olcott e outros perceberam que se tornaram pretos e lisos. Em duas ocasiões, Olcott cortou alguns cachos desses cabelos transformados; Blavatsky lhe disse que um era da cabeça de um egípcio e o outro de um hindu. Ela também dava a impressão de usar um bigode e costeletas invisíveis, que Olcott a via cofiando, e numa ocasião ela materializou a cabeça do indiano ao qual pertenciam. O próprio Olcott acreditava que HPB não era na verdade uma mulher, mas um homem, um "homem hindu", e que, em momentos de absorção profunda, "seus cabelos... se materializavam".[19]

A esta altura, o leitor deve estar se perguntando se Olcott estava mentindo ou se era um crédulo, vítima de uma fraude notável cometida contra ele por sua camarada. Tenho certeza de que o fato de esses serem apenas alguns dos acontecimentos incríveis narrados em seu *Old Diary Leaves* não vai tornar o relato do coronel mais confiável, apesar de sabermos que ele ganhava a vida investigando fraudes contra companhias de seguros. Direi apenas que Olcott não era o único a afirmar que, na sua presença, Blavatsky fazia coisas que, com toda a franqueza, a maioria de nós consideraria impossível.

UMA FAÇANHA APARENTEMENTE IMPOSSÍVEL que HPB conseguiu realizar, da qual há um bom número de testemunhas, foi reunir a caótica confusão de textos que ela produzia diariamente, fundindo-os num todo coerente. Nessa tarefa alquímica, ela não esteve sozinha. Já vimos que ela recebia ajuda do coronel Olcott. Outro auxiliar foi Alexander Wilder, professor de filosofia que também era médico e arqueólogo, entre outras coisas. J. W. Bouton, que Olcott tinha consultado com relação à publicação do livro, sugeriu que ele deixasse que Wilder, que já tinha editado alguns livros para ele, lesse o manuscrito. Wilder viu que era um "documento verdadeiramente pesado", que "apresentava uma pesquisa sobre campos muito vastos" e que, com relação ao pensamento da época, continha "uma revolução". Mas ele era longo demais, e se Bouton quisesse publicá-lo, ele deveria ser cortado. Olcott insistiu para que Wilder fosse conhecer a autora, e, uma tarde, Wilder foi até o Lamastério. Wilder encontrou uma mulher que "tinha visto muita coisa, pensado muito, viajado muito e vivenciado muito". Sua conversa era excelente, ela falava inglês fluentemente e "expressava seus pensamentos com clareza, concisão e até vigor". Evidências dessa última característica apareciam no emprego da expressão "disparate", que HPB empregava quando se referia a qualquer coisa com a qual não concordasse. Suspeita-se de que Wilder ouviu muito essa expressão. Wilder ficou encantado com a autora, e a edição da imensa obra tornou-se para ele "um trabalho de amor".

Até pouco antes de sua publicação em setembro de 1877, Blavatsky chamou o livro de *The Veil of Isis* [O Véu de Ísis], referindo-se à inscrição numa antiga estátua da deusa na cidade egípcia de Sais: "Sou tudo aquilo que já existiu, que existe, que existirá, e mortal algum levantou o meu véu". Talvez os leitores do livro percebam que todo o primeiro volume ainda mantém esse título. É que, pouco antes de o segundo volume ficar pronto para impressão, Charles Sotheran disse a Bouton que um livro com aquele mesmo título tinha acabado de ser lançado na Inglaterra. Bouton concordou que seria uma boa ideia mudar o título do livro, e aparentemente ele e Sotheran tiveram a mesma ideia para o novo título ao mesmo tempo. HPB nunca ficou contente com o título *Ísis sem Véu*, nem com o seu subtítulo: "*Uma Chave-Mestra para os Mistérios da Ciência e da Teologia Antigas e Modernas*", que parece ter sido ideia de Bouton. Os dois, pensava ela, eram imodestos demais. Assim como hoje, na época, os editores reservavam-se o direito de decidir o título de uma obra — afinal, eles tinham de vender a coisa —, e como Bouton já havia publicado livros sobre religiões antigas, simbolismo e mitologia — assuntos sobre os quais Blavatsky tinha escrito —, ele sabia que havia um mercado pronto para esse tipo de obra, e ele queria que os clientes potenciais soubessem exatamente o que estariam adquirindo.

Evidentemente, Bouton sabia o que estava fazendo. Contra todas as expectativas, *Ísis sem Véu* foi um sucesso da noite para o dia, e sua tiragem inicial de mil exemplares foi vendida em pouco mais de uma semana, deixando seu antecessor, *Art Magic*, comendo poeira. (Como vimos, Emma Hardinge Britten ficou tão irritada com o sucesso do livro que ela deu início ao rumor de que HPB teria plagiado o trabalho de materiais encontrados no baú do barão de Palm.) Seguiram-se novas tiragens, muitas delas, e a obra tem feito parte do catálogo desde então. Porém nem todos ficaram satisfeitos com ela. A própria HPB teve de ser impedida à força de ficar acrescentando novos textos, coisa que ela fez praticamente até a hora de o livro ir para a gráfica, tornando a revisão uma tarefa infernal. Os jornais espiritualistas, esperando outro *Art Magic*, ficaram atônitos, mas muitos dos jornais da imprensa convencional não demonstraram tanto entusiasmo. Um chamou o livro de "um grande prato misturado" (*Springfield Republican*), enquanto o *The Sun* considerou-o uma pilha de "bobagens descartadas". Alguns concordaram, mas outros não. Os amigos de HPB no *Graphic* chamaram-no de "um livro maravilhoso", observando que só o seu índice remissivo, com mais de cinquenta páginas,* tornava-o único. (Mais tarde, Beatrice Hastings concordou, dizendo que "o índice será educativo para a maioria das pessoas".[20] Aparentemente, foi obra de Wilder.[21]) Para o *Boston Evening Transcript*, o livro exigiria "a atenção sincera dos pensadores, merecendo uma leitura analítica". *The New York World* considerou-o um "ensaio extremamente legível e abrangente sobre a importância capital de se restabelecer a Filosofia Hermética", e o *New York Herald* chamou-o de "uma das notáveis produções do

---

* Referência à primeira edição original em dois volumes e não à edição da Editora Pensamento, de 1991, em quatro volumes. (N. do E.)

século". A própria HPB, que pressupôs que o livro não lhe traria mais do que pesar, ficou tão comovida com essa observação que ela a incluiu em uma carta para seu conterrâneo Alexander Aksakov, enfatizando que havia saído de um dos jornais católicos mais conservadores.

Um crítico bastante veemente do livro foi William Emmette Coleman, que, juntamente com outros espiritualistas, esforçou-se ao máximo para mostrar que o único véu envolvido em *Ísis sem Véu* era aquele sendo colocado sobre os olhos do público. Coleman era estudioso e membro de diversas sociedades de cultura. Ele alegou que a aparente erudição de Blavatsky — astral ou não —, que espanta-ra a todos, inclusive a família dela, era uma fraude. Ele estudou diligentemente a obra, mostrando que, apesar de ela ter realmente citado mais de 1.400 obras, tinha deixado de anotar a *fonte* da citação. Isso criou a impressão, segundo argumentou Coleman, de que ela tinha consultado as obras originais, quando, na verdade, encontrara as citações naquilo que os acadêmicos chamam de "ma-terial secundário", ou seja, outros livros que tinham citado os originais. Na ver-dade, disse Coleman, Blavatsky tinha usado apenas cem obras de livros e textos acadêmicos contemporâneos, e não tinha lido todos aqueles textos antigos que afirmava ter lido, fosse no *akasha*, fosse numa biblioteca.

Porém, como lembra Nicholas Goodrick-Clarke, a acusação de plágio feita por Coleman não vem ao caso e pode ser pouco mais do que um exemplo daquilo que Beatrice Hastings chamou de uma "mente mesquinha".[22] O que se está falando de *Ísis sem Véu* não se refere à erudição que se vê nele — impres-sionante ou não, conforme o caso —, mas ao que Blavatsky *fez* com o material; e temos de lembrar que, como espiritualista, Coleman não era neutro. Só um pedante árido como poeira descartaria a síntese original feita por HPB com seu material, baseando seu argumento no fato de que ela não apresentou as atribui-ções corretas para suas fontes. Talvez Blavatsky não tenha sido uma pensadora particularmente lógica — seus vislumbres são inconsistentes e às vezes confusos —, mas ela foi uma pensadora imensamente animada, além de leitora voraz, e tinha a capacidade invejável de fazer conexões entre ideias e fatos que os outros talvez não percebessem. Não creio que ela estivesse interessada em impressionar os outros com sua erudição. Se fosse o caso, certamente ela teria aceitado a ofer-ta de Bouton de um adiantamento significativo, caso aceitasse desvelar Ísis um pouco mais. O sucesso do livro foi tão grande que qualquer editor teria ficado alucinado com uma sequência, mas HPB recusou a oferta, mesmo quando ele a aumentou para 5 mil dólares, uma importância muito grande na época. Ela tinha uma missão a cumprir com o livro, disse, e ela acreditava que a cumprira, e, feito isso, era hora de se dedicar a outra coisa. A torrente de referências, citações e fatos que frequentemente inundam o leitor de *Ísis sem Véu* — como observou Beatrice Hastings, o leitor "é arremessado de autoridade para autoridade" — não visa a nos impressionar, mas dar apoio a seu argumento com tanto vigor que não podemos ignorá-lo ou desconsiderá-lo de antemão. Só alguém cuja mente fosse completamente insensível sairia disso sem, de algum modo, sentir-se desafiado.

E QUAL FOI SUA missão ao escrever o livro? Do que trata *Ísis sem Véu*? Seria um chavão dizer que algumas obras "desafiam descrições", mas essa obra com mais de 1.400 páginas e cerca de meio milhão de palavras não é fácil de rotular. De várias maneiras, seus parentes mais próximos são as obras inclassificáveis de Charles Fort, como *O Livro dos Danados* ou *O Despertar dos Mágicos*, de Louis Pauwels e Jacques Bergier, que deu origem ao "renascimento ocultista" da década de 1960, ou mesmo *Eram os Deuses Astronautas* de Erich von Däniken, embora o trabalho de Blavatsky seja um esforço mais sério, diferentemente da obra descuidada e francamente comercial de Däniken. No entanto esses três livros sugerem, juntamente com *Ísis sem Véu*, a arcaica verdade: "há mais coisas entre o céu e a terra do que sonha a nossa vã filosofia, e, por diversos motivos, é uma pena que o primeiro esforço de vulto de Blavatsky fique quase sempre à sombra de sua obra posterior e mais conhecida. Apesar de *A Doutrina Secreta* ser vista como a base da teosofia, para mim *Ísis sem Véu* é mais acessível, mais provocante e mais legível do que a obra posterior e igualmente volumosa de HPB. Ele também contém mais argumentos — apresentados no melhor estilo de "bater na mesa" de Blavatsky — que o leitor pode levar em consideração para tirar suas próprias conclusões, ao contrário do outro pronunciamento, mais revelador e "gravado em pedra".

O tema central de *Ísis sem Véu*, como o crítico do *New York World* observou, é o ressurgimento da antiga filosofia hermética, e, como mostra Nicholas Goodrick-Clarke, o valor da pesquisa de William Coleman é que ela mostra como Blavatsky estava calcada na tradição esotérica e ocultista do Ocidente.

Quase todas as obras que Coleman alega que ela teria copiado lidam com algum aspecto dela.[23] Embora não fosse tardar para que ela mirasse o Oriente místico, o primeiro livro importante de HPB está firmemente enraizado no Ocidente. Contra uma ciência moderna e materialista que considera a "magia" e o "ocultismo" meramente uma insensatez, e uma tradição judeu-cristã que os vê como demoníacos, Blavatsky desejava restabelecer a antiga tradição hermética e neoplatônica, cujos perfis ela descobrira na biblioteca de seu bisavô. O terceiro ponto de seu ataque contra o espiritualismo provém da mesma fonte. O tipo de fenômeno que os espiritualistas associam com os mortos, segundo ela, era conhecido dos sábios da Antiguidade. Mas eles também sabiam — como ela — que os mortos não os produziam, mas que eram obra dos "elementais", ou o produto dos próprios magos do passado. A "invasão do povo espiritual", portanto, não era nada nova; com efeito, sequer era uma invasão, pois os fenômenos que os espiritualistas viam como evidência disso tinham sido relatados ao longo da história. Enganavam-se por achar que os mortos estariam por trás deles, piorando ainda mais as coisas por se deixarem dominar por forças que os magos se disciplinam para controlar. De fato, Blavatsky até afirma que só as mentes fracas e doentes poderiam tornar-se médiuns, pois qualquer mente saudável impediria essas entidades inferiores de dominá-la — um comentário que não teria incomodado Emma Hardinge Britten, D. D. Home e outros espiritualistas. (É preciso dizer, porém, que, como mostram diversas histórias do espiritualismo, muitos médiuns não eram nada robustos — Home é um bom exemplo — e uma ligação fraca com este mundo era vista como condição *sine qua non* para acesso ao outro.)

Embora tenha lhe granjeado vários inimigos, essa briga interna não foi a única batalha travada por HPB com *Ísis sem Véu*. E, para seus leitores atuais, suas críticas igualmente fortes contra o cristianismo e seus generosos elogios ao hinduísmo e ao budismo não parecem nem um pouco escandalosos em comparação com o que foram na época. Justamente por causa de livros como *Ísis sem Véu*, nossa sensibilidade atual, "multirreligiosa", é mais aberta a compreender o cristianismo em termos relativos, como uma dentre muitas formas de prática e crença espiritual. Apesar de nossa época ter visto o ressurgimento de formas religiosas intolerantes e fundamentalistas, vivemos num tempo em que cristãos, judeus, muçulmanos, hindus e budistas — e mesmo ateus e agnósticos — podem coexistir pacificamente, de modo geral. Essa, como vimos, era uma das metas da Sociedade Teosófica, e podemos argumentar que a própria ST teria sido um importante agente dessa mudança. O Parlamento Mundial das Religiões, que ocorreu em 1893 durante a Exposição Mundial Colombiana em Chicago, no qual budistas, jainistas, baha'is, muçulmanos, hindus e teosofistas repartiram a plataforma com católicos, protestantes e judeus, e no qual teosofistas como William Quan Judge e Annie Besant foram participantes importantes, foi justamente o tipo de congregação de credos diferentes que Blavatsky via como a essência da teosofia.

Um argumento central que informa *Ísis sem Véu* é que *todas* as religiões do mundo brotaram de uma fonte comum, a antiga religião de sabedoria que Blavatsky identificou com a filosofia hermética. Essa ideia, a de uma origem comum, antiga, "primordial" do cristianismo, do budismo, do hinduísmo e do resto, é encontrada hoje no trabalho da escola tradicionalista, cujo principal teórico, René Guénon, foi, estranhamente, um crítico ardente de Blavatsky. A ideia tem uma linhagem de prestígio e pode ser encontrada nos textos do *Corpus Hermeticum*, uma coleção de textos filosóficos e espirituais atribuída ao antigo sábio mitológico Hermes Trismegistus, mas que provavelmente foram escritos entre 100 e 200 d.C. em Alexandria por contemporâneos dos filaleteus e dos neoplatônicos. Mais tarde, a ideia foi reanimada quando o *Corpus Hermeticum*, perdido durante séculos, foi traduzido para o latim pelo platônico florentino Marsilio Ficino em 1463. Ficino e seus contemporâneos acreditavam que os textos herméticos eram a fonte de uma *prisca theologia*, uma "filosofia perene", que recuava até a aurora do tempo, e essa ideia influenciou muito a arte e a cultura que associamos à Renascença.[24] Ao reavivar novamente essa noção, Blavatsky estava em boa companhia.

Essa ideia pareceu peculiarmente adequada para a época, e se qualquer congresso ocultista desejasse estancar a maré do materialismo, teria mais sorte com ela, creio, do que com quaisquer elucubrações sombrias envolvendo médiuns e sessões. Quando *Ísis sem Véu* apareceu, a consciência ocidental tinha entrado numa espécie de buraco negro metafísico. Apesar de o cristianismo ainda ser uma presença poderosa — de onde vêm as críticas de Blavatsky —, ele estava travando uma batalha perdedora contra uma ciência redutiva e exclusivamente materialista, cuja conclusão era que o universo e a vida que há nele são, em última análise, desprovidos de sentido, uma afirmação que ainda persiste hoje.

Nessa época, a "ideia perigosa" de Darwin mostrava que éramos apenas "macacos com calças", e que todas as nossas pretensões de ser alguma coisa a mais eram ilusões egoístas. E, como se isso não bastasse, em 1865 o físico alemão Rudolf Clausius introduziu o conceito de entropia. Clausius tinha observado que, com o tempo, num sistema fechado, a energia organizada — como o calor, por exemplo — tende a passar para um estado menos organizado e uniforme. (É por isso que uma xícara de café esfria à temperatura ambiente.) Como a "segunda lei da termodinâmica", isso sugeriu que, um dia, a energia organizada do universo iria se dissipar até formar uma espécie de "poça cósmica", uniforme e morna, incapaz de suportar a vida. Esse processo irreversível ficou conhecido como "morte térmica" do universo. Apesar de todo o "progresso" associado à Revolução Industrial e ao século XIX, um senso de futilidade tinha entrado nas coisas, uma sensação que pode ser encontrada no famoso poema de Matthew Arnold, "Dover Beach", no qual "tropas ignorantes se enfrentam à noite" numa "planície sombria". A Society for Psychical Research ou SPR [Sociedade de Pesquisas Psíquicas], que conheceremos dentro em breve, foi formada porque seus membros ficaram aturdidos com essa crescente sensação de inconsequência cósmica e esperavam que o estudo do espiritualismo e de outros fenômenos "psíquicos" pudessem ajudar a lançar luzes sobre "a verdadeira realidade do destino do homem".[25]

Mas enquanto o espiritualismo oferecia algum suporte para a crença numa realidade não material, suas nebulosas pieguices repeliam mentes mais vigorosas, ansiosas por uma filosofia coerente com a qual poderiam desafiar uma ciência que parecia determinada a solapar todo propósito humano. A fé não ajudaria muito. Era necessário conhecimento, e, com *Ísis sem Véu*, Blavatsky parecia mostrar que ele estava à mão.

APESAR DE A FIGURA DE DARWIN manter-se ameaçadoramente sobre o livro, seus principais alvos são o seu "buldogue", Thomas Henry Huxley, e o cientista John Tyndall, os dois sumos sacerdotes do materialismo científico. Poucos historiadores perceberam isso, mas, em *Ísis sem Véu*, Blavatsky apresenta a primeira crítica intelectual — não religiosa — importante à evolução darwiniana. Geralmente, quem recebe o crédito por isso é Samuel Butler, conhecido como autor da fantasia utópica *Erewhon*. Em 1878, Butler publicou *Life and Habit* [Vida e

Hábito], o primeiro de uma série de livros contendo uma argumentação brilhante, criticando esse relato mecânico da evolução das espécies. Butler disse
que Darwin tinha "banido a mente do universo". Blavatsky concordou, mas
ela tinha falado sobre isso antes, e só esse fato já deveria assegurar-lhe um lugar
sólido na história das ideias.

A evolução darwiniana, disse, contava apenas parte da história, a parte que
ocorre em nosso atual mundo físico. Ela deixa de lado aquilo que acontece
antes e depois desse interlúdio. Baseando sua visão na crença hermética de que
o universo e tudo que existe nele, inclusive os seres humanos, é uma emanação
do espírito – o que significa que a criação emerge necessariamente da Mente de
Deus, e não como no relato judeu-cristão, no qual Deus está separado de uma
criação que poderia nem existir –, Blavatsky argumentou que a transição do
macaco para o homem é apenas parte da evolução dos homens e das mulheres
no caminho de se tornarem deuses, uma transformação, acrescentou, que envolve todo o universo. Darwin, disse ela, "começou sua evolução das espécies
no ponto mais baixo e subiu. Seu único engano pode ter sido aplicar o sistema
na extremidade errada".[26] Depois de passar por um período necessário de separação, o espírito volta para si mesmo, enriquecido por sua viagem. Assim, como
observou o falecido Theodore Roszak, Blavatsky apresenta "a imagem evolutiva
como a jornada redentora do espírito através dos reinos da matéria", oferecendo "a primeira filosofia da evolução psíquica e espiritual a surgir no Ocidente
moderno".[27]

A evolução da vida, portanto, não é uma ocorrência "do acaso", que "acabou acontecendo" por causa de uma combinação "acidental" de substâncias
químicas e que depois continuou movida pelas pressões da sobrevivência e por
mutações vantajosas ocasionais. Como ela diz, "não é o espírito que habita a
matéria, mas é a matéria que adere temporariamente ao espírito".[28] O espírito
(ou a consciência), portanto, é primário, e a matéria é um meio temporário que
o espírito emprega em seu trabalho. A evolução é o grão básico do próprio universo, e oposta à visão materialista que apresenta uma "hedionda e incessante
procissão de centelhas de matéria cósmica criadas por ninguém, flutuando em
frente a partir de lugar algum",[29] Blavatsky oferece o aforismo cabalista: "A pedra
torna-se uma planta; a planta, um animal; o animal, um homem; o homem, um
espírito; e o espírito, um Deus". Nesse esquema, "cada espécie aperfeiçoada na

evolução física proporciona mais escopo para que a inteligência direcionadora atue dentro de um sistema nervoso aperfeiçoado", um comentário que o filósofo Henri Bergson, cujo livro *A Evolução Criadora* de 1907 também desafiou Darwin, poderia ter feito.[30] Portanto, para Blavatsky, a mente não é "banida" pela evolução, mas a utiliza para se desenvolver. Desse modo, em vez de opor a ciência à religião ou vice-versa, Blavatsky sintetiza as duas e transcende a ambas, de um modo que lembra o relato igualmente evolutivo da jornada do espírito por meio da matéria feito pelo filósofo Hegel em seu *A Fenomenologia da Mente.*

Ísis sem Véu é uma obra tão grande, tanto em tamanho quanto em concepção, que pode ser lida em muitos níveis. Ela não é, como a maioria dos leitores modernos vai descobrir, uma obra que precisa ser lida de capa a capa, pois talvez a melhor maneira de abordá-la seja mergulhando e saindo dela. (Para mim, é uma excelente leitura de cabeceira.) Segundo uma perspectiva histórica, podemos aprender sobre obras que foram consideradas importantes na época, mas que hoje estão praticamente esquecidas. Uma delas é *The Unseen Universe* [O Universo Invisível], escrito por Peter Guthrie Tait e Balfour Stewart e publicada em 1875. A obra, que chegou a ser bastante popular, alega que "o universo visível não é o universo todo, mas apenas, talvez, uma parte bem pequena do todo", uma ideia com a qual os físicos de hoje estão se debatendo sob a rubrica de "matéria escura". Argumentando contra a eventual "morte térmica" do universo, os autores sugerem que a energia do universo visível pode ser transferida para outro invisível, do qual ela torna a emergir em novas formas — uma ideia que Blavatsky, com sua crença hermética em dimensões da realidade além das sensoriais, adotava e que depois foi reavivada pelo poeta Rilke.[31]

Numa nota biográfica, descobrimos que HPB ficou impressionada com *The Influence of the Blue Ray of the Sunlight* [A Influência do Raio Azul da Luz Solar], livro escrito por um herói da Guerra Civil, o general A. J. Pleasonton, e por isso ela mandou instalar janelas de vidro azul e cortinas azuis no Lamastério.[32] Pleasonton acreditava que a luz azul é particularmente útil para o crescimento das plantas e que ela é capaz de erradicar muitas doenças.[33] Seu trabalho é considerado o início da cromoterapia — a ideia de que certas cores afetam a saúde —, e HPB não estava sozinha ao pô-la em prática. Na época em que *Ísis sem Véu* foi publicado, havia uma mania do "vidro azul" nos Estados Unidos, pois muitos estavam seguindo o exemplo de Pleasonton usando vidro azul em suas estufas e para curar doenças.

Também não nos deve surpreender o fato de muitos dos temas e das ideias que ocupam boa parte da atual literatura "alternativa" terem sido anunciados antes por Blavatsky. Quando ela pergunta a seus leitores "As relíquias que prezamos em nossos museus — últimas recordações de artes há muito perdidas — não falam em voz alta a favor de antigas civilizações?", lembramo-nos inevitavelmente dos diversos livros de Graham Hancock justamente sobre esse tema.[34] Quando ela nos diz que "eras antes de [Colombo] singrar os mares ocidentais, os navios fenícios tinham circum-navegado o planeta e difundido a civilização em regiões hoje silentes e desertas", e pergunta quem "ousará afirmar que a mesma mão que planejou as pirâmides do Egito... não ergueu o monumental Nagkow-Wat do Camboja", pensamos nas ideias de Charles Hapgood sobre uma civilização marítima "pré-histórica" que envolveu o globo.[35] Até von Däniken, que escreveu sobre "astronautas da Antiguidade" e a ciência de civilizações anteriores, é precedido: "Num período bem anterior ao cerco de Troia, os sábios sacerdotes dos santuários estavam plenamente familiarizados com a eletricidade e até com condutores de raios".[36]

Um leitor atento e familiarizado com outras obras esotéricas modernas não vai demorar a perceber quanto dos sistemas posteriores tem raízes em HPB. Enquanto estudava a "obra" de Gurdjieff, folheei repetidas vezes sua imensa obra-prima, *Relatos de Belzebu a seu Neto*, e uma ideia que me deixou intrigado foi que "o sol não ilumina e nem esquenta".[37] Como sabemos, Gurdjieff criticou HPB, mas isso não o impediu de usar seus conceitos, e a mesma ideia pode ser encontrada em *Ísis sem Véu*.[38] (Sua fonte original foi o conceito pitagórico do "sol central" espiritual, do qual nosso sol físico é apenas um reflexo.)

Gurdjieff também falou sobre a lei da "manutenção recíproca" que atua no universo. HPB fala das "relações recíprocas entre os corpos planetários".[39] E se Gurdjieff disse a Ouspensky que as guerras eram o resultado de "tensões" entre dois planetas, Blavatsky disse a seus leitores que "certos aspectos planetários podem implicar perturbações no éter de nosso planeta, e outros, repouso e harmonia".[40] Com efeito, para HPB, os planetas e outros corpos estelares influenciam tanto a vida na Terra que promovem, em dado momento, períodos de recolhimento — "monasticismo e anacoretismo" — e, em outro, ação frenética e "esquemas utópicos".[41] Isso parece uma antevisão da sombria avaliação feita por Gurdjieff da incapacidade da humanidade de "fazer", nossa total mecanicidade e "sono". Naturalmente, Gurdjieff não foi o único a tomar emprestado algo da Madame. Há algum tempo, escrevi um artigo para a revista *Gnosis*, infelizmente não mais publicada, sobre a estranha ideia de Rudolf Steiner sobre a Terra estar "morrendo" como forma de preparação para a evolução a um nível planetário superior, mostrando como o desenvolvimento de nossos mundos interiores ajudaria nesse processo.[42] Malgrado Steiner, como Gurdjieff, volta e meia ter criticado HPB, ele parece ter tido essa ideia com base num texto dela. Blavatsky pergunta "quem é capaz de contradizer a teoria... de que a própria Terra irá, como as criaturas vivas às quais ela deu à luz... depois de passar por seu próprio estágio de morte e dissolução, tornar-se um planeta astral etéreo?".[43] Gurdjieff também falou sobre a Terra "evoluindo" num sol e a lua "evoluindo" numa Terra, ao longo daquilo que chamou de "Raio da Criação". E, como já mencionei, a "Antroposofia" de Steiner — a "sabedoria do homem", oposta à dos deuses — é, de várias formas, uma versão ocidental e intelectualizada dos ensinamentos básicos de HPB. Ao dizer isso, não estou tentando afirmar que Steiner e Gurdjieff tenham furtado algo de Blavatsky. Como sabemos, ela mesma tomou por empréstimo várias ideias de pensadores anteriores. Porém, creio que seja importante identificar a possível fonte de ideias que seguidores desses dois importantes mestres esotéricos possam imaginar que se originaram com eles.

MAS ATÉ UM LEITOR que encontra essas ideias pela primeira vez pode, com certeza, aprender alguma coisa com os vigorosos e habitualmente torrenciais relatos de HPB sobre aquilo que a ciência é incapaz de encaixar em sua estreita rubrica. Argumentos a favor do mesmerismo, da hipnose, da precognição, da psicometria (a capacidade de "ler" o passado de um objeto simplesmente por tocá-lo), a ciência dos antigos (que, de várias formas, antecipou-se à nossa), a teoria cíclica da história (muito antes de Oswald Spengler ter escrito *A Decadência do Ocidente*), os elementais, a evolução dos planetas, a unidade de todas as religiões, civilizações pré-históricas, a reencarnação dos animais (ela acreditava que muitos animais mereciam mais a reencarnação do que muitos seres humanos), a magia e muitas outras coisas são apresentadas de maneira convincente e exuberante, muitas vezes a ponto de deixar o leitor zonzo. A mensagem central é que o universo mecânico, tolo e morto, que a moderna e triunfante ciência estava aplaudindo como o apogeu da consciência humana, era, em termos bem simples, falso, e que o mundo era infinitamente mais misterioso, mais fascinante e *vivo* do que os Huxleys, os Tyndalls e outros acreditavam. Os antigos sabiam disso e construíram uma ciência mais profunda sobre essa crença, uma ciência que Blavatsky estava pronta a reavivar.

O estilo costuma deixar sem fôlego e traduz urgência, mas, como observou Beatrice Hastings, há trechos ocasionais de observação serena e desapegada, como esta sobre o que os antigos pensavam a respeito dos habitantes do éter: "O éter universal não era, a seus olhos, apenas alguma coisa que se estendia sem habitantes por toda a vastidão do universo; era um oceano ilimitado, povoado, como nossos mares familiares, por monstros e criaturas menores, tendo, em cada molécula, o germe da vida".[44] Foi essa visão de um éter universal, ou, como ela também o chamou, o akasha ou "Luz Astral", que se mostrou como a ideia mais influente a emergir de *Ísis sem Véu*. Blavatsky tomou-a emprestado de seus antecessores, Franz Anton Mesmer, Bulwer-Lytton, Éliphas Lévi e outros, mas em suas mãos ela assumiu um escopo e um significado mais amplos. Mesmer via seu "magnetismo animal" como uma espécie de "fluido" sutil que permeia o universo; no corpo humano, suas correntes afetavam a saúde; o mesmerista podia aprender a controlá-las e, com elas, curar seus pacientes. Éliphas Lévi tomou o magnetismo animal de Mesmer e transformou-o no "Agente Universal", um meio de materialidade tão sutil que, graças ao poder de sua vontade e imaginação, o mago poderia imprimir nele seus próprios pensamentos. Em uma de suas primeiras obras de ficção científica, *A Raça Vindoura*, sobre uma civilização subterrânea formada por super-homens, Bulwer-Lytton tomou o "Agente Universal" de Lévi e transformou-o no *vril*, um misterioso poder possuído por esses superseres, uma espécie de raio *laser* da mente, uma força mental de imensas capacidades. E, naturalmente, a ciência material tem seu próprio "éter luminífero", o meio que se imaginava como o portador das ondas de luz.[45]

Blavatsky associava esses conceitos a outros mais antigos: a "luz sideral" de Paracelso; a *anima mundi* ou "alma da terra" dos filósofos antigos; o fogo sagrado de Zoroastro; o *akasha* dos adeptos hindus; o fogo espiritual dos rosa-cruzes; e também a ideias contemporâneas, como a força ódica do barão Reichenbach; a "aura nervosa" de Joseph Rodes Buchanan; até à eletricidade, na época um fenômeno ainda misterioso. A esses, ela acrescentou a ideia da Luz Astral como uma espécie de registro eterno de tudo que já acontecera, aquilo que mais tarde Rudolf Steiner chamaria de "memória cósmica". Para Blavatsky, a Luz Astral "mantém um registro intacto de tudo aquilo que existiu, que existe ou que existirá. Os menores atos de nossas vidas estão gravados nela, e até nossos pensamentos ficam fotografados em seus tabletes eternos... Ela é, em suma, a memória de Deus".[46] Portanto, longe de um universo irrevogavelmente orientado para sua "morte térmica", Blavatsky apresenta um no qual até o mais débil pensamento tem vida eterna.

"É sobre os tabuletas indestrutíveis da Luz Astral que fica estampada a impressão de cada pensamento que temos",[47] escreveu Blavatsky, e a tarefa do mago consiste em *dominar* essa fantasmagoria, esse constante fluxo de imagens, memórias, pensamentos e fantasias. Se ele não consegue fazê-lo, pode acabar sendo facilmente levado pelos sonhos e por visões atraentes. Por isso, o Agente Universal ou a Luz Astral costumam ser representados por uma serpente ou um dragão, cujo corpo ondulante espelha a superfície sempre oscilante das ondas magnéticas, e o mago aparece como alguém com um pé sobre sua cabeça. Novamente, assim como ocorre com o espiritualismo e os médiuns, Blavatsky insiste na *disciplina* que o interessado em tornar-se adepto deve ter; não tem nada a ver com "doação", "desapego" ou outros métodos passivos. O mago precisa *controlar* a Luz Astral, sem deixar que ela o domine, algo que os buscadores da iluminação que adotam drogas psicodélicas e alucinógenas não costumam levar em conta.

MAS A LUZ ASTRAL ou campo akáshico* é mais do que uma espécie de "disco rígido cósmico" permanente contendo um número infinito de *downloads*. Ela também contém uma espécie de projeto para o futuro, modelos platônicos de coisas que virão. Como já disse em outro ponto, neste sentido, ela é similar à "ordem implicada" de David Bohm, e aos "campos morfogenéticos" de Rupert Sheldrake.[48] E se acharmos que só tipos excêntricos como HPB tinham acesso a ela, estaremos enganados. "No silêncio da noite, quando os sentidos do corpo estão sob os grilhões do sono... a forma astral se liberta" e "voa até seus pais e

---

* Para saber mais, consulte o livro *A Ciência e o Campo Akáshico* de Ervin Laszlo, publicado pela Editora Cultrix, São Paulo, 2008. (N. do E.)

mantém conversações com as estrelas".[49] ("Astral" significa "das estrelas".) "Nenhum homem", assegura ela, "por mais grosseiro e materialista que seja, pode evitar sua existência dupla; uma no universo visível, outra no invisível."[50]

Esse último comentário é a noção central de *toda* filosofia hermética, esotérica, ocultista e filosofia espiritual: o fato de os seres humanos serem habitantes de *dois* mundos, o mundo mundano com o qual nos encontramos inevitavelmente todos os dias, e *outro* mundo, que transcende a este e no qual não ficamos confinados aos limites habituais de tempo e de espaço.

Novamente, se pensarmos que isso é apenas tolice, uma bobageira da "Nova Era", pense, apenas como exemplo, na experiência do historiador Arnold Toynbee, autor do clássico em doze volumes, *An Study of History* [*Um Estudo da História*]. No décimo volume, numa seção chamada "As inspirações dos historiadores", Toynbee fala de uma série de experiências estranhas que o levaram a escrever seu livro. Todas envolviam uma espécie de "lacuna temporal", na qual Toynbee se via como se estivesse percebendo um acontecimento no passado, ou seja, como se realmente estivesse lá, revivendo-o. Provavelmente, o caso mais notável deu-se quando ele estava caminhando perto da Estação Victoria em Londres e viu-se "em comunhão não apenas com este ou aquele episódio da História, mas com todos os que tinham acontecido, estavam acontecendo e iriam acontecer". "Nesse instante, ele ficou diretamente consciente da passagem da História fluindo por ele numa poderosa corrente, e com sua vida movendo-se como uma onda no fluxo dessa vasta maré." (Toynbee escreveu seu relato na terceira pessoa.)

A semelhança entre as palavras de Toynbee e as de Blavatsky é notável e mais do que lembra a inscrição na estátua de Ísis em Sais. E devemos notar ainda a semelhança entre a experiência de Toynbee, a Luz Astral de Blavatsky e o fenômeno da psicometria, que, como mencionei antes, é a estranha habilidade de "ler" o passado "escrito" em algum objeto. Como observa um pesquisador, a psicometria é "provavelmente a 'faculdade psíquica' mais confirmada", com "centenas de exemplos impressionantes na história da pesquisa psíquica".[51] (William Denton, cujo livro *The Soul of Things* [*A Alma das Coisas*] é a obra clássica sobre o assunto, recebe ótimas notas em *Ísis sem Véu*.) Novamente, lembramo-nos também da experiência do neurocientista Wilder Penfield, que, em 1952, operando um paciente, estimulou acidentalmente uma área de seu cérebro. Como o cérebro não tem receptores para a dor, o paciente estava acordado e relatou não apenas uma lembrança nítida como um "reviver" absoluto de um acontecimento passado com todos os detalhes, e em três dimensões, como se estivesse acontecendo de novo (e nos lembramos também da "leitura astral" de HPB, que associei às "imagens eidéticas"). Isso é praticamente idêntico ao famoso relato que dá início ao imenso romance de Marcel Proust, *Em Busca do Tempo Perdido*, quando o herói morde um pedaço de bolo molhado no chá e é imediatamente transportado de volta à sua infância, com todo o seu deleite sensorial.

Colin Wilson explorou nossa estranha capacidade de captar "a realidade de outras épocas e lugares" e chamou-a de "Faculdade X", e também falei em outra ocasião sobre isso no contexto da filosofia hermética que Blavatsky procurou reviver em *Ísis sem Véu*.[52] Qualquer que seja nossa opinião sobre as expressões escolhidas por Blavatsky — para alguns, "Luz Astral" é "ocultista" demais e desconcertante —, ainda assim ela identificou uma capacidade que todos nós temos de "transcender tempo e espaço", e que parece estar disponível, quer nos interessemos ou não por estudos ocultistas ou esotéricos. Se um ocultista, um historiador, um neurocientista e um romancista, sem conexão uns com os outros e separados pelo tempo e pelo espaço, parecem estar falando da mesma coisa, a lógica sugere que isso é alguma coisa objetiva — ou seja, *real*. E o fato de Blavatsky dizer que era algo que os antigos também conheciam parece reforçá--lo, pelo menos em minha opinião.

Ísis sem Véu está cheio de percepções como essa, e se tudo que HPB tivesse feito fosse escrever essa obra-prima desajeitada, ela teria assegurado o crédito de ter uma das mentes mais férteis do século XIX. No entanto havia mais coisas pela frente, e, pouco depois de remover o véu de Ísis, HPB e o coronel estavam fazendo as malas para uma viagem ao Oriente.

Sete

UMA PASSAGEM PARA A ÍNDIA

Ísis sem Véu foi um sucesso absoluto, mas a Sociedade Teosófica não lucrou com ele. O livro causou comoção, mas não acarretou uma onda de novos membros, e mais do que uns poucos componentes do grupo original saíram dela. Com a publicação de sua *magnum opus*, o movimento pareceu ter chegado a uma encruzilhada. Mesmo um breve período como "sociedade secreta" nos moldes maçônicos não serviu para despertar grandes interesses, embora "a linhagem maçônica" de HPB fosse reconhecido pelo inglês John Yarker, chefe supremo do Rito Primitivo e Original da Maçonaria.[1] "Entre o final de 1876 e o de 1878", recorda Olcott, "a Sociedade Teosófica como um corpo esteve relativamente inativa." Suas reuniões praticamente cessaram. Eles até pararam de receber mensalidades. Se havia alguma atividade, era no Lamastério, e, mesmo assim, mais como reuniões informais do que como uma organização oficial, seguindo estatutos e agendas.

Mas nem tudo estava parado. A correspondência aumentou, apareceram artigos, filiais em Londres e em outros lugares tomaram forma — C. C. Massey foi para a Inglaterra e montou uma loja lá — e desenvolveram-se relacionamentos com mentes simpáticas. Um novo e importante recruta foi Thomas Edison, que se filiou à sociedade em abril de 1878. Nessa época, o "Mago de Menlo Park" tinha dado contribuições importantes para a telegrafia. Ele também tinha inventado o fonógrafo, desenvolvido o primeiro laboratório de pesquisas industriais e estava prestes a projetar o microfone a carvão e a lâmpada elétrica. Edison disse a Olcott que já tinha feito experiências com base em linhas ocultistas e que na época estava lidando com pêndulos, investigando se eles podiam ser movidos apenas pela força da vontade. Mais tarde, Edison falou em criar um aparelho para se comunicar com os espíritos, mas há algumas controvérsias a respeito, e num artigo posterior HPB citou-o como tendo dito que os átomos são "possuídos por certa quantidade de inteligência", uma observação que, algumas décadas depois, parece ter sido corroborada, até certo ponto, pela física quântica.[2] Outro norte-americano famoso que entrou para o grupo foi Abner Doubleday, herói da Guerra Civil que, como mencionado, teria sido o inventor do beisebol. Doubleday foi o segundo no comando no Forte Sumter, e foi erguida uma estátua em Gettysburg em homenagem à sua bravura na batalha. No entanto, nem mesmo a adição dessa constelação de notáveis foi suficiente para granjear mais membros.

A vida pessoal de Blavatsky também foi palco de acontecimentos importantes. Em maio de 1878, ela finalmente conseguiu se divorciar de Michael Betanelly, e, em 8 de julho, cinco anos e um dia após sua chegada aos Estados Unidos, HPB tornou-se cidadã norte-americana. Estranhamente, porém, assumir a cidadania dos Estados Unidos e abrir mão oficialmente de seus vínculos com a Rússia foram apenas o prelúdio daquela que deve ter sido a decisão mais crucial já tomada por HPB: deixar definitivamente os Estados Unidos e mudar-se para a Índia.

A RAZÃO EXATA, SABENDO-SE que ela já havia planejado transferir suas operações para a Índia, para que HPB decidisse tornar-se cidadã dos Estados Unidos, é uma pergunta que mais de um de seus biógrafos se fez. John Symonds sugere que ela tenha percebido que com um passaporte norte-americano na mão, no lugar de um russo, a vida seria mais fácil para ela lá. Como sabemos, na época, a Índia era o *playground* do Grande Jogo entre a Rússia e os ingleses. Compreensivelmente, os ingleses desconfiavam de russos que iam para a Índia, tendo em vista as ideias do tzar Alexander II sobre uma "Ásia russa", e supõe-se que ela tenha imaginado que viajar como cidadã dos Estados Unidos tornaria sua viagem mais tranquila. Ainda é discutível que HPB tenha chegado a trabalhar como espiã russa, mas o fato de os ingleses *acharem* que ela era é incontestável, e sua cidadania norte-americana recém-adquirida, ao que parece, não os dissuadiu de ficarem de olho nela.

No entanto, a causa que a levou a desenraizar-se novamente e rumar para o Oriente místico é, em si, um ponto muito discutível. Alguns veem nisso algo puramente prático. A Sociedade Teosófica estava indo na direção do Clube dos Milagres, e reiniciar-se em outro lugar pareceu uma boa ideia. Alguns, como K. Paul Johnson, acham que a mudança foi motivada por vínculos desenvolvidos em suas viagens anteriores, conexões com sociedades espirituais e políticas que em breve voltariam à tona. William Quan Judge conta que HPB tinha planejado ir para a Índia após a publicação de *Ísis sem Véu*, e que depois seu plano era ir para a Inglaterra, o que de fato ela fez.[3] Aparentemente, ela tinha dito algo similar a Olcott já na primavera de 1876.[4] Mas, no relato normalmente aceito sobre essa decisão, Olcott é o principal agente.

Olcott conta que, numa noite de 1877, ele foi visitado no Lamastério por um norte-americano, possivelmente James Peebles, um espiritualista e ocultista que conhecera as atividades de HPB na *société spirite* no Cairo em 1871.[5] Seu visitante acabara de voltar da Índia, e, por capricho, Olcott perguntou se ele havia tido a oportunidade de conhecer dois cavalheiros hindus que o coronel encontrara em 1870 numa viagem da Inglaterra para os Estados Unidos. Olcott tinha uma foto dos homens e mostrou-a ao visitante. Por vontade do destino, seu visitante *conhecia* de fato um dos homens, Moolji Thackersey, magnata da indústria têxtil que ele conhecera recentemente em Bombaim. Olcott obteve o endereço de Thackersey com seu visitante e escreveu para seu velho conhecido de viagens, falando-lhe da ST, de sua notável camarada e do grande amor dela pela Índia. Além disso, fez dele membro da sociedade. Thackersey respondeu, agradecendo a Olcott pela gentileza, e falou de um grande homem santo hindu, o Swami Dayananda Saraswati, que era líder de um movimento reformista hindu, a Arya Samaj ("Samaj" significa "sociedade"). Thackersey também falou a Olcott de Hurrychund Chintamon, que era presidente do ramo da Arya Samaj em Bombaim. Olcott escreveu para Chintamon, falando-lhe da ST e de sua crença num "Princípio Eterno e Onipresente que, sob muitos nomes diferentes, era o mesmo em todas as religiões".[6] Chintamon respondeu, explicando que parecia que os dois grupos tinham metas idênticas, e, como era inútil manter duas sociedades iguais, faria sentido se elas se combinassem. Olcott concordou, e, depois de explicar as coisas para os membros, decidiram mudar o nome para "A Sociedade Teosófica da Arya Samaj".

Fundir-se com um movimento reformista hindu não parece um passo lógico para a ST como Olcott parece ter acreditado que seria, mas havia precedente para isso. Como sabemos, no começo, HPB tinha mantido contato com crenças orientais graças às suas experiências com os calmuques durante sua estadia com os avós maternos. Sabemos ainda que ela afirmou ter viajado pela Índia e pelo

Tibete, e que seus Mestres, pelo menos dois deles, eram hindus. Sua conversão formal ao budismo dar-se-ia alguns anos depois, mas já em 1877, quando ainda estava em Nova York, HPB referia-se a si mesma como budista. Numa carta em que ela explica que não é espiritualista — pelo menos, "não no sentido moderno e norte-americano da palavra —, ela se chama de "budista mergulhada na ignorância". Com isso ela quer dizer que é uma Svabhavika, "uma panteísta budista, se isso significa alguma coisa". Isso queria dizer que ela acreditava numa "substância eterna e indestrutível", a Svabhavat, uma "substância invisível e que a tudo permeia", que parece reminiscente daquilo a que ela se refere como Luz Astral.[7] Nesse caso, parece que o budismo de HPB é importante para ela como uma alternativa à visão ortodoxa cristã de um deus criador supremo e pessoal — Jeová, senhor do universo. O fato de não se considerar budista no sentido tradicional fica claro por seu comentário de que, se dissessem que ela "pertencia à religião que tinha *inspirado* o Buda" (itálicos meus), e não àquela que a faria "girar a *Roda da Lei*", isso seria correto. A religião que inspirara o Buda, como se verá, é a "doutrina secreta" que mais tarde ela revelará ao mundo e que ela menciona no início de *Ísis sem Véu*.

O próprio Olcott tinha mais do que uma vaga ideia de que sua camarada estava planejando voltar para o Oriente, e pediu a amigos espiritualistas que tentassem dissuadi-la da ideia. Não tendo sucesso, enviou bilhetes sondando a possibilidade de a "Loja" — os Mestres — mandar outra pessoa para liderar o rebanho teosófico na hipótese de Blavatsky deixá-los.[8] Mas já em 1875, em sua carta da "Fraternidade de Luxor", a conexão indiana estava clara. Embora tivesse sido "ordenada em Luxor", ela fora escrita em Ellora, Índia, local dos misteriosos templos nas cavernas perto de Arungabad. O Mestre Serapis mencionou Ellora mais de uma vez a Olcott, e, como diz Joscelyn Godwin, é em Ellora que o Chevalier Louis de B, de *Ghost Land*, recebe uma iniciação importante.[9]

Na mente do público, a Índia era uma terra de mágicos, swamis, faquires, santos, místicos e do "truque indiano da corda". Era também uma terra de calor e sol. Depois de concluir *Ísis sem Véu*, a saúde de Blavatsky, que nunca fora boa, começou a piorar. Já muito gorda, começou a ganhar peso — um processo que certamente foi ajudado por seus hábitos alimentares — e seu corpo começou a reter água, com dobras de pele crescendo ao redor dos punhos e tornozelos, sintomas de uma doença que na época era chamada de "hidropisia", mas que hoje chamamos de edema. Seus rins também não iam bem. De modo geral, se levarmos em conta os outros problemas físicos — para não falar de antigos ferimentos de sua vida de trabalho braçal —, não é de surpreender que, com idade avançada, mais de uma vez HPB considerou seu caminho como sendo de sofrimento. A ideia de viver sob o sol da Índia, sem ter de enfrentar outro inverno de Nova York, muito provavelmente foi atraente para ela.

ELA TAMBÉM TINHA outro motivo para levantar acampamento. Em 1878, D. D. Home tinha publicado um livro, *Lights and Shadows of Spiritualism* [Luzes e Sombras do Espiritualismo], no qual ele atacou Blavatsky e seu camarada, chamando-os de farsantes e charlatães. Sem saber lidar com críticas com tranquilidade, Blavatsky explodiu de fúria — o coronel recebeu o golpe — e, numa carta para Aksakov, explicou que, como Home havia arruinado sua reputação, onde mais ela poderia recuperá-la, exceto na Índia? E há sempre a ideia de que, de algum modo, HPB ou seus Mestres tenham arranjado sutilmente os acontecimentos para levá-la para a Índia. Josephine Ransom, uma das primeiras historiadoras da teosofia, observou que na viagem pelo Atlântico, na qual Olcott os conhecera, Moolji Thackersey e seu companheiro não estavam viajando a negócios ou a passeio, mas "numa missão ao Ocidente para ver o que poderia ser feito para introduzir ideias espirituais e filosóficas do Oriente".[10] Como o visitante de Olcott conhecia Moolji, sua visita não deve ter sido meramente por acaso.

Mas embora a atração do Oriente fosse forte, Olcott tinha muitas razões para hesitar. Ele sempre quisera ir para o Oriente, mas, ao contrário de sua camarada, ele tinha obrigações que o impediam. Ele achava que devia ficar em Nova York até seus filhos estarem estabelecidos em suas próprias carreiras; e, fossem quais fossem suas relações com sua esposa, a ideia de não vê-los mais deve ter passado por sua mente. Outro fator era seu próprio sustento: como ele iria ganhar a vida na Índia? Esses pensamentos devem ter chegado aos Mestres. Uma noite, no Lamastério, enquanto ele e Blavatsky ainda estavam trabalhando em *Ísis sem Véu*, Olcott recebeu um visitante estranho. Tendo concluído os trabalhos da noite, o coronel foi para seu quarto, onde ficou relaxando com um livro e um charuto. Subitamente, ele se viu na presença de um "oriental trajando roupas brancas" ao seu lado. Cabelos longos e negros caíam sobre os ombros largos de seu visitante misterioso, e um turbante de seda amarela coroava sua nobre cabeça. Ele tinha uma barba longa e negra no estilo *rajput*, repartida no queixo, com as pontas enroladas graciosamente por trás das orelhas. Seus olhos ardentes imobilizaram Olcott, e o coronel ficou tão impressionado com a aparição desse estranho hóspede — "tão luminosamente espiritual, tão evidentemente acima da humanidade mediana" — que ele se curvou diante dele e dobrou o joelho. O personagem colocou suavemente a mão sobre a cabeça de Olcott e lhe disse para se sentar. Ele estava lá, disse, porque sabia que Olcott tinha chegado a uma crise em sua vida, e disse a Olcott que suas próprias ações o haviam levado até esse momento. Cabia ao coronel decidir se no futuro eles iriam ou não trabalhar juntos "para o bem da humanidade". Havia grandes trabalhos a fazer, e Olcott podia participar deles. Sua ligação com HPB era profunda, mais profunda do que ele poderia suspeitar. Olcott ficou impressionado pelo fato de seu visitante falar-lhe de coisas sobre ele e sua camarada que ninguém mais sabia.

Não está claro quanto tempo durou a reunião — Olcott disse que poderia ter sido uma hora, mas que pareceu "apenas um minuto". Quando seu visitante estava prestes a sair, Olcott, embora atônito, teve presença de espírito para pensar que podia ser um truque de HPB. Afinal, ela havia demonstrado habilidades notáveis e não hesitaria em usar seus poderes para fazer vingar os desígnios de seus Mestres. Seu visitante deve ter lido sua mente, pois ele sorriu e, desfazendo seu turbante, entregou-o ao coronel. Quando Olcott o pegou, o visitante desapareceu, mas o turbante estava em sua mão, prova, escreveu Olcott, de que ele tinha estado "frente a frente com um dos Irmãos Mais Velhos da Humanidade, um dos Mestres de nossa tola raça de pupilos".[11] Olcott até incluiu uma foto do turbante em seu relato dessa estranha experiência em seu *Old Diary Leaves*.

Essa não foi a primeira visita que Olcott recebera de um Mestre. Pouco antes, ele tinha recebido a visita de dois indivíduos que, a julgar pela descrição que fez deles numa carta a amigos, davam a impressão de serem mais parecidos com os Irmãos Marx do que com Mestres, ou, pelo menos, com os misteriosos "homens de preto" que aparecem em muitos relatos de óvnis; eles também são estranhos visitantes de lugares desconhecidos que aparecem como se fosse num sonho, numa visão surreal. Numa carta ao espiritualista londrino Stainton Moses, Olcott conta como ele foi visitado por um Ooton Liatto, um cipriota que estava acompanhado por outro indivíduo, um homem de pele escura e barbas cinzentas cujo nome ele não declina. Há motivos para suspeitar que Liatto e

Hilarion Smerdis, o Mestre Hilarion — que escrevera para Olcott como representante da Fraternidade de Luxor — sejam as mesmas pessoas. Pedindo para que Olcott ficasse em silêncio, Liatto materializou um buquê de flores, e Olcott viu-o flutuando até o chão. Depois, ele fez chover no quarto de Olcott, molhando o coronel, seus livros, seu charuto e o tapete, mas mantendo a si mesmo e a seu companheiro absolutamente secos. Então, o outro visitante mostrou a Olcott um cristal no qual ele teve visões fantásticas. Numa visita anterior de Liatto, incluída em seu *Old Diary Leaves*, Olcott contou que o cipriota fez com que as paredes de seu quarto desaparecessem, e então ele contemplou vastas paisagens habitadas por estranhas formas "elementais".[12]

Olcott disse a seus visitantes que eles deviam conhecer HPB, que morava no apartamento de baixo — isso foi antes de eles se mudarem para o Lamastério. Descendo correndo pelas escadas, ficou atônito ao encontrá-los já com Blavatsky, conversando como velhos amigos. Depois, ele correu para o andar de cima e encontrou o apartamento vazio. Foi até a janela e viu os visitantes na rua, dobrando a esquina. Sua camarada estaria lhe pregando peças? Mas suas roupas molhadas, o tapete encharcado e as flores, ainda no chão, eram prova de que a visita fora real. Quando ele perguntou a HPB o que tinha acabado de acontecer, ela não disse nada, reclamando apenas que aquilo que ele tinha escrito sobre ela em *People from the Other World* causara-lhe problemas sem fim.[13]

Os receios de Olcott parecem ter se dissipado com a visita do Mestre, que aparentemente teria sido o velho hindu de Blavatsky, Morya. Foram feitas provisões para seus filhos — William Quan Judge mexeu alguns pauzinhos — e o próprio Olcott conseguiu uma espécie de trabalho como representante comercial dos Estados Unidos. Sua reputação granjeou-lhe uma carta de recomendação do presidente Rutherford Hayes, que pode ter feito alguma coisa para assegurar à sua ex-esposa que ele não estava se eximindo de pagar as pensões. Até o último minuto, Blavatsky temeu que a ex-senhora Olcott — a quem ela se referia como "Kali", a deusa hindu da morte — o impedisse de viajar.

A justificativa ostensiva para a mudança foi a união com a Arya Samaj do Swami Dayananda, e durante algum tempo Olcott e Blavatsky acreditaram que o swami estava associado aos Mestres, ou, pelo menos, em comunicação com eles. As cartas que HPB escreveu para Hurrychund Chintamon estavam repletas de referências ocultistas: Akasha, quarta dimensão e outros assuntos arcanos, como o pedido de uma foto de um faquir ou de um *sanyasi* levitando. Chintamon respondeu contando dos problemas dos hindus sob o Raj inglês, e a resposta sarcástica de Blavatsky, dizendo que gostaria que os russos chutassem os ingleses para fora da Índia (para que eles e os muçulmanos fossem chutados pelos próprios hindus), foi usada mais tarde como "evidência" de que ela apoiava o domínio russo na Índia. Ela também pediu a Chintamon que escrevesse cartas para C. C. Massey e outro membro londrino, Emily Kislingbury, dizendo que um carimbo postal indiano e uma assinatura em sânscrito ajudariam muito a impressioná-los. Isso mostra claramente que ela não se esquivava a usar um pouco de "glamour" para conquistar suas metas. O que Chintamon diria ela mesma poderia dizer, mas, conforme explicou, ela era "apenas uma idiota de rosto pálido, e não uma hindu", e uma carta do Oriente místico teria mais peso.[14]

Entretanto, quando Olcott recebeu uma cópia das regras da Arya Samaj, ele e Blavatsky descobriram que ela se dedicava a uma interpretação muito estreita do hinduísmo — na verdade, uma espécie de fundamentalismo — que era a coisa mais distante do ecletismo teosófico que se poderia encontrar. HPB e Olcott também se comunicaram com os parsis de Bombaim e com budistas do Ceilão, e o swami objetara a esse contato. A união formal fora destroçada, e os dois camaradas devem ter percebido que não era viável trabalhar com o swami, assim como as grandes expectativas com relação a E. Gerry Brown não tinham dado em nada. Mas as rodas estavam girando, e, o que quer que os aguardasse eles iriam para a Índia.

Chegaram "ordens" para que saíssem de Nova York até 17 de dezembro. De onde veio o dinheiro para as passagens e outras necessidades nunca ficou claro. Parte veio de um leilão no Lamastério em 9 de dezembro, no qual a decoração de bichos empalhados e outras traquitanas místicas foram postas à venda. (O destino do professor Fiske, creio, daria uma boa história.) Tudo foi vendido a golpes de martelo e, como disse HPB, "por uma canção". Repórteres cobriram a história.

Assim como a chegada de HPB nos Estados Unidos apareceu no noticiário, sua partida também rendeu manchetes. Apesar de todos os elogios para os Estados Unidos — tornar-se uma "simples cidadã dos Estados Unidos da América", disse a um repórter, era "um título que prezo bem mais do que qualquer outro que me poderia ser conferido por um rei ou imperador" —, ao sair do país, ela mudou de ideia. "Estou contente por sair de seu país", disse a um repórter. "Vocês têm liberdade, mas é tudo, e dela vocês têm demais."[15] E alguns assuntos práticos precisavam ser resolvidos. Olcott nomeou Abner Doubleday presidente *ad interim* para servir em sua ausência. Judge, que mais tarde seria presidente da Sociedade nos Estados Unidos, foi nomeado tesoureiro temporário e secretário correspondente, assumindo o cargo de HPB. Judge queria viajar com eles, mas a preocupação com sua esposa, que não tinha interesse pela teosofia, o impediu. Edison ficou triste ao vê-los partir, e, como presente de despedida, ele deu a Olcott um fonógrafo que pesava quase 45 quilos. Numa festa de despedida no Lamastério deserto, muitos registraram suas saudações para seus equivalentes na Índia nesse monstruoso aparelho, inclusive HPB e Olcott; até Charles, um gato teosófico, miou seu alô.[16] (Infelizmente, a gravação não existe mais.)

HPB, até o último instante, sentiu-se em crise. No dia em que foram instruídos a viajar, o coronel teve questões de última hora a resolver na Filadélfia e só voltou a Nova York às 19 horas. Em sua mão, estavam as passagens para o vapor *Canada*, que zarparia naquela noite para Londres. De lá, iriam a Liverpool, e de lá, ao destino. Porém as coisas não correram tão tranquilamente, e embora tivessem cumprido as ordens de deixar o solo norte-americano até o dia 17, primeiro o mau tempo e depois uma falta de correntes marítimas manteve-os ancorados ao lado da Ilha Coney por um dia e meio. Só na tarde de 19 de dezembro é que seguiram viagem, acompanhados por dois teosofistas, Rosa Bates, uma professora primária, e Edward Wimbridge, arquiteto, que iriam ajudá-los na viagem. Seguindo as ordens de seus Mestres, HPB deixava seu país de adoção para nunca mais voltar.

NÃO HAVIA MUITOS passageiros no *Canada*. Um deles, um clérigo anglicano, ajudou HPB a passar o tempo discutindo sobre cristianismo com ela. Na véspera do ano-novo de 1879, chegaram ao Canal da Mancha, e no dia seguinte estavam em Londres, onde ficaram na casa do doutor e da senhora Billing, no subúrbio de Norwood Park. Teosofistas foram visitá-los, além de espiritualistas como Stainton Moses. A senhora Billing era uma médium notável, com reputação dos dois lados do Atlântico. Inevitavelmente, pediram a Blavatsky que produzisse algum fenômeno, e C. C. Massey, presidente da Loja de Londres, viu-a "materializar" uma caixa de cartas de baralho de marfim.[17] HPB visitou o Museu Britânico e Olcott fez uma palestra na Loja de Londres, em sua sede situada ali perto, na Rua Great Russell. Mais tarde, na Rua Cannon, no centro comercial, Olcott teve outro encontro com os Mestres. Caminhando sob uma pesada névoa com outros dois teosofistas, subitamente Olcott viu-se olhando nos olhos de um hindu alto. De volta a Norwood Park, ele descobriu que o mesmo hindu tinha visitado sua camarada. Embora a porta da frente estivesse trancada e com trava, naquela tarde, a senhora Billing ficou surpresa ao encontrar um cavalheiro indiano no hall de entrada, pedindo para ver Madame Blavatsky. Quando a senhora Billing abriu a porta do quarto dela, ele saudou HPB juntando as palmas das mãos e os dois puseram-se a conversar numa linguagem estranha.

Em 17 de janeiro, tomaram um trem na Estação Euston e na mesma noite chegaram a Liverpool. No dia seguinte, embarcaram em seu vapor, o *Speke Hall*. A viagem não foi agradável. O mar estava revolto e num ponto HPB machucou o joelho, batendo-o na perna de uma mesa. Todos, inclusive HPB, ficaram com enjoo. Quase um mês depois, em 15 de fevereiro, entraram no porto de Bombaim. Moolji Thackersey estava no cais para recebê-los, bem como alguns de seus amigos. Numa demonstração de gratidão por chegar finalmente ao solo sagrado da Índia — ou talvez simplesmente aliviado por sair do navio —, Olcott beijou o chão de pedra do cais.

Parece um toque teatral, mas para os indianos foi um poderoso ato simbólico. Os ingleses estavam no domínio da Índia havia mais de um século, primeiro sob a Companhia Britânica das Índias Orientais, e depois, mais recentemente, sob a Coroa (o "Raj inglês"). Na maior parte desse tempo, os hindus viram os ingleses mais ou menos como deuses, governantes invencíveis (benevolentes na maior parte do tempo) que tinham levado muitas coisas boas: a unificação, educação, melhores padrões de vida, paz e reformas, como o fim da escravidão, o final do *sutee* — a prática de queimar a viúva viva na pira funerária de seu marido —, a criminalização do sacrifício humano e do culto *thuggee*, que realizava assassinatos rituais em homenagem à deusa Kali. Mas por volta de 1857 e com o Motim de Sepoy — do qual Blavatsky escapou em sua segunda aventura na Índia —, a atitude para com os ingleses mudou. A própria educação que os indianos receberam de seus governantes levou-os a uma nova consciência nacionalista. Eles não queriam mais ser tratados como crianças, e um produto disso foi o Swami

Dayananda e a Arya Samaj, que se esforçaram para introduzir seus conterrâneos à sua própria cultura e religião. E agora ali estavam dois ocidentais influentes que celebravam os Vedas e a Índia Sagrada, e que abandonaram o Ocidente pela terra santa. É discutível o que os muitos indianos que se filiaram à sociedade absorveram de fato da teosofia. O que é inegável é o efeito que o fato de Olcott e HPB adotarem sua cultura exerceu sobre a autoestima deles. Para a teosofia e para os indianos, eles não poderiam ter chegado num momento melhor.

Depois que a recepção se acalmou, ninguém sabia o que aconteceria em seguida. Então, Hurrychund Chintamon, que perdera a chegada deles, apareceu. Olcott tinha pedido uma casa simples para eles, com um número mínimo de serviçais. A casa que Hurrychund providenciara era na verdade uma de suas casas, e, como o coronel pedira, era bem simples e praticamente sem nenhum dos confortos ocidentais. Em seu segundo dia, numa recepção realizada em sua homenagem, trezentas pessoas se amontoaram num pequeno salão. Guirlandas foram postas ao redor do pescoço deles — até um irlandês que eles tinham conhecido no navio e que HPB convencera a se filiar à sociedade foi festejado. No dia seguinte, foram à "Noite de Shiva", um grande banquete, e depois foram levados para ver imensas estátuas dos deuses e para explorar grandes cavernas, cujas entradas eram guardadas por gigantescos lingans, grandes esculturas fálicas, cujos adoradores cobriram com tintas de cores vivas (o que a assexuada HPB pensou delas não ficou claro). Visitantes lotaram a casa, ansiosos para ver os ocidentais que tinham se filiado à Arya Samaj, e homens santos ocuparam-nos em longas discussões filosóficas conhecidas como *durbars*. Em outra noite, ficaram assistindo à representação de um interminável drama sagrado. Por volta das 2h45, até o amor dos camaradas pelas coisas indianas tinha se esgotado. Levantaram-se para sair, mas Hurrychund interrompeu a apresentação para ler um longo discurso de boas-vindas.

No dia seguinte, sem mais nem menos, seu anfitrião ostensivo apresentou a Olcott uma conta enorme pela casa, pela comida e por tudo que haviam recebido desde sua chegada, até por um telegrama que ele tinha mandado para Nova York insistindo para que fossem. Olcott ficou escandalizado, e HPB lançou-lhe uma barragem de impropérios. Não demorou até que percebessem que o que a ST tinha arrecadado para a Arya Samaj e enviado para que Hurrychund entregasse para o Swami Dayananda nunca chegou ao seu destino. Mais tarde, HPB forçou Hurrychund a admitir isso e a devolver a importância, mas esse não foi o melhor começo de sua nova aliança.

No começo de março, os camaradas encontraram uma nova casa no número 118 da Girgaum Road, no setor nativo de Bombaim, uma área que poucos europeus frequentavam. Nela, HPB conseguiu um serviçal gujarati, Babula, de 15 anos, que ficaria com ela durante sua estadia na Índia. HPB e Olcott tinham bangalôs separados, talvez um símbolo do fato de que, ao chegarem à Índia, sua "camaradagem", sempre tumultuada, estaria começando a enfraquecer. Tal como na casa de Hurrychund, os visitantes dominavam o lugar; eles raramente estavam sozinhos, e parsis, hindus, jainistas e outros iam visitar os ocidentais sagrados. Pouquíssimos ingleses foram conhecê-los. A reputação de HPB, que não era das mais convidativas para os membros comuns do Raj, deve tê-la precedido, mas sua recepção não poderia ter sido auxiliada pelo fato de que nem ela nem Olcott deram-se ao trabalho de visitar o governador, um procedimento mais ou menos padrão para quaisquer visitantes brancos. Previsivelmente, HPB ignorou o que foi "feito" e não fez as visitas esperadas às casas "certas". Isso, aliado ao fato de que desde o instante em que chegaram ficaram sob vigilância dos ingleses, sem dúvida, deve ter arruinado sua posição social.

Uma pessoa que eles deviam estar à espera de encontrar era um dos Mestres, e não tardou para que isso acontecesse. Em 29 de março, HPB pediu que Moolji conseguisse um carro, uma pequena carruagem de dois lugares. Ela não disse aonde iam, mas a cada cruzamento ela simplesmente dava instruções ao condutor. Entraram num subúrbio, passaram por uma mata e depois de muitas curvas atingiram o litoral, onde foram até uma grande propriedade. No portão, ela disse ao condutor para parar. Ela disse a Moolji para esperar e que em nenhuma hipótese ele deveria tentar segui-la. Então, HPB foi andando até um bangalô. A porta se abriu e um indiano alto, em trajes brancos, recebeu-a.

Moolji ficou surpreso por não conhecer a propriedade; ao perguntar sobre ela, jardineiros que ele viu trabalhando por perto se recusaram a lhe dizer qualquer coisa sobre seu proprietário, nem mesmo disseram o seu nome. Finalmente, HPB e o indiano alto tornaram a aparecer. Um dos jardineiros entregou algumas rosas brancas ao indiano. Ele as deu a HPB, que então voltou ao carro e disse ao condutor para levá-los de volta para casa. Já na Girgaum Road, HPB deu as rosas a Olcott, explicando que eram de Mestre Morya. Ela explicou que o misterioso bangalô era usado sempre que precisavam ir a Bombaim partindo do Tibete. Ele ficava escondido por aquilo que chamou de *maya*, uma ilusão que impedia os visitantes indesejados de vê-lo. Moolji tentou encontrá-lo novamente com Olcott, mas não conseguiu. Mais tarde, o Mestre fez uma visita aos camaradas. Babula disse a Olcott que alguém desejava vê-lo no bangalô de HPB. Lá, ele viu o indiano alto que encontrara em Nova York. Lá, fora sua forma astral, mas agora ele estava ali em carne e osso. Depois de alguns minutos, ele apontou o dedo na direção da voz de Blavatsky — ela estava em outro cômodo. Ela apareceu imediatamente e caiu aos pés do Mestre.

Houve outros acontecimentos misteriosos. Em abril, com as ordens do Mestre, HPB, Olcott, Moolji e Babula foram às Cavernas Karli, antigos templos budistas escavados em rocha sólida, a um dia de viagem de Bombaim. No caminho, Moolji teve seu próprio encontro com Morya. Na estação ferroviária em Khandalla, subitamente ele ouviu seu nome e, numa carruagem, viu o hindu alto que tinha visto no bangalô secreto. Ele entregou algumas flores para Moolji — mais uma vez, eram para o coronel Olcott —, e então seu trem deixou a estação. Olcott desejou ter podido agradecer ao Mestre pelo presente, e Blavatsky se ofereceu para entregar um bilhete. Olcott escreveu um, ao qual acrescentou uma pergunta, e o entregou a Moolji. Então, HPB lhe disse para ir caminhando pela estrada à frente deles. Moolji não tinha ideia de como o bilhete seria entregue, mas HPB simplesmente lhe disse para seguir em frente. Quando ele voltou, alguns minutos depois, explicou que o indiano alto que tinha acabado de deixar a estação havia aparecido diante dele, pegado o bilhete de sua mão e desaparecido.

Nas Cavernas Karli, HPB precisou ser carregada pela colina íngreme; o calor e o esforço eram excessivos para ela. Dentro dos templos cuidadosamente decorados, o grupo fez um piquenique, e Blavatsky lhes falou de passagens secretas que levavam a um santuário interior oculto, onde os Mestres ainda moravam. Pouco depois, Moolji e Babula saíram para comprar mais provisões e HPB e Olcott ficaram sozinhos. Então, HPB disse a Olcott para se virar. Ele ouviu um baque alto, como uma porta batendo, e a risada aguda de sua camarada. HPB tinha desaparecido. Pouco depois, ela reapareceu e explicou que tinha passado por uma das portas secretas, reunindo-se com os Mestres que estavam lá dentro.

No dia seguinte, após uma noite em que dormiram na entrada do templo, ela anunciou que os Mestres tinham dito telepaticamente que queriam que eles fossem a Rajputana, ao norte, no Punjab. De volta a Khandalla, HPB ficou preocupada com a hipótese de Rosa Bates e o senhor Wimbridge, que tomavam conta da casa para eles, pensarem que os dois iam sair de férias, usando os Mestres como desculpa, e desejou que o pedido dos Mestres se desse de modo mais concreto — um telegrama, para ser preciso. No trem, ela escreveu um bilhete nesse sentido, pedindo aos Mestres que telegrafassem para seus amigos em Bombaim, a fim de tornar as coisas "oficiais". Quando ela estava prestes a jogar o bilhete pela janela, Olcott o segurou, para ver se não era simplesmente um pedaço de papel em branco. Então, ela o largou. Quando chegaram a Bombaim, descobriram que, às duas horas daquela tarde, a senhorita Bates tinha assinado o recibo de um telegrama, enviado a Olcott por "Gulab Singh", um personagem do livro *From the Caves and Jungles of Hindustan*, de Blavatsky, supostamente baseado em Morya. A mensagem era "Rajputana. Saiam imediatamente". Num banheiro, durante a viagem, um hindu abordou Olcott e lhe deu uma carta. Era a resposta à pergunta que ele tinha incluído no seu bilhete de agradecimento a Morya. Olcott tinha perguntado se era possível ele viver o tempo todo com os Mestres. Eles responderam que não: seu caminho era o serviço à Sociedade Teosófica. Mais tarde, quando Olcott estava incerto quanto à mudança, o Mestre lhe escreveu novamente, apaziguando suas preocupações.

O motivo exato da ida a Rajputana não ficou claro; aparentemente, os camaradas estavam simplesmente esperando que alguma coisa acontecesse. No rio Jumma, encontraram Babu Surdass, um *sanyasi* que ficara sentado na posição de lótus à beira do rio por 52 anos, com chuva ou com sol. Em Cawnpore e em outros lugares, conheceram outros *sanyasis*, homens que impressionaram Olcott com seus poderes de resistência física. Mas quando Olcott pedia que cada um deles demonstrasse os *siddhis* ou poderes sobrenaturais que tinham adquirido, eles se recusavam, embora um tenha explicado que o segredo para a materialização de objetos físicos era descobrir um "núcleo" em torno do qual o adepto consegue reunir a "matéria do espaço". (Mais tarde, o Swami Dayananda diria a mesma coisa a Olcott; novamente, ideias atuais sobre a misteriosa "matéria escura" que parece faltar do universo bem como o igualmente misterioso "poder do nada" parecem sugestivos.[18]) Em Agra, ficaram apropriadamente espantados com o Taj Mahal, mas o acontecimento principal da viagem foi um encontro com o Swami Dayananda. Em Saharanpore, foram acolhidos pela Arya Samaj, que os recebeu com uma recepção formal à qual todos compareceram, até o agente policial que os seguia desde que chegaram. (No final da viagem, Blavatsky o abordou e agradeceu ironicamente por sua escolta. Com menos humor, no consulado dos Estados Unidos, Olcott apresentou a recomendação do presidente Hayes e fez uma queixa formal contra os ingleses, que estavam interceptando e lendo sua correspondência e seus telegramas; a vigilância cessou pouco depois.) Olcott, Moolji e até HPB ficaram impressionados com o swami, que conversou com eles sobre Nirvana, Deus, *moksha* ("libertação") e também anunciou que Hurrychund fora expulso da Sociedade. No dia seguinte, foram a uma reunião na qual o swami se dirigiu a seus seguidores. Olcott também falou com eles, enfatizando o grande benefício advindo de uma união entre Oriente e Ocidente. Ao saírem, no dia seguinte, multidões acompanharam-nos até a estação e jogaram flores sobre eles enquanto seu trem partia para levá-los de volta a Bombaim.

Na Girgaum Road, não tardou para que Olcott se "tornasse nativo" e começasse a usar uma longa túnica de algodão e sandálias. Sua camarada, porém, não estava muito satisfeita com os costumes locais. Quando um cavalheiro de meia-idade e elevada posição apresentou uma menina de 10 anos como sua "esposa", HPB balbuciou "Sua ESPOSA? Seu velho animal! Deveria ter vergonha de si mesmo!" e saiu furiosa. Porém, de modo geral, Olcott e HPB tiveram um imenso sucesso. Em julho, começaram a trabalhar na *The Theosophist*, uma revista mensal dedicada à causa. Olcott era o diretor, e Blavatsky, a editora. O primeiro número saiu em outubro e em pouco tempo conquistou muitos leitores, vários dos quais se tornaram membros da ST. Um deles foi Damodar K. Mavalankar, um jovem brâmane que abriu mão de sua vida de privilégios para seguir o caminho. Ele tinha lido *Ísis sem Véu* e quando soube que sua autora estava em Bombaim foi conhecê-la. Quando seus pais souberam de seu interesse pela teosofia, exigiram que ele a esquecesse, ou perderia sua herança. Damodar sacrificou sua vida confortável, foi morar com os camaradas e em pouco tempo estava administrando a *The Theosophist*, para a qual também contribuía. Ele foi o primeiro a começar a chamar os Mestres de "Mahatmas" ou "grandes almas". Na juventude, teve a visão de um sábio que o ajudou a enfrentar uma doença terrível; mais tarde, identificou essa figura como sendo Koot Hoomi.

Foi mais ou menos nessa época que HPB recebeu uma carta de sua velha amiga, Emma Cutting, agora Emma Coulomb. Emma, como nos lembramos, conheceu Blavatsky no Cairo e foi uma das médiuns envolvidas em sua fracassada *société spirite*. Emma lera relatos sobre a chegada de HPB no *Ceylon Times* e achou que seria uma boa ideia tornarem a se relacionar. Emma explicou que tinha se casado com o filho do proprietário do Hotel d'Orient, onde HPB tinha ficado. Eles tentaram administrar o hotel, mas não conseguiram, e outro empreendimento no Ceilão, de onde ela estava escrevendo, também não dera certo. Se ela e seu marido, Alexis, pudessem ir a Bombaim, será que sua velha amiga a ajudaria a encontrar trabalho? Blavatsky lembrou-se da gentileza demonstrada por Emma anos antes, e Olcott concordou que eles deveriam ajudá-la. Num gesto que em breve mostrar-se-ia como um grave erro, Blavatsky convidou-a a unir-se a eles.

Um inglês que se deu ao trabalho de fazer contato com Olcott e HPB foi Alfred Percy Sinnett, editor de *The Pioneer*, provavelmente o jornal mais influente da Índia naquela época; entre seus colaboradores, encontrava-se Rudyard Kipling. Logo depois da chegada deles, Sinnett escreveu a Olcott, convidando-o e à HPB para visitá-lo em Allahabad, caso fossem para o norte. Sinnett era um espiritualista muito interessado em fenômenos e ouvira dizer que *Ísis sem Véu* era um trabalho importante. Em retrospecto, não é difícil ver que, do ponto de vista de HPB, ele daria um bom substituto, caso ela e o coronel tivessem diferenças de opinião.

Em dezembro, HPB e Olcott, acompanhados por Damodar e Babula, aceitaram o convite de Sinnett. Foi seu primeiro contato real com a classe dominante inglesa. Olcott disse que, embora Sinnett parecesse rígido, sua esposa, Patience, mostrava-se mais à vontade, e uma verdadeira amizade desenvolveu-se entre eles. Sinnett encontrou-os na estação de Allahabad com sua charrete e dois criados uniformizados. Quando chegaram à casa deles — onde ficaram duas semanas —, Blavatsky advertiu Sinnett de que ela era "um hipopótamo velho e difícil". Não demorou até que ele concordasse. Sem ser dada a conversas fiadas, HPB entrou numa discussão sobre fenômenos, e quando Sinnett admitiu que seus experimentos não tinham produzido batidas, ela respondeu "Ah, mas as batidas são a coisa mais fácil de fazer", pôs a mão sobre a mesa e produziu imediatamente um monte delas. Outro convidado era A. O. Hume, um secretário governamental pró-hindu e ornitólogo famoso que mais tarde ficou conhecido como "o pai do Congresso Nacional da Índia", que depois o levou ao Home Rule (governo local) da Índia.[19] Uma das reclamações que HPB fez sobre essa visita foi que o cheiro de álcool pairava no lugar. Blavatsky era tão abstêmia quanto Carrie Nation, com quem compartilhava algumas características, e Olcott advertira Sinnett, que ela vira bebendo uma garrafa inteira de vinho, de que ela "se mantinha sob grande autocontrole".[20] Embora não gostasse de fazê-lo, de modo geral, HPB concordou em produzir mais fenômenos, e ouviram-se mais batidas pela casa, numa porta, num relógio, e até sobre as cabeças de seus anfitriões. Segundo disseram, eram como leves choques elétricos. Ficaram desconfiados, porém, quando pediram a ela para "materializar" uma piteira. Ela fez alguns gestos místicos, esfregou o cachimbo do coronel entre as mãos e então tirou uma piteira do bolso, pura e simplesmente. Pode ter sido uma piada, ou uma sutil sugestão para que Sinnett não desse tanta importância a esses truques, uma "estratégia de ensino" que, como o fato de "maltratar" o coronel Olcott e outras pessoas, lembra Gurdjieff. Seja como for, os desdobramentos posteriores mostraram que ele não se deu conta da sugestão.

O grupo foi até Benares, onde ficou hospedado no palácio do marajá de Vizianagram. Swami Dayananda também estava lá, e eles visitaram uma mulher santa, conhecida como Maji, que morava numa caverna perto do Ganges. HPB ficou indisposta e não pôde fazer a visita, e todos ficaram impressionados quando a Maji, que nunca saía de sua caverna, saiu para conhecer a Madame. Numa reunião de estudiosos de sânscrito que elogiaram Olcott por promover textos sagrados hindus, um professor alemão, protegido do grande orientalista Max Müller, opinou que, embora no passado muitos yogues tivessem *siddhis* e pudessem fazer aparecer um buquê de rosas, por exemplo, ninguém conseguia fazer isso nessa época. HPB discordou, e, após um gesto peremptório de sua mão, uma dúzia de rosas caiu sobre as cabeças acadêmicas. Depois de elogiá-la por seu conhecimento da filosofia indiana, o estudioso tentou pegá-la em seu truque pedindo a ela que "fizesse" apenas mais uma rosa, como lembrança da noite — ele deve ter pensado que ela estaria preparada para fazer um truque, mas não dois. Ela respondeu "Claro, tantas quantas você desejar" e fez aparecer outro buquê. E para comprovar que *siddhis* como aqueles ainda eram possíveis nessa época, ela também fez com que a chama de uma lamparina de leitura aumentasse e diminuísse só com o seu comando. Quando Olcott expressou seu espanto, ela disse que um dos Mestres tinha simplesmente aumentado e diminuído o pavio. Ele discordou, achando que ela havia adquirido o domínio sobre as salamandras, ou elementais do fogo.

Ao voltarem de Benares em 26 de dezembro, os Sinnetts tornaram-se membros da sociedade. Mas eles devem ter ficado em dúvida. Após uma palestra apresentada por Olcott sobre "A teosofia e sua relação com a Índia", para uma plateia lotada organizada por Hume, Blavatsky atacou verbalmente o coronel porque ele tinha se esquecido do xale dela. Ela os havia avisado de que era um hipopótamo, e até Olcott admitiu que só tolerava seus abusos porque sabia o que havia por trás dela.

EM MARÇO do novo ano, os Coulombs chegaram inesperadamente, com a passagem a partir do Ceilão paga pelo cônsul da França. HPB pode ter se esquecido de sua oferta de ajuda, mas, ao ver a velha amiga, no mesmo instante pediu que ela e o marido ficassem com ela — pelo menos, segundo o relato de Emma Coulomb. Como os Coulombs estavam sem um tostão, concordaram. Alexis Coulomb era um senhor Conserta-Tudo, com habilidade manual para várias coisas, e Olcott tentou conseguir um trabalho regular para ele. Mas ele era exigente demais e tinha tendência a discutir com seus empregadores. Emma cuidava da casa, e assim os dois acabaram se tornando funcionários da sociedade, recebendo quarto e comida em troca de trabalho. Como sugeriu Jean Overton Fuller, isso gerou problemas. Se eles recebessem um salário, então sua posição como funcionários teria ficado clara. Como membros sem remuneração trabalhando na sede, a posição deles era ambígua. A senhorita Rosa Bates e o senhor Wimbridge, que tinham acompanhado HPB e Olcott desde Nova York, estavam começando a ter dúvidas sobre a mudança, e quando Olcott colocou Emma cuidando da casa e tornando Rosa uma subeditora da *The Theosophist*, os sinais de aviso deveriam ter se apagado.

Pouco depois da acomodação dos Coulombs, HPB e o coronel zarparam para o Ceilão (Sri Lanka). Os budistas de lá tinham pedido para que fossem vê--los, e um de seus sumos sacerdotes já era membro da sociedade. Mohattiwatti Gunananda, grande líder religioso singalês, elogiara *Ísis sem Véu* e até traduzira trechos dele. Lá, no dia 25 de maio de 1880, HPB e Olcott tornaram-se oficialmente budistas, recebendo o *pansil* (os Cinco Preceitos) num templo da Ramayana Nikaya, embora, como mencionado, o "budismo" de HPB tenha sempre sido peculiar. Como em Bombaim, os camaradas foram recebidos por multidões alegres, que apareciam em cada ponto de seu giro pela ilha. Foram os primeiros ocidentais a aparecer lá e celebrar o budismo à custa dos missionários cristãos, que, tanto no Ceilão como na Índia, estavam começando a sentir os efeitos que os camaradas estavam exercendo sobre seu rebanho. Gritos de "*Sadhoo, Sadhoo*" ("Que a paz esteja com você") seguiram-nos por toda parte. Olcott conta que fez discursos em salões lotados, fala de jornais repletos de relatos da visita, de danças, rituais e outros eventos realizados em homenagem a eles. Não fazia muito, estavam sentados em Hell's Kitchen, inseguros quanto ao que aconteceria depois. Agora, estavam num país que os via como heróis. Como na Índia, o movimento de renovação religiosa também despertou uma consciência nacionalista, e a teosofia aumentou muito a autoestima singalesa.

Como seria de esperar, o coronel encarou tudo com grande seriedade, mas HPB manteve seu senso de humor. Numa visita a Kandy no final do roteiro, foram levados para conhecer uma antiga relíquia conhecida como Dente de Buda. Enquanto Olcott mostrou-se levemente cético quanto ao fato de o objeto ser mesmo um dente de Buda, ou mesmo um dente — era algo grande —, seus anfitriões explicaram que "eles eram gigantes naqueles tempos". Mas HPB não teve dúvidas. "Claro que é seu dente", disse, como se pode suspeitar, com um sorriso. "É o dente que ele tinha quando nasceu como tigre."

QUANDO VOLTARAM para a Girgaum Road em julho, receberam notícias tristes: Moolji havia falecido alguns dias antes. Como se não bastasse, irrompera uma briga entre Emma Coulomb e a senhorita Bates. A senhorita Bates acusou Emma de tentar envenená-la. A causação era absurda, mas revelava a tensão entre os membros da casa. A senhorita Bates ficara magoada por ter sido afastada de seus deveres e queria receber mais responsabilidades na *The Theosophist*. Ela e o senhor Wimbridge queriam começar do zero na Índia, mas as coisas não estavam indo bem, e a introdução dos Coulombs não ajudou em nada. Após dias de discussão, Wimbridge e Bates exigiram que os Coulombs fossem expulsos. Olcott e HPB se recusaram, e seus dois acompanhantes se voltaram contra os camaradas. Durante uma discussão, na qual a senhorita Bates demonstrou uma veemência igual à de HPB, uma carta caiu misteriosamente no colo de Olcott, aparentemente do nada. Era de Serapis, que, em síntese, aconselhava que se livrassem da senhorita Bates. Não se sabe se a senhorita Bates e o senhor Wimbridge também receberam conselhos dos Mestres, mas, pouco depois de Olcott ter recebido a carta, eles decidiram voltar para os Estados Unidos.

No mesmo dia em que Rosa Bates e Edward Wimbridge anunciaram sua partida, HPB e Olcott receberam outro convite de Sinnett, dessa vez pedindo-lhes para que fossem ter com ele em Simla, capital de verão do Raj. Essa viagem entrou na história por causa daqueles que ficaram conhecidos como "os fenômenos de Simla". Muito já se escreveu sobre esses acontecimentos estranhos, e, com as Cartas dos Mahatmas, formam os exemplos mais discutidos dos poderes de "materialização" de HPB. Eles aconteceram durante um piquenique com HPB, Olcott, os Sinnetts, um major Henderson e uma senhorita Reed (ironicamente, o major Henderson tinha sido responsável pela vigilância de HPB e do coronel). Estavam quase de saída, mas, no último minuto, o grupo recebeu mais um membro, Syed Mahmood, juiz distrital de Rai Bareilly. Quando decidiram parar para tomar um chá, os serviçais dos Sinnetts ficaram envergonhados. Eles tinham preparado as cestas de piquenique antes de Mahmood unir-se a eles, e por isso estavam com uma xícara e um pires a menos. Alguém gracejou que eles deveriam beber em turnos; outro sugeriu que duas pessoas compartilhassem uma xícara. E um terceiro perguntou a Madame Blavatsky se ela não poderia fazer aparecer uma xícara e um pires. Após ser incentivada, ela concordou, e, depois de algum tempo inspecionando o chão, chamou o major Henderson e, apontando para um lugar, disse-lhe para cavar. O solo estava duro e cheio de raízes de um cedro próximo. Após algum esforço, ele conseguiu escavar cerca de quinze centímetros, e lá, entre as raízes e o solo, havia uma xícara igual àquelas levadas pelos serviçais. HPB disse ao major para escavar mais. Ele o fez, e não tardou para descobrir o pires correspondente, também embrenhado no solo e envolvido pelas raízes.

O major ficou atônito e, quando pediu que Blavatsky explicasse como fizera aquilo, ela disse que não podia falar disso, a menos que ele fosse um teosofista. Ele concordou em filiar-se no dia seguinte. A senhora Sinnett perguntou por que ele não se filiava ali mesmo, e o major pediu para que HPB emitisse um diploma naquele momento. Ela perguntou se ele realmente se filiaria se ela o fizesse. O major lhe garantiu que sim. "Então, você o receberá", disse ela. Depois de olhar para o lugar por alguns instantes, ela disse ao major que ele teria de procurar sozinho e que ele estaria embrulhado com um barbante azul. Todos participaram da procura, até o major encontrar o diploma num arbusto, embrulhado com barbante azul e já com o seu nome, escrito com a letra de Olcott.

Mais tarde, na casa, confirmou-se que a xícara e o pires "materializados" não tinham saído da dispensa dos Sinnetts. O jogo original tinha uma dúzia; três xícaras tinham se quebrado, e não tendo conserto, tinham sido jogadas fora; e três estavam sem alça, postas numa prateleira alta. Seis xícaras e pires foram postos na cesta pelos serviçais; o par que HPB providenciou não era das xícaras quebradas, embora fossem perfeitamente iguais. Mais tarde, o major Henderson ficou pensando na materialização e sugeriu que *seria* possível alguém escavar um túnel por trás da xícara e do pires que tinham sido encontrados, pondo-os lá. Quando ele mencionou isso a HPB, pedindo-lhe para apresentar mais um fenômeno, só por garantia, ela ficou enfurecida, como era de se prever.

Mas, como o próprio Sinnett explica em *O Mundo Oculto*, um livro que ele escreveu sobre a experiência, um exame subsequente da área não mostrou sinal algum de escavação perto do lugar onde os itens tinham sido descobertos. A área estava intacta. Para plantar a xícara e o pires de antemão, HPB ou um cúmplice precisariam ter passado um bom tempo escavando — mais do que poucas horas — e cobrindo suas pistas com habilidade; e para Blavatsky ter plantado os itens o túnel precisaria ter sido bem grande. Mas, indo direto ao ponto, ela teria de ter sabido de antemão que Mahmood Syed unir-se-ia ao grupo, ou seja, que seriam necessários uma xícara e um pires adicionais, e que o grupo seguiria exatamente aquela rota. Embora o destino *tivesse sido* determinado, havia mais de um caminho até ele, e a maneira exata de chegarem lá foi deixada em aberto até o último minuto. E ela também teria de saber que a decisão de pararem para tomar chá seria tomada naquele ponto exato e quais as xícaras e os pires que os serviçais iriam levar. Havia mais de um jogo disponível, e HPB parece tê-los visto apenas quando foram tirados da cesta quando iam tomar chá. O mesmo se pode dizer do diploma do major Henderson: HPB precisaria saber que ele concordaria em se filiar à sociedade naquele momento e naquele local e teria de estar em conluio com Olcott quanto a isso — o diploma e uma carta que o acompanhava tinham sua letra. A excursão do piquenique fora decidida na noite anterior, depois de HPB dizer a seus anfitriões que um dos Mestres estava passando pela área e que eles poderiam vislumbrá-lo. Eles haviam tentado no dia anterior, sem sucesso, e acharam que seria interessante ficarem pela área, só por precaução.

Outros fenômenos ocorreram. Na noite do piquenique, os Sinnetts e seus convidados receberam um convite para jantarem na casa de A. O. Hume. Seu Castelo Rothney, decorado com exemplares de sua coleção ornitológica, tinha uma vista magnífica para os Himalaias, e era considerada uma das mais belas residências da região. No jantar, HPB perguntou à esposa de Hume se havia alguma coisa que ela desejava. A senhora Hume pensou por alguns instantes e depois disse que gostaria de encontrar um broche que sua mãe havia lhe dado, mas que alguém pegara emprestado e perdera depois. HPB segurou a mão dela e lhe pediu para formar uma imagem clara do broche em sua mente. A senhora Hume descreveu o broche e chegou a desenhá-lo. Então, HPB pegou dois papéis de cigarro e enrolou-os numa moeda presa à corrente de seu relógio. Depois, colocou-a dentro de seu vestido. Mais tarde, no final do jantar, HPB disse que seus papéis de cigarro tinham sumido, e ela anunciou que o broche seria encontrado numa floreira em forma de estrela no jardim. Havia uma floreira assim a certa distância da casa, e, levando lanternas, o grupo foi até ela. Lá, entre os nastúrcios, descobriram os papéis de cigarro de HPB envolvendo um objeto. HPB não estava lá quando ele foi encontrado, e, quando ela foi até a floreira, a descoberta foi entregue a Hume. Ele desembrulhou o objeto: era o broche descrito pela senhora Hume.

Mais tarde, soube-se que a pessoa que perdera o broche era a filha da senhora Hume e que esta havia encontrado Madame Blavatsky em Bombaim, a caminho da Europa. Os céticos afirmam que, por algum motivo, a filha da senhora Hume teria dado o broche a HPB, que, de algum modo, escondeu-o no jardim dos Hume. Por que razão a filha da senhora Hume daria uma herança de família para uma estranha nunca foi explicado, mas, seja como for, ela negou ter dado o broche a Blavatsky, insistindo em dizer que o perdera mesmo. Mas mesmo que ela *tivesse* dado o broche a HPB, isso significaria *ou* que Blavatsky sabia de antemão, mais uma vez, que a senhora Hume iria desejá-lo, *ou* que, por algum motivo, a senhora Hume estava mancomunada com Blavatsky, e as duas teriam planejado o episódio juntas, com a senhora Hume fingindo querer o broche perdido, e com alguém — talvez o senhor Hume — escondendo-o na floreira. Embora seja concebível, provoca uma dúvida: *por que* os Humes entrariam nisso? Se os fenômenos eram idealizados para impressionar as pessoas — e essa é a razão geral dada para eles —, quem será que HPB gostaria de impressionar senão gente como Hume, que poderia ser útil de alguma forma para ela? Mas não é possível usar uma fraude para impressionar outros conspiradores, e é difícil imaginar o que Hume, um importante membro do governo, teria a ganhar envolvendo-se nessa história, estando claro que teria muito a perder sendo flagrado numa fraude.

Houve outros fenômenos em Simla, e todos ultrapassam o limiar da capacidade de compreensão, embora também estejam todos sujeitos aos mesmos problemas lógicos. Um deles envolve outro broche, dessa vez da senhora Sinnett. Certa noite, Sinnett viu o que ele imaginou como sendo Koot Hoomi em sua forma astral, e no dia seguinte ele recebeu uma mensagem do Mestre, dizendo que ele iria receber uma prova de sua visita. Num passeio a Prospect Hill, HPB anunciou que Koot Hoomi lhe pedira para perguntar a Sinnett onde ele gostaria de receber sua prova. A "prova" era algo que Koot Hoomi tinha pegado na noite anterior, durante sua visita astral a Sinnett. Sinnett olhou à sua volta, apontou para uma almofada que um de seus convidados estava usando e disse: "Dentro daquela almofada". HPB concordou e estava prestes a começar quando subitamente a senhora Sinnett disse "Não. Faça aparecer dentro da minha!". HPB assentiu. A senhora Sinnett usava sua almofada o tempo todo — era a sua predileta — e, seguindo as instruções de HPB, ela a tirou das costas e colocou-a embaixo de uma coberta jogada sobre suas pernas. Então, HPB pediu-lhe para tirá-la de lá. Sinnett pegou uma faca e cortou lentamente as costuras, ponto por ponto. Depois de tirar a capa externa, encontrou uma interna, e, depois de Sinnett ter aberto cuidadosamente esta última, a senhora Sinnett encontrou um broche como o dela dentro da almofada, que ela vira pela última vez sobre sua penteadeira, onde estivera na noite anterior. As iniciais "K.H." estavam rabiscadas nele, e junto dele havia um bilhete dobrado triangularmente. Dizia "Meu querido irmão, este broche número 2 está colocado neste lugar muito estranho simplesmente para mostrar como um fenômeno real se produz com muita facilidade". Ele também sugeriu manterem uma comunicação que não exigisse almofadas, mostrando que, no mínimo, os Mestres tinham senso de humor.

Fazer um broche que foi furtado numa visita astral aparecer dentro de sua almofada predileta já é um fato bastante notável. Porém o aspecto mais importante desse fenômeno é que os Mestres estavam começando a se comunicar com alguém além de HPB e do coronel. Era o começo de uma era totalmente nova na vida de HPB, uma era que iria terminar numa crise.

UMA CRISE EM ADYAR

Na época em que o broche da senhora Sinnett apareceu inexplicavelmente dentro de sua almofada predileta, seu marido já havia iniciado aquela que seria uma das mais estranhas correspondências da história. Impressionado com as histórias de HPB sobre os Mestres e sua missão, Sinnett perguntou a Blavatsky se ele poderia se comunicar pessoalmente com eles. Naturalmente, ele a usaria como intermediária, um arranjo que em pouco tempo ele tentaria contornar. (A. O. Hume, igualmente impressionado, tentaria a mesma coisa.) Blavatsky disse que iria perguntar, mas não havia garantias. Os Mestres eram homens ocupados, e, como disse a Sinnett, no início nenhum deles estava aberto a essa ideia. Mais tarde, porém, um deles concordou, e entre 1880 e 1885 Sinnett recebeu mais de 1.300 páginas de comunicação eloquente, geralmente complexa, conhecidas coletivamente como "Cartas dos Mahatmas Para A. P. Sinnett", principalmente de Koot Hoomi (que escrevia com tinta azul), mas também de Morya (que escrevia em vermelho). Em sua maioria, trata-se de uma extensa instrução em filosofia esotérica.

A essência da comunicação foi resumida por Sinnett num livro, *O Budismo Esotérico*,* que causou muita comoção quando foi publicado em 1883. Entre seus leitores encontravam-se o jovem Rudolf Steiner e W. B. Yeats, e ambos, de formas diferentes, deram contribuições significativas para a teosofia e para o pensamento moderno em geral. Porém, apesar de o livro ter apelo popular e de manter-se como um pilar da literatura teosófica, não foi apreciado por todos. Max Müller, o famoso orientalista, disse que, por mais esotéricos que fossem seus ensinamentos, não tinham nada a ver com o budismo, e que a ideia de um "budismo esotérico" em si não era encontrada em nenhuma literatura

---

* Publicado pela Editora Pensamento, São Paulo, 1986. (fora de catálogo)

budista, sendo, portanto, invenção do autor do livro ou de sua guru, a Madame Blavatsky.[1] Mas a própria Blavatsky não estava satisfeita com o título — ou com o livro — e repreendeu Sinnett por ele em *A Doutrina Secreta*. Vimos que sua própria forma de budismo era muito excêntrica e tinha pouca relação com o budismo de eruditos como Müller ou como um budista normal. Como o próprio nome Buda significa "desperto" ou "iluminado", a forma como Sinnett usou a expressão pode ser traduzida como "Despertar Esotérico" ou "Iluminação Esotérica". Até Sinnett admitiu que seu título causava confusão, comentando que as pessoas que sentiram vontade de filiar-se à ST depois de lerem seu livro intitulavam-se "budistas esotéricos". Ele também lembrou que poderia facilmente ter chamado os ensinamentos que transmitiu de "Bramanismo Esotérico" ou "Cristianismo Esotérico", pois a alegação central da obra é que ela transmitia a sabedoria antiga, original, *por trás* desses desdobramentos posteriores. O bramanismo, o cristianismo e outras religiões mundiais poderiam, por meio desse ensinamento, ser vistos como frutos, em períodos distintos, da "mesma raiz comum do conhecimento espiritual". Mas "como o budismo separou-se aparentemente menos do ramo principal do que as outras religiões", e como em sua "forma exterior" já estava atraindo bastante a atenção dos ocidentais, ele achou apropriado usá-lo como um meio de levar seus leitores ao ensinamento profundo que lhe fora revelado.[2]

Pode ser uma forma de dizer que, como o budismo estava atraindo a atenção dos ocidentais, chamar seu livro de *O Budismo Esotérico* foi um modo de chamar a atenção para ele, uma estratégia de marketing bem-sucedida. Seja como for, com o tempo, isso levou a muita confusão sobre a relação entre a teosofia e o budismo, e, em anos recentes, gerou a alegação de que obras como *O Livro Tibetano dos Mortos** eram basicamente invenções ocidentais, idealizadas por estudiosos com inclinação teosófica. Como diz um estudioso contemporâneo do budismo, W. Y. Evans-Wentz, o homem responsável por reunir os textos que constituem *O Livro Tibetano dos Mortos* (um título que ele lhes deu, inspirado em *O Livro Egípcio dos Mortos*)** para um grande número de leitores no Ocidente era teosofista, e o caráter das ideias de HPB aparece claramente em sua obra.[3]

---

* Publicado pela Editora Pensamento, São Paulo, 1985.
** Publicado pela Editora Pensamento, São Paulo, 1985. (fora de catálogo)

O conteúdo das Cartas dos Mahatmas não é, no entanto, o que elas têm de mais controvertido. Quem de fato as escreveu é tema de muitas discussões, e, naturalmente, a própria Blavatsky tem sido considerada a autora. Foram escritos livros "provando" ser esse o caso, e o mais famoso é *Who Wrote the Mahatma Letters?* [Quem Escreveu as Cartas dos Mahatmas?), de William e Harold Hare, publicado em 1936. Sua conclusão, que não deve surpreender, é que Blavatsky o fez, e seu argumento foi vigorosamente rebatido pela defensora posterior de Blavatsky, Beatrice Hastings.[4] Outros livros, como *Did Madame Blavatsky Forge the Mahatma Letters?* [Madame Blavatsky Forjou as Cartas dos Mahatmas?], de C. Jinarajadasa (1934), dizem o contrário, sustentando que HPB não escreveu as cartas. (Embora as cartas em questão sejam geralmente aquelas recebidas por Sinnett, lembramos que a data mais antiga para uma carta dos Mahatmas é 1870, quando a tia de HPB recebeu notícias de Koot Hoomi informando que sua sobrinha estava bem, e que outros, como o coronel Olcott, também as receberam; Jinarajadasa lembra ainda que, juntamente com KH e M, no mínimo, outros quatro Mestres escreveram cartas.) Grafologistas, críticos literários e especialistas em falsificações foram empregados pelos dois lados, e, frustrantemente, chegaram a conclusões opostas. Embora o bom senso sugira que HPB tenha sido a responsável, quando as circunstâncias são examinadas com detalhe, isso não parece tão óbvio como poderíamos imaginar. E o argumento que sugere que, fosse qual fosse o seu envolvimento, HPB nem escreveu fisicamente as cartas nem as redigiu é mais substancial do que gostaríamos. Mas a questão de sua autenticidade não é o aspecto mais fascinante ou irritante das Cartas dos Mahatmas. O que leva o pesquisador imparcial a uma sensação quase entorpecedora de incerteza sobre elas é a forma como eram entregues.

Como o broche da senhora Sinnett e a xícara milagrosa — para não falar do pires e, como é apropriado, de um bom número de cigarros —, as Cartas dos Mahatmas eram "precipitadas" misteriosamente.[5] Apesar de algumas chegarem pelo correio, a maioria se materializou em circunstâncias incomuns por meio de algum tipo de "entrega astral especial", geralmente caindo do nada.[6] Vimos que uma apareceu na almofada da senhora Sinnett. Antes, durante a visita de HPB, outro bilhete de um dos Mestres foi descoberto numa árvore. A senhora Sinnett tinha pedido para receber uma carta dos Mestres e HPB concordou, enviando o pedido da senhora Sinnett com seu estranho método de anotá-lo "invisívelmente" num pedaço de papel que ela dobrava num triângulo e jogava para o ar, tal como ela fez quando pediu aos Mestres para mandarem um telegrama à senhorita Bates e ao senhor Wimbridge.

A primeira carta dos Mahatmas dirigida a Sinnett apareceu sobre sua escrivaninha, em circunstâncias que não foram particularmente misteriosas: poderia ter sido deixada lá por meios normais. Ironicamente, porém, sua mensagem era o perigo envolvido em tentar usar os fenômenos para convencer as pessoas da existência dos Mestres, que, como se poderia pensar, era exatamente o motivo para o aparecimento da xícara, do broche e, agora, dessas cartas misteriosas. Sinnett pedira aos Mestres que fizessem com que um exemplar de seu jornal, *The Pioneer*, aparecesse em Londres no mesmo dia de sua publicação em Allahabad. Normalmente, levaria semanas para que os jornais chegassem à Inglaterra, e fazer com que um aparecesse no mesmo dia de sua publicação seria, para Sinnett, uma prova convincente dos poderes dos Mestres. Koot Hoomi discordou. Como a própria Blavatsky comentou em diversas ocasiões, ele disse que as pessoas nunca se convencem mediante tais coisas, simplesmente pedem mais e mais milagres; de qualquer modo, os fenômenos em si eram irrelevantes para sua missão. Seria melhor, achava, que Sinnett tornasse conhecida a precipitação da xícara e dos outros itens, estimulando assim as pessoas a pensarem nesses fatos *por si mesmas* — era preferível fazer as pessoas assumirem uma postura ativa com relação a essas coisas em vez de incentivar a passividade delas encantando-a com milagres. Como Sinnett descobriria em breve, os aspectos morais, éticos e sociais de seus ensinamentos eram infinitamente mais importantes para os Mestres, que não estavam nem um pouco interessados em criar "uma faculdade para o estudo especial do ocultismo", como Sinnett parecia desejar. Os Irmãos trabalhavam para o "bem-estar da humanidade" por intermédio da fundação de "uma Fraternidade universal" — o terceiro ponto na "declaração de missão" da Sociedade Teosófica —, e desde o começo Sinnett e A. O. Hume mais ainda não aceitaram muito bem essa meta.[7] Como Koot Hoomi deixou claro, se Sinnett queria ser útil para eles, teria de escolher entre "a mais elevada filosofia" e "meras exibições de poderes ocultos".[8]

Mas apesar de toda a argumentação de Koot Hoomi contra a importância dos fenômenos, é preciso admitir que as cartas nas quais ele comunicou isso eram bastante fenomenais. Mesmo que em alguns casos, ou até na maioria, possa ter havido algum tipo de truque, há algumas, creio, para as quais essa explicação parece inadequada. Os fenômenos em si eram mais complicados do que apenas fazer uma carta aparecer do nada, como as rosas que HPB teria produzido para seu cético estudioso de sânscrito, por mais incrível que isso tenha sido. Eles envolviam uma pergunta formulada por Sinnett (ou alguma outra pessoa) a HPB e depois a "transmissão" mental dessa pergunta a Koot Hoomi. Ela fazia isso com seu "método do bilhete jogado fora" ou pelo meio mais imediato de alguma forma de telepatia. Então, KH ou iria comunicar mentalmente a resposta a um de seus *chelas* ou alunos, que a "precipitariam" numa página, ou ele mesmo a "precipitaria". Isso significa que não apenas o papel em que a carta foi escrita, mas a própria escrita, teriam sido produzidos por algum meio paranormal. Apesar de KH comentar que às vezes escrevia as cartas à mão, a maioria delas foi "impressa", ou seja, o texto chegou ao papel por meio da imaginação e da vontade — em outras palavras, magia.

O bom senso diz que, se ela mesma não escreveu as respostas, HPB passou as mensagens de Sinnett por intermédio de algum meio paranormal para alguém que o fez. Mas essa explicação bastante satisfatória não parece se ajustar a todos os fatos. Já vimos como um bilhete que HPB jogou pela janela de um trem em movimento chegou a "Gulab Singh", que se incumbiu de respondê-lo e de enviar um telegrama para a senhorita Bates. Se toda a coisa não foi uma fraude bem elaborada (e a ideia de que foi suscita seus próprios problemas), como podemos explicar "Gulab Singh" recebendo o pedido de HPB e, imediatamente em seguida, mandando o telegrama? Da maneira como a história foi contada, a senhorita Bates recebeu o telegrama quase imediatamente após HPB ter enviado o seu pedido, ou seja, enquanto ela e Olcott ainda estavam no trem. Essa não foi a única carta dos Mahatmas associada a um trem. O próprio Olcott recebeu uma num trem em movimento, e um trem estava envolvido na correspondência que convenceu Sinnett de que HPB não poderia ter escrito as cartas de Koot Hoomi.[9] Nessa ocasião, na verdade, foi um "telegrama dos Mahatmas" que chegou por entrega normal, mas convenceu Sinnett de que HPB deve ter mantido algum tipo de contato telepático com seu Mestre.

Em 27 de outubro de 1880, HPB e Olcott estavam em Amritsar, onde foram visitar o Templo Dourado dos siques, um lugar de veneração para os peregrinos siques que abriga a Amrit Saras, "a fonte da imortalidade", e a Adi Granth, a escritura sagrada dos siques.[10] A estação quente já havia terminado, e, antes de saírem de Simla para Allahabad, Sinnett escreveu uma carta para Koot Hoomi e colocou-a no correio como carta registrada endereçada a HPB em Amritsar, pedindo-lhe para encaminhá-la para ele. Quando ele chegou a Allahabad, encontrou uma carta de Blavatsky contendo o envelope registrado que ele lhe enviara e um telegrama de KH indicando ter recebido sua carta. HPB recebeu a carta de Sinnett às 14 horas do dia 27; o telegrama foi enviado a Sinnett vindo de Jhelum no mesmo dia. Numa carta de KH que Sinnett recebeu dois dias depois, KH lhe disse que havia recebido sua carta por intermédio de HPB enquanto estava num trem perto de Rawalpindi (hoje no Paquistão) e que desceu na estação seguinte, Jhelum, para lhe enviar um aviso de recebimento. Isso se deu às 16 horas daquela tarde. A distância entre Amritsar e Jhelum é de aproximadamente 180 quilômetros, e entre Amritsar e Rawalpindi é de por volta de 280 quilômetros. KH disse que recebeu a "transmissão" da carta de Sinnett às 14h05, ou seja, cinco minutos depois de HPB ter recebido a carta registrada de Sinnett (o envelope que ela devolveu para Sinnett tinha o carimbo com o horário de entrega). Por trem, o meio de transporte mais rápido disponível na época, KH levou duas horas para percorrer a distância entre o lugar onde recebeu a "transmissão" e aquele onde enviou um telegrama para Sinnett comunicando o recebimento, aproximadamente cem quilômetros. Para HPB ter enviado o telegrama comunicando o recebimento da carta de Sinnett, ela precisaria percorrer praticamente o dobro dessa distância no mesmo período de tempo. Sinnett pediu à agência do correio a mensagem original do telegrama. Tinha a letra que ele conhecia como sendo a de Koot Hoomi. Isso convenceu Sinnett de que HPB não teria enviado o telegrama e, portanto, não poderia ter escrito as cartas de KH.[11]

Naturalmente, isso não prova que KH ou Morya eram Mestres. Mas mostra, creio, como é difícil explicar como HPB "transmitiu" a carta de Sinnett por quaisquer meios normais, pelo menos nessa ocasião. Não existia o telefone (Alexander Graham Bell patenteara sua ideia em 1876 e ele ainda não estava em uso geral, e certamente não no norte da Índia) e, evidentemente, tampouco o *e-mail*. Mas mesmo que HPB pudesse ter entregado a mensagem para KH por algum meio normal, o fato de o original do telegrama estar escrito com a letra de KH e ter sido enviado de um lugar no qual HPB não poderia ter chegado a tempo de mandá-lo (se ela recebeu a carta às 14 horas, não poderia estar em

Jhelum às 16 horas para mandar o aviso de recebimento) sugere que ela não estava escrevendo as cartas para Sinnett.

Poder se comunicar telepaticamente com KH ou com seus outros Mestres era, com certeza, uma façanha notável. No entanto, agora a realidade da telepatia já foi, creio, razoavelmente bem-estabelecida. Mais ou menos na mesma época em que Sinnett estava recebendo suas cartas, membros daquela que se tornaria a Society for Psychical Research estavam coletando dados apoiando justamente essa conclusão, e, desde então, numerosos estudos, bem como uma montanha de relatos de caso, confirmam, pelo menos no meu entender, que a telepatia é real.[12] Repito, isso não prova que HPB tenha se comunicado telepaticamente com seus mestres; só mostra que não podemos descartar a possibilidade de que o tenha feito sob a alegação de que a telepatia é impossível.

"Precipitar" cartas, xícaras e outros itens é outra coisa, mas mesmo nisso há alguma evidência a apoiar esses fenômenos. Num artigo para a *The Theosophist*, HPB explicou exatamente como funcionava a precipitação. Ela fala de "uma espécie de telegrafia psicológica" na qual o Mestre envia sua mensagem por meio de "correntes astrais" a um de seus *chelas*. Ela é captada pelo cérebro do *chela*, que transmite a mensagem por meio das "correntes nervosas" até seus dedos, que se apoiam num pedaço de "papel preparado magneticamente". Os pensamentos do Mestre são então direcionados para o papel, que então se vale do "oceano de *akasha* (a "matéria do espaço" de que Swami Dayananda e o *sanyasi* que Olcott conheceu falaram) e "são deixadas marcas permanentes".[13] O próprio Koot Hoomi comentou como "escreve" as cartas: "Preciso *pensar* nela, fotografar cada palavra e frase cuidadosamente no meu cérebro antes de ela poder ser repetida por 'precipitação'... primeiro, precisamos organizar as frases e imprimir cada letra que vai aparecer no papel em nossa mente antes que ela fique apta a ser lida". E ele compara o processo ao "mistério do fitólito... e como a impressão das folhas é feita nas pedras".[14]

Há outros exemplos dessa notável habilidade em outros lugares? Dizem que o médium Stainton Moses, amigo de Olcott e de HPB, era capaz de "translocar" objetos: fotos, molduras, livros e outros itens apareciam em salas trancadas durante suas sessões, aparentemente chegando lá através das paredes. A "passagem da matéria através da matéria — comum durante o apogeu do espiritualismo — dava-se por algum "processo de desmaterialização", segundo Charles Speer, colega de Moses, e sabemos que em *Ghost Land* especulou-se sobre essas coisas.[15] Outros indivíduos associados a "materializações", "aportes" e "translocações" incluem o falecido homem santo hindu Sathya Sai Baba e o paranormal Uri Geller, e, naturalmente, há muita controvérsia em torno de suas façanhas.

Mas talvez o fenômeno paranormal mais relevante para as Cartas dos Mahatmas seja o das "escotografias"* de Ted Serios. Na década de 1960, Ted Serios, carregador de malas em Chicago, afirmou que podia fazer imagens aparecerem em filme Polaroid apenas pelo poder da mente, uma alegação substanciada pelas investigações da parapsicóloga Jule Eisenbud em seu livro *The World of Ted Serios*, de 1967. O método de Serios consistia em segurar um cilindro diante da câmera, apontando-o para sua testa. Então, ele se concentrava e forçava a imagem que estava em sua mente sobre o filme — um processo que se parece muito com o método de "impressão" de Koot Hoomi. Serios também se dizia capaz de fazer isso a distância, e é interessante observar que ele parecia ter mais sucesso quando se achava sob a influência de alguma bebida alcoólica.[16]

Também devo mencionar que alguns dos outros fenômenos associados aos Mestres têm uma história. A "bilocação", que já vimos no contexto do budismo tibetano, é razoavelmente comum no mundo ocidental. Em 1886, Edmund Gurney, Frank Podmore e F. W. H. Myers da Society for Psychical Research publicaram *Phantasms of the Living*, um volume do tamanho de *Ísis sem Véu* reunindo um monumental relato de relatos de caso sobre o fenômeno do "fantasma" de uma pessoa que aparecia para outras enquanto a pessoa ainda estava viva. Nos países teutófonos, isso é conhecido como um *Doppelgänger ou duplicata fantasma*, e sabe-se que personalidades estimadas como o poeta Johann Wolfgang von Goethe teriam passado por essa experiência.[17] Em *Autodefesa Psíquica*,** a ocultista Dion Fortune relata sua própria experiência na criação de uma *tulpa*, ou "forma-pensamento", como discutida no Capítulo 3. No caso de Fortune, foi um "elemental" na forma de um lobo, e, como no caso de Alexandra David-Néel, foi preciso algum esforço de sua parte para "reabsorvê-lo". Ouspensky conta que Gurdjieff era capaz de projetar seus pensamentos dentro de seu peito, ou seja, do próprio Ouspensky. Gurdjieff também era capaz de ler sua mente, e, numa ocasião, enquanto viajava sozinho num trem para Moscou, Ouspensky

---

* Para mais informações consultar o site http://www.youtube.com/watch?v=Is9Aq_k_mh4
** Publicado pela Editora Pensamento, São Paulo, 1983.

"viu" Gurdjieff no vagão com ele e os dois conversaram.[18] Repito: ao mencionar tais exemplos, não estou tentando provar que HPB ou seus Mestres podiam fazer tais coisas, apenas mostrando que não são feitos inéditos.

QUALQUER QUE TENHA SIDO O MODO PELO QUAL AS Cartas dos Mahatmas foram enviadas, pouco depois do início dessa correspondência tanto Sinnett quanto A. O. Hume tiveram problemas. Tanto Sinnett quanto Hume perguntaram a KH se seria possível se comunicarem diretamente, ou seja, sem HPB. Como era de se prever, quando a "velha senhora", como Sinnett a chamava, ficou sabendo disso, foi um inferno. Sinnett e Hume também pediram para fundar um ramo da Sociedade Teosófica independentemente de Olcott. Os dois consideravam--no um tolo e não se sentiam confortáveis com seus "modos americanos", assim como não gostavam da falta de trato social de HPB, e queriam iniciar um grupo "inglês" mais respeitável. A resposta de KH foi uma recusa gentil, mas firme, bem como uma forte defesa dos camaradas; ele também perguntou por que, se se sentia repelido pela presunção ianque de Olcott, Sinnett estava pronto para receber instruções de um "tibetano ensebado". Não demorou até que a comuni-cação com Hume fosse interrompida, e ele largou a teosofia para se concentrar no que se tornaria o Congresso Nacional Indiano. O próprio Sinnett teve de ser lembrado continuamente da importância de fomentar uma "Fraternidade Uni-versal". Ele queria criar uma escola esotérica "de elite", e KH deu sinais de que ele próprio tinha se envolvido numa que fracassara alguns anos antes em Lon-dres, que contava com membros como Bulwer-Lytton e Éliphas Lévi. A partir de sua descrição, ela se parece muito com o Círculo Órfico de que falava Emma Hardinge Britten. Outros itens estranhamente familiares nas cartas de KH são a ênfase na advertência para "tentar" — que, como vimos, estava associada a Pas-chal Beverly Randolph e a F. H. de L., e que apareceu na carta de Tuitit Bey para Olcott — e a grafia americana de "cético" (*skeptic*), o que sugere que KH deve ter passado algum tempo nos Estados Unidos. O fato de as cartas ocuparem cerca de 1.300 páginas também nos lembram do estilo prolixo de HPB.[19]

Para os estudiosos da história da teosofia, as discussões de Koot Hoomi sobre questões práticas e as metas dos Mestres são reveladoras, mas o que espan-tou os leitores de *O Budismo Esotérico* foi a nova visão do homem e do universo que Sinnett estava recebendo. Só posso apresentar um resumo muito breve, e recomendo aos leitores interessados que procurem o livro de Sinnett ou as próprias Cartas dos Mahatmas, ambos disponíveis *on-line*.[20] Ao contrário da visão cristã, que vê o homem formado por corpo e alma, os Mestres disseram a Sinnett que o ser humano era formado, na verdade, por sete "corpos". Eram eles *Rupa*, ou o corpo físico; *Prana*, ou o corpo "vital", o princípio da vida; *Linga Sharira*, ou o corpo astral; *Kama Manas*, ou a alma animal; *Manas*, ou a alma humana; *Buddhi*, ou a alma espiritual; e *Atman*, ou o espírito.[21] Os quatro primeiros corpos se desintegram com a morte — o astral leva um pouco mais tempo do que os outros — e nosso desenvolvimento espiritual depende de unirmos *Manas* e *Buddhi*, ou nossa alma humana com o espírito, enquanto estamos vivos. Quando conseguimos isso, o resultado é uma "verdadeira individualidade", ou "mônada", que compartilhará a imortalidade de *Atman*, o princípio espiritual eterno.

Esse sistema sétuplo foi refletido no universo, com a Terra passando pelas chamadas "Rondas", uma espécie de evolução espiritual do planeta. Como comentou Jean Overton Fuller, "é desesperadoramente difícil entender as Rondas", e, como disse Jocelyn Godwin, seu estudo, bem como o das "raças-raízes" e das "sub-raças" a elas associadas, "é uma recreação reservada para uns poucos".[22] A ideia básica é que nossa atual Terra física é uma em uma série ou "cadeia" de sete encarnações que, na simplória analogia de KH, formam uma espécie de "colar". Nossa Terra, como a mais "pesada" ou mais material, é uma espécie de pingente pendurado entre dois grupos de três. Se, conforme essa imagem, considerarmos nossa Terra como D, então A, B e C são encarnações planetárias anteriores e menos materiais, e E, F e G são encarnações futuras, mais espiritualizadas.[23] Cada passagem de uma Ronda para a seguinte envolve enormes períodos de tempo e é ocasionada por tremendas transformações e cataclismos, e cada Ronda ou "conta" do colar cósmico tem diferentes raças-raízes e sub-raças associadas a ela, uma ideia que HPB expôs com considerável detalhe em *A Doutrina Secreta*. O retrato geral é o de uma evolução, mas que, como já mostrado em *Ísis sem Véu*, vai bem além de Darwin. Ela envolve a passagem do universo como um todo, desde um nada prenhe até sua existência física, depois outras, cada vez mais espirituais, até desaparecer numa espécie de Nirvana cósmico, com um novo universo aparecendo mais além, que percorrerá seu próprio círculo. Para uma geração já exposta a Darwin e à vasta idade da Terra — conforme apresentado na obra do geólogo Charles Lyell –, o fato de o próprio universo passar por uma evolução não pareceu tão fantástico, e isso, aliado a *Atman*, conforme podemos perceber, era uma versão mais empolgante do pós-vida do que o conceito vitoriano de um céu repleto de nuvens e povoado por anjos gorduchos tocando harpas.

DEPOIS DE SUA VISITA A SIMLA, os camaradas viajaram pelo norte da Índia para recrutar novos membros. Embora os jornais ingleses da Índia os criticassem – exceto o *The Pioneer*, cujos proprietários estavam começando a se preocupar com a postura pró-teosofia de Sinnett –, HPB e Olcott receberam tremendo apoio popular, e novos ramos da sociedade brotaram praticamente em todas as partes por onde passaram. Depois de uma visita aos Sinnetts no Natal, HPB e o coronel voltaram a Bombaim no início de 1881. Nessa época, Madame Coulomb, que já havia se estabelecido mais firmemente no comando da casa, tinha encontrado uma nova residência para eles. Era um bangalô que eles apelidaram de Ninho do Corvo, no subúrbio menos povoado de Breach Candy. Sinnett ficou contente com a mudança. A Girgaum Road era "nativa" demais para ele, e, como a Sociedade estava atraindo mais recrutas europeus, uma localização mais respeitável foi bem-recebida. Os Sinnetts visitaram-nos rapidamente na primavera, a caminho da Inglaterra, durante um feriado no qual Sinnett concluiu seu livro sobre "os fenômenos de Simla" e os Mahatmas. Publicado em junho desse ano, *O Mundo Oculto* foi um sucesso popular, embora tenha recebido críticas negativas; segundo o *Saturday Review*, HPB e o coronel eram "aventureiros inescrupulosos", e Olcott teria recebido seu diploma "num bar".

Olcott, porém, não ligou para tais comentários. De volta a Bombaim, dedicou-se a questões mais importantes. Seus pensamentos se voltaram para o Ceilão e para a influência que os missionários cristãos estavam exercendo sobre os budistas de lá, e ele se dispôs a ajudar o esforço budista. Ele criou um Fundo de Educação Budista que, em essência, levaria o budismo aos budistas. Sua camarada não ficou contente com a ideia. Os Mestres, disse, não estavam a favor disso e iriam impedi-lo, mas o mais provável é que ela estivesse preocupada com o fato de seu lugar-tenente estar fazendo seus próprios planos. Ele viajaria sem ela, e, sem dúvida, os sinais de independência eram uma ameaça. Como era de se prever, ela ficou furiosa e se recusou a vê-lo durante uma semana; talvez seja por isso que ela tenha continuado a trabalhar com Sinnett, que, segundo um devoto posterior, era incompetente "para pronunciar até mesmo o mais superficial julgamento sobre quem ele era intrinsecamente incapaz de compreender", ou seja, a própria HPB.[24]

Fossem quais fossem as dúvidas que os Mestres tivessem sobre a missão de Olcott, ela foi um sucesso absoluto. Ele conseguiu o apoio de diversas seitas budistas, deu palestras pela ilha, redigiu acordos, conseguiu verbas, discutiu com missionários e era tratado como um salvador por onde quer que fosse. Ficou chocado ao descobrir quão pouco os singaleses conheciam o budismo, e, para corrigir isso, compôs um *Buddhist Catechism* [*Catecismo Budista*]. Ele foi traduzido para o singalês e outras línguas e tornou-se um sucesso de vendas. Na verdade, Olcott tornou-se um herói nacional, quase uma lenda. No verão de 1882, ele voltou para o Ceilão para dar continuidade à sua campanha, e, enquanto estava lá, descobriu que ele também tinha alguns poderes notáveis. Quando um homem, Cornelius Appu, com uma perna e um braço paralisados deu uma contribuição, subitamente Olcott sentiu o impulso de "tentar alguns passes de cura" sobre ele; na juventude, Olcott tinha, como lembramos, curado alguns parentes de doenças com o magnetismo. Agora, o poder parecia ter voltado. Naquela mesma noite, mais tarde, Appu voltou para agradecer a Olcott, dizendo que seu braço e sua perna tinham melhorado. Olcott ministrou mais passes, e, depois de mais alguns tratamentos, Appu conseguiu movimentar-se livremente. Ele voltou com um amigo paralisado, e Olcott "curou-o" também. A notícia se espalhou e, subitamente, Olcott ficou ocupado com doentes e aleijados, tratando de pessoas "do alvorecer até tarde da noite". Segundo seu relato, ele curou 8 mil pessoas no decorrer de um ano, e só parou quando um dos Mestres ordenou que o fizesse porque sua própria saúde estava ameaçada.[25] Em reconhecimento pelos esforços de Olcott em prol do país, em 1967 o Sri Lanka emitiu um selo comemorativo em sua homenagem. Ruas em Colombo e Galle têm seu nome, e há uma estátua dele diante da Estação Ferroviária Colombo Fort. O trabalho de Olcott inspirou os esforços nacionalistas de Anagarika Dharmapala, o grande reformista religioso singalês e um dos oradores no primeiro Parlamento Mundial de Religiões, realizado em 1893 em Chicago, no qual tanto W. Q. Judge quanto Annie Besant também falaram. De diversas maneiras, a carreira de Olcott lembra a de outro ocidental que "virou asiático", o escritor de origem grega, irlandesa e norte-americana Lafcadio Hearn, cuja celebração da vida e da cultura japonesas levaram-no a ser venerado no Japão, assim como Olcott o é no Sri Lanka.[26]

Quando Olcott voltou ao Ninho do Corvo de sua primeira incursão pelo Ceilão, em dezembro de 1881, ficou surpreso ao saber que os Mestres haviam mudado de ideia sobre sua viagem. Sua camarada o recebeu calorosamente e transmitiu-lhe uma mensagem de felicitações dos Irmãos. Olcott ficou contente, mas curioso pela mudança de atitude. Se ele tinha dúvidas reprimidas a respeito de sua camarada antes, agora elas começavam a borbulhar. A própria HPB se manteve atarefada enquanto ele esteve fora, viajando, espalhando a palavra e, em Lahore, encontrando seu Mestre. No verão ela foi novamente para Simla, e foi durante essa estadia que ela explodiu com o pedido de Sinnett e de Hume para lidarem diretamente com os Mahatmas.

O Ninho do Corvo, embora fosse preferível, serviu de base aos camaradas apenas por um breve período. Na maior parte dele, os dois viajaram, às vezes juntos, mas também separadamente. Em março de 1882, encontraram-se em Calcutá, onde Olcott deu palestras e foram convidados do marajá. Em abril, foram a Madras, onde conheceram T. Subba Row, um defensor ou *vakil* do sistema judiciário indiano que se tornaria um de seus mais importantes apoiadores hindus. Diz-se que, antes de conhecer HPB, Subba Row ignorava a literatura sânscrita e qualquer coisa relacionada à filosofia ou metafísica, e que, depois de conhecê-la, ele sabia citar o Bhagavad Gita, os Upanishads e outros textos místicos hindus de cor. Os membros da nova loja de Madras pediram-lhes para que mudassem a sede de Bombaim para sua cidade. A ideia agradou aos camaradas. HPB estava começando a sentir os efeitos da Doença de Bright,* mas os nódulos que estavam se formando em seu corpo eram, pensou ela, o efeito do calor e da umidade de Bombaim. Sua condição, conforme disse a seus parentes, era tão ruim que ela convenceu seu médico de que poderia "morrer a qualquer momento em decorrência de alguma excitação", e é de se perguntar se o coronel chegou a usar seus poderes de cura nela, ou mesmo se ela teria permitido.[27] Em novembro, a Sociedade Teosófica adquiriu uma grande propriedade no subúrbio de Adyar. Malgrado HPB não passar lá mais do que alguns poucos anos, ela tornar-se-ia o lar permanente da Sociedade. Antes de se mudar para Adyar,

---

* Antigo nome da insuficiência renal crônica. (N.T.)

HPB fez repouso em Sikkim, por ordem de M. Os ingleses não lhe concede-
ram uma autorização, mas ela "foi do mesmo jeito", passando algum tempo
num mosteiro pouco além da fronteira tibetana e a alguns dias do ashram de
seus professores, onde ela se sentiu como "se estivesse nos velhos tempos". Em
Darjeeling, ela conheceu Mohini Chatterjee, um advogado da loja teosófica de
Calcutá que era descendente de um reformista hindu, o rajá Rammohun. Foi
por meio de Mohini Chatterjee que W. B. Yeats se envolveu com a teosofia, assistindo às palestras de Mohini em Dublin em 1885. Mais tarde, Yeats escreveu
um poema sobre ele.[28]

EM 19 DE DEZEMBRO DE 1882, a ST estabeleceu sua nova sede em Adyar. HPB,
Olcott, Babula, Damodar, bem como os Coulombs e diversos visitantes, ocu-
param as novas instalações, que, com seus jardins espaçosos, mangueiras e vista
para o estuário e o mar, representaram uma mudança bem-vinda diante do
barulho e da agitação de Bombaim. Os aposentos de HPB ficavam no segundo
andar, acima de uma grande sala no térreo usada para palestras e reuniões. Uma
cortina dividia seu espaço em dormitório e sala de visitas, mas ela achou interessante reservar um espaço próprio para os Mestres, que ficou conhecido como
"o quarto oculto". Olcott pediu a Alexis Coulomb para construir uma extensão
para sua camarada ao lado do dormitório, e Blavatsky dedicou um recesso como
um espaço reservado apenas para uso dos Mestres. Lá, ela ergueu aquele que se
tornou conhecido como "o altar". Era um armário com cerca de um metro e
meio de altura por 1,20 metro de largura que ela pendurou na parede. Atrás de
suas portas laqueadas havia um intrincado trabalho feito em metal, e ali HPB
colocou retratos "precipitados" de KH e de M, uma estátua do Buda e outros
objets d'art sagrados, tudo fechado por uma cortina. Ali, os seguidores deixavam
cartas para os Mestres, que seriam "entregues" a eles, e ali eles receberiam as respostas "precipitadas". Apesar de as Cartas dos Mahatmas mais famosas serem
aquelas recebidas por Sinnett, exceto por uma, nenhuma delas veio pelo altar.

O ANO DE 1883 foi relativamente pacífico para os camaradas, mas foi só a calma
antes da tempestade. Blavatsky escreveu e publicou muita coisa em *The Theosophist*. Isso foi bom, pois os proprietários do *The Pioneer* finalmente se cansaram
da política pró-HPB de Sinnett. Isso estava incomodando os leitores ingleses,

que viam a Teosofia como um truque nativo, e ele foi convidado a sair. Os missionários cristãos, que estavam cada vez mais ressentidos com o sucesso da teosofia, ficaram contentes com a decisão. O plano de KH para criar um novo jornal, *The Phoenix*, financiado por alguns rajás hindus, fracassou, e Sinnett voltou para a Inglaterra, onde escreveu *O Budismo Esotérico* e em breve se candidataria à presidência da Loja de Londres. Anna Kingsford, uma aristocrata inglesa que combinava seu interesse pelo esoterismo cristão com o vegetarianismo e o movimento antivivissecção (ela chegou a se formar em medicina para combater a prática), sucedeu C. C. Massey como presidente, mas Sinnett estava de olho no cargo e não tardou para que os dois se confrontassem. O argumento de Sinnett contra Kingsford era que ela duvidava da existência dos Mahatmas, um ponto que os próprios Mahatmas consideravam negligenciável, pois uma carta de Koot Hoomi apoiava sua candidatura.[29] O coronel estava gostando de seu trabalho, cada vez mais independente de sua camarada. Num dia de junho, voltando de uma visita a Bengala, ele ficou na dúvida quanto a aceitar um convite para ir novamente a Colombo ou a Allahabad. Ele colocou um dos convites no altar e imediatamente recebeu uma resposta de Mestre Hilarion sugerindo que fosse a Colombo. Olcott recebeu diversas cartas naquele verão, uma orientando-o a escrever uma carta que Sinnett poderia usar para trazer o cientista e espiritualista William Crookes para a causa teosófica.

Um momento embaraçoso aconteceu em setembro. O jornal espiritualista *Light* publicou uma carta de Henry Kiddle, que afirmou que, fossem quem fossem os Mahatmas, eles o haviam plagiado. Numa das Cartas dos Mahatmas que Sinnett publicara em *O Mundo Oculto*, Kiddle ficou surpreso ao encontrar frases que pareciam ter sido extraídas de uma palestra que ele tinha dado em 1880 e que fora publicada naquele ano em *The Banner of Light*. Todos saíram em defesa de KH, porém ele mesmo admitiu que, ao fazer uma "varredura clarividente" do espiritualismo da época, captara algumas das frases de Kiddle e, enquanto "ditava mentalmente" a carta em questão para seu *chela*, apegou-se inadvertidamente a elas. Ele estava cansado na época e, quando o livro de Sinnett foi publicado, o assunto tinha sido esquecido.

Um contato mais reconfortante com o Mestre foi feito com Olcott em novembro. Numa viagem pelo norte da Índia com um membro recém-convertido, W. T. Brown, da Universidade de Glasgow, Olcott recebeu uma visita de KH enquanto dormia em sua tenda. Tocando-o de leve, KH pôs sua mão direita sobre a mão de Olcott, envolvendo seus dedos com a palma de sua mão. Quando o coronel abriu os dedos, encontrou uma carta embrulhada em seda. Depois, KH também visitou Brown. Damodar, que estava acompanhando os dois, recebeu sua própria visita na noite seguinte. O que tornou isso incomum foi o fato de não ser uma visita astral. Olcott, Brown e Damodar ficaram convencidos de que tinham visto o Mestre em carne e osso.[30]

Em dezembro, a saúde de HPB estava tão deteriorada que ela foi de muletas à convenção da Sociedade. Seus médicos recomendaram uma mudança de clima. Olcott estava planejando uma ida à Inglaterra, tanto para ajudar a resolver a disputa na Loja de Londres quanto para agradar a causa da comunidade budista do Ceilão, que estava sendo continuamente importunada pelos cristãos; Olcott queria levar a questão para as autoridades britânicas. Ele convidou HPB para acompanhá-lo. Como os camaradas iriam ficar longe por algum tempo, Olcott indicou uma Comissão de Controle para manter o funcionamento da Sociedade enquanto estivessem fora. Um de seus membros foi o ocultista teuto-americano Franz Hartmann, que havia chegado recentemente do Colorado e cujo magnetismo, conforme HPB comentara uma vez, era "doentio".[31] Entre os demais estavam T. Subba Row, outro novo recruta, St. George Lane-Fox, e Damodar. HPB e Olcott saíram de Adyar em fevereiro e foram acompanhados por Hartmann e Madame Coulomb até Bombaim. Enquanto ficaram hospedados com o príncipe Harisinghi Rupsinghi, Madame Coulomb tentou novamente tomar 2 mil rúpias emprestadas dele; ela já havia feito isso na convenção de dezembro. Quando HPB soube do fato, aconselhou o príncipe a não emprestar o dinheiro e repreendeu sua velha amiga Emma pela indiscrição. Foi uma repriminda da qual sua amiga nunca se esqueceria.

Eles chegaram a Marselha em março. Então, o grupo incluía Mohini Chatterjee, que foi até Paris, enquanto Olcott e Blavatsky foram a Nice para ficar com a condessa de Caithness. A condessa era uma teosofista fervorosa — entre outros interesses — e fundara o ramo francês da sociedade, e é possível que tenha sido ela a dar o dinheiro que HPB deveria entregar para alguém em Buffalo quando ela foi para Nova York. A condessa convidou muitos notáveis, entre os quais o grande astrônomo Flammarion, para conhecerem a Madame. Depois, os camaradas também foram a Paris, onde a condessa providenciou uma suíte no Quarter Latin, perto da Notre Dame. Lá, organizou uma grande festa para eles em sua casa no Faubourg St.-Germain, que foi noticiada na maioria dos jornais de Paris. W. Q. Judge, a caminho da Índia, encontrou-os lá. Nessa época, HPB estava escrevendo para Sinnett, lamentando junto a ele o apoio dos Mestres a Kingsford, de quem ela não gostava (ela usava joias demais e era cristã). Mas ela também estava insatisfeita com a tentativa dele de chamar Laura Holloway, uma médium norte-americana que fora enviada a Londres por KH para trabalhar com Mohini, para trabalhar para ele. Ela lhe disse que, se ele a tirasse de Mohini, os Mestres não iriam gostar disso. Sem dúvida, Sinnett estava interessado em Holloway como forma de conversar com os Mestres pessoalmente.

A caminho de Londres, Olcott compartilhou um vagão vazio com Mohini. Do nada — ou do teto —, caiu uma carta sobre o livro que ele estava lendo. Era de KH e o advertia de alguns problemas acontecendo em Adyar. Ela o informava de que eles estavam "abrigando um traidor e um inimigo" que ajudaria os missionários contra eles.[32] Não se sabe ao certo o que Olcott pensou sobre isso. De qualquer modo, ele já tinha muito que fazer. Foi marcada uma reunião para 7 de abril para a eleição de novos diretores da Loja de Londres. HPB fora convidada a participar, mas ela se recusou a ir. Numa reunião antes das eleições, Anna Kingsford aceitara a oferta de Olcott para liderar seu próprio ramo, a Sociedade Teosófica Hermética, cujo título confirmava a preferência de Kingsford por uma tradição esotérica ocidental e não oriental — a qual, naturalmente, a própria Blavatsky conhecia muito bem. Mais tarde, o nome foi abreviado para Sociedade Hermética, que acabou rompendo o vínculo com a ST. Em Paris, HPB disse a Judge que M tinha acabado de lhe fazer um "pedido" extraordinário. Ela teria de ir a Londres de qualquer maneira. Ela não conseguiu imaginar por que ele pedira isso, pois os membros da Loja iriam pensar que ela só estava fazendo isso para causar algum efeito. No entanto, ela consultou os horários dos trens e, se Judge ajudasse, ela conseguiria tomar o expresso das 7h45.

Fossem quais fossem as intenções dos Mestres, um efeito foi exatamente o que o surgimento de HPB nos salões da Lincoln's Inn, onde as eleições estavam sendo realizadas, causou. Os relatos divergem quanto aos detalhes. Ou Kingsford decidiu não tentar a reeleição, ou ela foi derrotada por um senhor Finch, que se tornou presidente, com Sinnett como um magnânimo vice-presidente.

Entre aqueles que assistiram aos trabalhos — que se pareceram curiosamente com um acontecimento posterior, quando Gurdjieff fez uma entrada dramática e apareceu entre os alunos londrinos de Ouspensky — estavam C. W. Leadbeater e F. W. H. Myers, um importante membro da nova Society for Psychical Research, ou SPR.[33] Segundo Leadbeater, "uma senhora robusta, de preto" irrompeu no salão e se sentou. Depois de alguns minutos de inquietude, ela se levantou e gritou "Mohini", ao que Mohini Chatterjee apareceu e se prostrou a seus pés. Sinnett, que receava uma visita dela à Inglaterra, ficou atônito, e após alguns minutos de incerteza anunciou à plateia espantada que Madame Blavatsky estava no recinto. HPB pediu para ver Anna Kingsford e seu colega, Edward Maitland. Os dois apóstatas se apresentaram e Blavatsky dirigiu seus olhos líquidos para eles, ordenando-lhes que se entendessem com Sinnett. Porém, Kingsford não era de se dobrar facilmente; ela afirmava ter matado um vivisseccionista apenas com o seu pensamento, uma façanha que dificilmente se coadunaria com sua crença cristã.[34] Era iminente o confronto, e Olcott, sempre diplomático, não queria mais rompimentos. Ele conversou com sua camarada e disse que ele não aceitaria que ela mesmerizasse a doutora Kingsford. HPB riu e a tensão diminuiu. Mas não por muito tempo.

Um resultado do encontro foi um convite de F. W. H. Myers para que Olcott almoçasse com ele e outros membros da SPR. Olcott aceitou, e em pouco tempo a investigação sobre Madame Blavatsky e suas cartas "precipitadas" entrou na agenda da sociedade. HPB não se deixou impressionar e referiu-se a eles como a "Sociedade de Pesquisas Fantasmagóricas". Porém, Olcott achou que Myers era amigável e não representava ameaça alguma. Ele não tinha ideia de que a SPR enfiaria um prego bem grande no caixão dos Mestres, uma atividade a que alguém mais próximo de casa se dedicava em Adyar.

MADAME COULOMB NÃO ESTAVA satisfeita com o fato de não participar da Comissão de Controle nem com o fato de sua querida amiga HPB tê-la impedido de obter o empréstimo de 2 mil rúpias. Por outro lado, a Comissão de Controle não estava muito satisfeita com ela. Aparentemente, ela teria falsificado as despesas da casa e, talvez ainda mais grave, fez insinuações vagas sobre revelar "tudo" que acontecia em Adyar para quem quisesse ouvir. Emma Coulomb parece ter sido uma pessoa rancorosa, gananciosa, que se ofendia facilmente e que tinha o hábito de meter o nariz nos assuntos alheios, bem como na correspondência dos outros. Como observou Hartmann, um de seus acusadores, "ela parecia achar que seu propósito especial na vida era bisbilhotar os assuntos particulares de todos, pegar cartas largadas aqui e ali que não eram endereçadas a ela", e, se encontrasse um ouvido simpático, ela "insinuaria que toda a sociedade era uma bobagem, que os fenômenos eram produzidos por fraude e que "podia dizer muitas coisas, se quisesse fazê-lo".[35] Embora ela e Alexis tivessem se tornado indispensáveis, a comissão, cansada de suas insinuações e de sua efetiva má conduta, pensou em dispensá-los e pediu-lhes para saírem. Os Coulombs se recusaram. Os Mestres pareceram inseguros quanto a essa decisão. No início, KH achou melhor tentar apaziguar os ânimos, mas M avisou desde logo que Emma estava colaborando com o inimigo — missionários cristãos — e também avisou que sua conversa sobre "portas, alçapões e truques" em breve se tornaria real: "serão encontrados", escreveu, "alçapões".[36]

Ansioso por se livrar deles, Hartmann ofereceu aos Coulombs a participação numa mina de prata no Colorado caso eles fossem para lá. No início, concordaram, e depois exigiram 3 mil rúpias, explicando que, se não fossem pagos, cartas incriminadoras entre HPB e seu querido amigo chegariam a certas pessoas ansiosas para lê-las. Essas cartas, explicou Emma, mostrariam como Madame Blavatsky atraiu-a para seu esquema para "forjar" os Mestres, suas cartas, as precipitações e suas aparições, assim como ela estivera envolvida nas sessões espíritas falsas no Cairo. Subba Row escreveu para Blavatsky falando dessa tentativa de chantagem. HPB assegurou-lhe que nenhuma carta assim existia, e a exigência foi rechaçada. Então, os Coulombs parecem ter tentado insinuar que Hartmann, Lane-Fox e outros estavam tentando enganar HPB, e que eles, seus bons amigos, estavam sendo acusados.

Em maio, a comissão acusou oficialmente os Coulombs de diversas coisas, inclusive abuso de verbas, fraude e chantagem, e eles foram expulsos. Pediram-lhes ainda que devolvessem a chave dos aposentos de HPB. Eles se recusaram. Depois que HPB mandou um telegrama lamentando o desdobramento do caso e desejando-lhes boa sorte, eles cederam, mas só depois de mostrar à comissão o misterioso buraco no quarto de HPB que dava acesso ao "quarto oculto", e os painéis deslizantes na parede que se abriam para o altar. Em sua ausência, HPB encarregara os Coulombs de cuidar de seus aposentos; supunha-se que Alexis deveria acrescentar algumas melhorias neles. E então a Comissão de Controle descobriu exatamente o que ele tinha feito. Hartmann observou que o buraco fora feito recentemente e que os painéis eram duros e barulhentos, uma avaliação com a qual os outros, que também os examinaram, concordaram. Nada daquilo, pensaram, poderia ter sido usado para falsificar as cartas precipitadas, embora tenha ficado claro que a intenção dos Coulombs era justamente que essa "evidência" provasse que o foram. Mais ou menos uma semana depois, os Coulombs exigiram 10 mil rúpias para ficarem quietos com relação a essas "descobertas". Mais uma vez, a comissão se recusou a pagá-los, e os Coulombs recuaram — pelo menos, durante algum tempo.[37] (Naturalmente, os Coulombs negaram quaisquer acusações de chantagem ou de terem criado o buraco ou os painéis deslizantes no quarto de Blavatsky.)

Enquanto acontecia a crise, Olcott e HPB estavam causando uma impressão favorável sobre a SPR. Em maio, foi formada uma comissão para obter evidências dos membros da ST com relação aos fenômenos, e em junho, na assembleia geral da SPR realizada na Queen Anne's Mansions em Londres, Olcott falou da visita astral feita por M, chegando a mostrar o turbante do Mestre como prova. É estranho, mas isso provocou um acesso de fúria em sua camarada; ela o maltratou tanto que, em dado momento, ele lhe perguntou se ela gostaria que ele cometesse suicídio.[38] Nossa primeira conclusão é de que ela estava preocupada com a possibilidade de que, se a SPR investigasse os Mestres, descobrissem que eram falsos. Mas os comentários da própria Blavatsky revelam o oposto: ela estava preocupada com a hipótese de eles descobrirem que eram reais, *revelando suas identidades*. Ela já estava aborrecida com os livros de Sinnett, *O Mundo Oculto* e *O Budismo Esotérico*, porque eles fizeram com que a realidade dos Mestres caísse no conhecimento de todos, e que por isso "Hoje as pessoas dão a seus cães e gatos o nome de Koot Hoomi".[39] Claro, podemos achar que HPB estava simplesmente com medo de ser descoberta, mas sua dedicação aos Mestres — fossem quem fossem — era real, creio, e anos depois ela lamentou que os nomes deles tivessem se tornado "propriedade comum" e que os "nomes sagrados do ocultismo... tivessem sido jogados na lama suja".[40] Apesar do engano de Olcott, na casa de Francesca Arundale em Elgin Crescent, outra reunião entre HPB, Mohini e o professor Henry Sidgwick, presidente da SPR, foi boa. Em seu diário, Sidgwick escreveu que "sua impressão favorável de Madame Blavatsky foi mantida", chamando-a de um "ser genuíno", com um "desejo real de ver o bem da humanidade", comentando ainda as "barras de suas saias cheias de cinzas de cigarros".[41] Em duas reuniões anteriores na casa de Arundale, membros da SPR, inclusive Myers, ouviram sinos astrais.[42] Ao que parece, malgrado o erro involuntário de Olcott, a Sociedade de Pesquisas Fantasmagóricas não era malquista por HPB.

Então, aconteceu o desastre. Em setembro, a *Christian College Magazine* de Madras publicou um artigo intitulado "O Colapso de Koot Hoomi", no qual seu autor, o reverendo George Patterson, revelou que os Mestres e os "fenômenos" associados a eles eram falsos. Koot Hoomi seria um boneco de pano, ou, às vezes, uma pessoa vestida como ele. Essa pessoa seria Alexis Coulomb. Emma Coulomb tinha feito o boneco pessoalmente. Infelizmente, envergonhada depois de ter sido banida sem qualquer cerimônia de Adyar, ela o destruíra. Porém, as cartas que ela tinha enviado a Madame Blavatsky contavam a história. E, agora, a *Christian College Magazine* contava ao mundo. Um correspondente do *Times* pegou o relato e enviou um telegrama para a redação em Londres. Quando recebeu a notícia, HPB estava em Elberfeld, Alemanha, com amigos, os Gebhards, trabalhando no que viria a ser *A Doutrina Secreta*. Ela escreveu imediatamente para o *Times* negando a acusação, dizendo que, exceto por algumas linhas aqui e ali, as cartas em questão não tinham sido escritas por ela. Ela saiu da Alemanha e foi à Inglaterra, e em Londres disse aos repórteres que estava a caminho da Índia para processar a *Christian College Magazine* e limpar seu nome. Olcott já estava a caminho. No dia 1º de novembro de 1884, HPB, acompanhada pelos Cooper-Oakleys, um casal teosofista, foi para Liverpool, onde embarcaram no S. S. *Clan Drummond*, rumando para Port Said. Lá, foram recebidos por C. W. Leadbeater. O grupo passou alguns dias no Cairo, reunindo informações sobre os Coulombs. Aparentemente, tinham um histórico de extorsão e de atividades dissimuladas — pelo menos, foi o que HPB descobriu. Ela mandou um telegrama para Olcott: "Sucesso absoluto. Bandidos. Provas jurídicas". HPB achou que poderia dar o troco em sua velha amiga. Entretanto, quando ela chegou a Adyar, em dezembro, encontrou mais um motivo de preocupação. Richard Hodgson, que ela conhecera em Londres, fora enviado pela SPR para investigar os fenômenos associados aos Mestres. Ele não poderia ter chegado num momento pior.

Ele tinha chegado dois dias antes e Damodar impediu-o de entrar no "quarto oculto"; afinal, ele fazia parte dos aposentos particulares de HPB, e por isso sua relutância é compreensível. Então, quando HPB chegou, Hodgson pediu para ver o altar. Damodar explicou que primeiro o altar fora levado para seu quarto e depois inexplicavelmente queimado por Hartmann. O buraco na parede entre o quarto dela e o quarto oculto também fora reparado com cimento. Se os Coulombs tinham mexido nas coisas para que HPB parecesse uma fraude, as ações da comissão após descobrirem isso simplesmente jogaram lenha na fogueira. Conversas posteriores entre HPB e Hodgson levaram Blavatsky a acreditar que a postura dele era hostil. Ela estava certa. Em suma, Hodgson engoliu a história dos Coulombs com casca e tudo, e quando seu relatório foi publicado, no ano seguinte, concluiu que Madame Blavatsky era, entre outras coisas, "uma das mais bem-sucedidas, engenhosas e interessantes impostoras da história". Era provável ainda que fosse uma espiã russa.[43]

MAS ANTES QUE O RELATÓRIO DE HODGSON fosse divulgado, HPB tinha de enfrentar outros problemas. Apesar de ela acreditar que possuía evidências suficientes para limpar o seu nome e o dos Mestres, na convenção da ST daquele ano foi decidido que não seria uma boa ideia levar a questão aos tribunais. Diversos motivos foram dados para essa decisão, mas o principal, à parte da timidez da comissão encarregada, foi que a causa daria aos inimigos uma oportunidade para "ferir a causa da teosofia", e que, se fossem feitas perguntas sobre os Mahatmas que estes a tivessem proibido de responder, HPB seria acusada de desacato a uma ordem judicial. Sem dúvida, HPB se sentia desacatada, e não só pelo sistema legal. Ela ficou enfurecida, mas Olcott e os outros não arredaram pé. Então o coronel foi percorrer Burma, deixando sua camarada sozinha. Ela ficou doente e, tal como na Filadélfia, achou que iria morrer, preparando um testamento. Porém, novamente uma visita do Mestre Morya a reviveu. Ele lhe deu duas opções: ela podia morrer naquele momento e desfrutar de um repouso merecido ou viver mais alguns anos e completar *A Doutrina Secreta*, que ela começara em sua estadia em Paris. Porém, o estresse e o escândalo estavam sendo demais para ela, e o fato de ela não poder se defender num tribunal deve ter esgotado suas reservas já escassas.

O general H. R. Morgan, que HPB conhecera em Ootacamund e que testemunhara o reparo "precipitado" de um pires quebrado em Adyar, declarou
publicamente que as "cartas Coulomb" eram falsas.[44] O advogado de Madame
Coulomb ameaçou processá-lo, mas ele se manteve firme e ela voltou atrás.
Mas por que teria feito isso se as cartas eram autênticas? Talvez uma razão seja
que, se ela o tivesse processado, as cartas teriam de ser levadas ao juiz, o que
daria aos acusados a oportunidade de examiná-las. Elas nunca apareceram,
nem as outras passagens "incriminadoras" foram tornadas públicas.[45] O próprio Hodgson se recusou a mostrar a HPB aquelas que estavam em seu poder,
e ela nunca teve a oportunidade de examinar as "evidências" contra ela. As
próprias cartas "incriminadoras" desapareceram — bem como o suposto "boneco" de Koot Hoomi — e até hoje nunca foi provado que Blavatsky as teria
escrito.[46]

Doente, esgotada e abandonada, ainda assim Blavatsky se manteve deste-
mida e teria enfrentado um exército para limpar o nome de seus Mestres e o
seu próprio. Nessa época, além das cartas "incriminadoras", Emma Coulomb
também apresentou um folheto elencando detalhadamente os atos nefandos de
HPB, que incluíam, entre outras coisas, a alegação de que ela tinha tido filhos
ilegítimos no Cairo.[47] E Hodgson parece ter assumido como missão pessoal não
apenas examinar as alegações de HPB sobre os Mestres e os fenômenos, como
voltar seus aliados hindus contra ela. (Na verdade, ele nunca investigou fenômeno algum, só reuniu relatos de terceiros sobre eles.) Graças a seus esforços, HPB
tornou-se um problema para Adyar, e muitos acharam que a Sociedade, pelo
menos na Índia, estaria melhor sem ela.

Não há dúvidas de que o temperamento irascível de Blavatsky a teria pre-
judicado se ela fosse sozinha aos tribunais, e ela só abriu mão disso quando
Olcott ameaçou sair da Sociedade caso ela o fizesse. Sua própria saída seria
um golpe, mas, sem Olcott, tudo que ela passara uma década construindo
iria desmoronar. De qualquer maneira, seu médico a havia instruído a evitar
excitações e encontrar "perfeita calma e um clima adequado" a fim de se recuperar. Isso significava Europa. Assim, pela segunda vez, Madame Blavatsky
disse adeus a um lar adotivo. Depois de renunciar a seu cargo como secretária

correspondente, em 31 de março de 1885, acompanhada por Hartmann, um recruta hindu chamado Babaji e uma visitante de Adyar chamada Mary Flynn, HPB deixou a Índia para sempre. Nessa época, sua saúde estava tão ruim que ela não pôde usar o passadiço e teve de ser içada a bordo numa cadeira de rodas.

Nove

DOUTRINAS SECRETAS
NA ESTRADA

H PB e seu grupo desembarcaram em Nápoles em 12 de abril de 1885 (algumas fontes dizem 23 de abril), mas a Itália foi apenas o ponto de partida de uma nova vida de perambulações. Ela ficou brevemente no Hotel del Vesuvio em Torre del Greco, um abrigo adequado para uma personagem tão vulcânica, com uma vista para a baía de Nápoles e o monte Vesúvio, mas achou o lugar frio e desconfortável e ficou ansiosa por seguir em frente. O essencial era encontrar um lugar agradável para trabalhar. Tudo que lhe restava então era terminar *A Doutrina Secreta*. Trabalhar nisso mantê-la-ia viva. Ela recusara uma oferta de seu editor russo, Mikhail Katkov, para trabalhar exclusivamente para ele, um negócio que colocaria "anualmente 40 mil francos, pelo menos" em seu bolso.[1] Claro que ela faria bom uso do dinheiro, pois nesse momento dependia de uma pequena pensão da ST para suas necessidades pessoais. Porém, tal como aconteceu com a oferta para escrever uma continuação de *Ísis sem Véu*, o Mestre disse não; ela precisava concentrar-se em seu verdadeiro trabalho. O melhor lugar para fazê-lo é que era a questão. Ela queria evitar qualquer capital europeia; tudo de que precisava, disse a Sinnett, era um quarto cálido e seco. Ela decidiu mudar-se para Würzburg, no norte da Baviera, pois era perto de Nuremberg e de Heidelberg, onde KH chegou a morar. Ela queria "manter-se nas sombras", mas ser solitária sempre foi difícil, e ela se viu inundada por visitantes. Seu único ajudante agora era Babaji — os outros membros de seu grupo haviam partido —, e ele não era muito útil com visitas e correspondências. Outro Olcott teria sido útil, mas os camaradas estavam seguindo caminhos separados. HPB escreveu para sua amiga Mary Gebhard em Elberfeld sobre seus problemas, e Mary sugeriu a uma amiga, a condessa sueca Constance Wachtmeister, que retardasse a viagem que planejava fazer à Itália e visitasse HPB em Würzburg.[2]

A condessa tinha conhecido HPB em Londres no ano anterior, na casa de Sinnett, onde também tinha conhecido Mary Gebhard. Ela se filiou à ST em 1880 depois de ler *Ísis sem Véu*. Ela se interessava pelo espiritualismo, mas para ela a teosofia foi uma revelação. Num encontro posterior com HPB em Enghien, Bélgica, Blavatsky disse a Wachtmeister que em dois anos ela dedicaria sua vida completamente à teosofia, uma previsão de que Wachtmeister duvidou muito. Nesse momento, parece que se tornaria realidade.

Quando a condessa escreveu para HPB propondo uma visita de um mês, Blavatsky recusou, dizendo que estava ocupada demais para receber convidados. Mas quando Wachtmeister estava prestes a ir para a Itália, chegou um telegrama. Era de HPB. Ela mudara de ideia e a condessa deveria ir imediatamente. A tática, se é que havia alguma, lembra-nos novamente de Gurdjieff, que alterava regularmente seus planos no último instante. Wachtmeister foi e, até a morte de Blavatsky, foi sua companhia constante.

Segundo a condessa, Blavatsky trabalhava muito. HPB acordava às seis e já estava na escrivaninha às sete, onde trabalhava até às 13 horas, almoçava rapidamente e voltava a trabalhar até às 19 horas. Para relaxar, jogava Paciência ou lia revistas e jornais, principalmente russos, ou algum romance em francês, e ia para a cama às 21 horas. E, como Olcott e Hiram Corson, Wachtmeister ficou conhecendo o método peculiar de redação de HPB. Também nessa época, Blavatsky parecia carregar uma imensa biblioteca na cabeça. Wachtmeister fala da "pobreza de sua biblioteca móvel" e de "manuscritos... repletos de referências, citações e alusões" que não podiam ser explicadas com os livros que tinha à mão.[3] Numa ocasião, HPB lhe pediu para confirmar um trecho que ela tinha lido "astralmente" na Biblioteca do Vaticano. Wachtmeister tinha um amigo com um parente no Vaticano; ele confirmou o trecho e até mencionou que as duas palavras que HPB transcrevera errado estavam quase indecifráveis no texto original.[4]

Wachtmeister também foi testemunha de outro aspecto do caráter de HPB que lembra novamente Gurdjieff. No primeiro encontro de ambas, Wachtmeister passou por dificuldades e atrasos até chegar a HPB, e mais tarde ela percebeu que isso fazia parte de uma "provação", algo que outros seguidores de Blavatsky também enfrentaram.[5] E depois, em Würzburg, ela percebeu que tinha sido "uma filha favorita da sorte" e que o cargo político de seu falecido marido — que fora ministro de relações exteriores — dera-lhe um "lugar proeminente na sociedade". "Levei um bom tempo até me dar conta da vacuidade daqueles que até então eu considerara os objetos mais desejáveis da vida", escreveu, "e precisei de muito treinamento e de muitas batalhas difíceis comigo mesma até conseguir vencer a satisfação pessoal que uma vida de ócio, conforto e posição elevada sempre garante."[6] Como HPB lhe disse, muita coisa tinha de ser "arrancada" dela, e sem dúvida a vida com Blavatsky fez exatamente isso. "O conhecimento de si mesmo", escreveu a condessa, "era gradualmente adquirido por aqueles que viviam em contato diário com ela." Relatos dos seguidores de Gurdjieff, que fazia com que todos à sua volta se sentissem desconfortáveis, dizem praticamente a mesma coisa.

Foi uma época difícil para a mestra da condessa. Enquanto estava em Würzburg, HPB recebeu o relato de Hodgson, e ao lê-lo o efeito foi esmagador. O carma da ST recaíra sobre ela, disse desesperada à condessa, e então ela tinha de pagar pelos "fenômenos amaldiçoados" que ela produzira apenas para "agradar amigos pessoais e instruir os que me rodeavam". Ela disse para sua amiga sair "antes que seja corrompida por minha vergonha... Você não pode ficar aqui com uma mulher arruinada".[7] "Cartas", escreveu Wachtmeister, "chegavam contendo apenas recriminação e ofensas, o abandono dos amigos, apatia e medo." E aqueles que não a abandonaram ficaram "paralisados... tudo que queriam... era ficar quietos e escondidos, para que a lama não fosse jogada neles". Babaji e Mohini se voltaram contra ela, mas um dos golpes mais duros veio de T. Subba Row. Ele rompeu com sua mestra dizendo que ela havia feito a vergonha recair sobre a Índia, traindo seus segredos mais profundos para os indignos. Ela fora, disse, "culpada do mais terrível dos crimes. Você revelou segredos do Ocultismo — os mais sagrados e os mais ocultos. Era preferível que *você fosse sacrificada* àquilo que nunca foi feito para mentes europeias". Nessa época, Subba Row assumira uma posição mais fundamentalista, argumentando que os Mestres e seus conhecimentos pertenciam apenas aos hindus.

Foi uma recriminação dolorosa, mas Blavatsky concordou com ele. Ela disse que o seu caminho era de sofrimento, e, de certo modo, ela ficou contente pelo fato de a "revelação" de Hodgson tê-la transformado numa "trapaceira e impostora" aos olhos de muitos. Desse modo, disse a um correspondente, "o fardo todo recai sobre mim, pois os Mestres são destinados a serem *mitos*. Melhor assim. Seus nomes foram vilipendiados demais e por muito tempo". Se necessário, disse a Sinnett, ela "proclamaria publicamente que *eu* era uma mentirosa, uma fraudadora, tudo que Hodgson quer que eu pareça ser" para "proteger os verdadeiros KH e M da execração". Ela estava "no caminho da culpa" e a aceitou.

Mas para Subba Row o problema não estava em HPB ser uma fraude, como alegavam as acusações Hodgson-Coulomb, e como Babaji, Mohini e outros então acreditavam, mas no fato de ela ter divulgado "coisas muito sagradas e santas que antes nunca foram do conhecimento dos profanos". Foi uma crítica que ela mesma tinha feito a Sinnett, cujos livros "lançam o ocultismo e seus mistérios nas garras de um público preconceituoso e despreparado".[8] Mas era justamente essa a preocupação dos grupos ocultistas "de direita" que encontramos no Capítulo 5, que eram contrários à disseminação indiscriminada de conhecimentos ocultistas, e de Koot Hoomi, que se recusou a atender ao pedido de Sinnett para "precipitar" um exemplar do *The Pioneer* em Londres no dia de sua publicação. É ainda, desde tempos imemoriais, a acusação lançada contra iniciados que divulgam segredos sagrados aos não iniciados. O temperamento firmemente democrático de Blavatsky levou-a a compartilhar aquilo que ela conhecia com quem quer que demonstrasse um sério interesse pelo assunto. Ela pode ter agido errado e, de várias formas, pode não ter analisado direito as pessoas. Muitas que se aproximaram dela mostraram-se, como Alice Leighton Cleather disse de Sinnett, "inerentemente incapazes" de compreendê-la.[9] Podemos atribuir isso à natureza essencialmente ingênua de HPB, confiando nos outros, que não é o temperamento associado a fraudadores e trapaceiros, fundamentalmente desconfiados dos outros. Porém, isso lhe causou muitos problemas.

UMA DISCUSSÃO DETALHADA do Relatório Hodgson merece mais espaço do que posso lhe dar aqui. Desde sua publicação em dezembro de 1885, ele esteve sujeito a numerosas críticas, mostrando suas falhas, suas omissões, seus preconceitos e sua tendenciosidade, bem como argumentando que a afirmativa de Hodgson de que o "verdadeiro objetivo" de HPB para seus Mestres e fenômenos era "aumentar os interesses russos" na Índia foi motivada por sua própria lealdade à

Coroa.[10] Por intermédio de seu editor russo, Katkov, Blavatsky *tinha* mesmo co-nexões com russos influentes e *interessados* na ideia de uma "Ásia russa", como a pesquisa de K. Paul Johnson deu a conhecer. E ela fez, de fato, comentários que *poderiam* ser lidos como um apoio aos interesses da Rússia no subcontinen-te — mas que também poderiam ser lidos de outras maneiras. No entanto, o estopim da convicção de Hodgson de que ela era, afinal, uma agente russa foi a preocupação dela quanto ao movimento de tropas russas no Afeganistão, o que parecia pressagiar uma possível invasão da Índia. Essa possibilidade, disse ela a Hodgson, "seria o golpe mortal para a Sociedade". Hodgson entendeu esse comentário como uma "pista falsa", para obscurecer seus "verdadeiros" senti-mentos sobre tal ação. Como observa Sylvia Cranston, Hodgson "não podia imaginar que a reação dela foi causada por uma preocupação sincera pelo bem--estar do Movimento Teosófico".[11] Isso sugere que Hodgson já tinha decidido que HPB era uma espiã e estava buscando "evidências". Entretanto, Blavatsky não estava mais interessada numa "Ásia russa" do que numa "inglesa" ou "hin-du", e em mais de uma ocasião ela comentou que, embora o Raj inglês fosse ruim para a Índia, os russos "seriam mil vezes pior".[12] Como seus antecedentes maçônicos, sua visão era internacional — diríamos global — e preocupava-se com uma fraternidade de *seres humanos*, não de russos, ingleses ou hindus.

Seria de esperar que amigos e seguidores de HPB naturalmente a defen-dessem contra acusações de fraude, mas talvez o golpe mais condenatório ao relatório de Hodgson não tenha vindo de um teosofista, mas da própria SPR. Em 1986, um século depois da divulgação do relatório de Hodgson, a SPR pu-blicou uma nota à imprensa anunciando que "Madame Blavatsky, cofundadora da Sociedade Teosófica, foi injustamente condenada" e declarando que a vali-dade do trabalho de Hodgson fora "seriamente questionada".[13] Vernon Harri-son, especialista em falsificações e ex-presidente da Real Sociedade Fotográfica, examinou o trabalho de Hodgson e concluiu que Hodgson estava "preparado para usar qualquer evidência, por mais trivial ou questionável que fosse, para implicar HPB", e "ignorou todas as evidências que poderiam ser usadas a favor dela". "Seu relatório", argumentou Harrison, "está repleto de declarações ten-denciosas, conjecturas apresentadas como fatos ou prováveis fatos, testemunhos não corroborados de pessoas sem nome, seleção de evidências e verdadeiras falsidades." E ele conclui que "O Relatório Hodgson não é, como se acreditou por mais de um século, um modelo do que uma pesquisa imparcial e minuciosa deve ser: é o trabalho de um homem que chegou a suas próprias conclusões no começo da investigação e depois, selecionando e distorcendo evidências, não hesitou em adotar argumentos equivocados para apoiar sua tese". Um resultado dos esforços de Harrison foi que a própria SPR se esquivou da responsabilidade pelo trabalho de Hodgson, dizendo, com efeito, que a Sociedade não investigou HPB, apenas Hodgson, e que ele foi o único responsável por suas conclusões, um modo um tanto jesuíta de se esquivar da culpa por possíveis erros. (Também foi um modo de amenizar as diferenças entre a Sociedade Teosófica e a SPR, ambas com mais do que poucos membros em comum.) Essa manobra, porém, parece confirmar o comentário de Leslie Price, membro da Comissão de Biblioteca da SPR, que "qualquer escritor ou orador que diga que a SPR desmascarou a Madame Blavatsky está apenas revelando sua própria ignorância".[14]

Infelizmente, essa posição não foi passada para muitos pesquisadores fora do âmbito teosófico. Em *Ghost Hunters*, livro sobre a SPR que, exceto por essa lacuna, é brilhante, Deborah Blum não menciona a retratação do relatório de Hodgson, aplaudindo-o por ele ter "demolido a reputação de uma médium".[15] A ideia não é que a investigação de Vernon Harrison vinga completamente HPB, uma afirmação que alguns dos próprios apoiadores de HPB rejeitariam, e à qual vamos voltar logo adiante. Mas mostra, creio, os defeitos e preconceitos do relatório. Em termos do sistema legal britânico, a "evidência" de Harrison seria suficiente para assegurar a HPB pelo menos um novo julgamento, e provavelmente apoiaria um veredito de "não provado" sobre as acusações de fraude, rescindindo o anterior como "falacioso". O livro de Blum, porém, deixa clara uma das motivações para o "desmascaramento" de Hodgson: o medo que os membros da SPR têm de serem vistos como "tolos crédulos".[16] Em *Natural and Supernatural*, Brian Inglis diz a mesma coisa: que em boa parte de sua história a SPR adotou uma postura muito defensiva, determinada a mostrar que não seria iludida por atividades fraudulentas, o que resultou numa abordagem excessivamente crítica e desconfiada de seu material. Tendo em vista a ciência reducionista, desdenhosa e materialista da época — que ainda é a nossa —, isso pode ser compreensível, mas mostra que em muitas, talvez na maioria, das ocasiões a SPR e seus agentes começaram suas investigações determinados a não serem "iludidos". Isso sugere que eles também começavam com a suspeita de que os médiuns sob investigação estavam, mais do que provavelmente, dispostos a ludibriá-los, uma atitude que não se pode chamar de isenta. Inglis mostra que a investigação da médium Eusapia Palladino feita por Hodgson também foi bastante equivocada.[17] Ironicamente, no final, o próprio Hodgson passou a acreditar na realidade da comunicação com espíritos.[18]

EM 1886, HPB decidiu fugir do calor do verão em Würzburg e se mudou para Ostend, no litoral da Bélgica. A condessa estava na Suécia a negócios, e HPB foi acompanhada por Emily Kislingbury, uma teosofista inglesa que ela conhecera nos primeiros dias em Nova York. Kislingbury havia lido o relatório de Hodgson e ficou tão indignada que correu em auxílio de HPB. Em Colônia, Rudolf Gebhard encontrou o grupo e decidiram passar alguns dias em Elberfeld, mas praticamente ao chegarem HPB escorregou e torceu o tornozelo, ficando de cama por dois meses. Sua irmã, Vera, chegou, e em julho mudaram-se para Ostend; Vera voltou para a Rússia. Lá, HPB ficou sozinha até a condessa chegar, no final de agosto, e passou o tempo trabalhando em *A Doutrina Secreta*. Nessa época, para ela era extremamente doloroso andar, e ela só se sentia bem quando estava sentada e escrevendo.[19]

Quando a condessa Wachtmeister chegou, as duas decidiram não voltar a Würzburg, mas, sim, permanecer em Ostend, onde alugaram uma espaçosa suíte na Rua de l'Ouest, que tinha até um piano. Como exercício, a condessa levava HPB pela praia numa "cadeira de banho", uma espécie de cadeira de rodas primitiva. Lá, foram visitadas por teosofistas da Inglaterra, entre os quais Anna Kingsford e Edward Maitland. A saúde de Kingsford sempre fora fraca, e ela morreria dois anos depois de pneumonia depois de ser pega numa chuvarada a caminho do Instituto Pasteur de Paris. Outro visitante, Friedrich Eckstein, um teosofista vienense, era amigo de Rudolf Steiner, na época estudioso de Goethe. Foi por intermédio de Eckstein que Steiner leu *O Budismo Esotérico*, de Sinnett.[20] O trabalho em *A Doutrina Secreta* prosseguia, embora a meticulosidade de HPB com relação aos materiais tenha causado alguns problemas. A tinta em Ostend não correspondia a seus padrões, e, tal como fizera anos antes na Rússia, ela criou a sua própria tinta. Aparentemente, teve tanto sucesso que fundou uma pequena empresa. Quando uma mulher pobre apareceu à sua porta pedindo dinheiro, e encontrando os bolsos vazios, Blavatsky teria entregado à mulher o registro da empresa. Uma notícia num jornal russo divertiu bastante HPB. No outono de 1886, o jornal de S. Petersburgo *Listok* publicou um artigo intitulado "A mão misteriosa", no qual era dito que a "mão astral" de Madame Blavatsky teria salvado um crítico de seu trabalho de ser esmagado por um telhado que ruíra após ser atingido por um raio. A própria Blavatsky não se lembrava do acontecimento, e sua tia se perguntou se um dos Mestres estaria envolvido. Mesmo sem sua participação, aparentemente as histórias de seus poderes milagrosos ainda iam para o noticiário.

Um fato mais significativo foi uma conversa que HPB teve com seu Mestre perto do ano-novo, na qual ela foi informada de que a ST iria passar por sua própria "provação", um "teste final e supremo" que determinaria seu futuro. Seu próprio destino seria uma escolha entre voltar à Índia para morrer ou formar uma nova escola de "verdadeiros teosofistas", que ela administraria sozinha, e na qual ela reuniria "quantos místicos eu puder conseguir". Ela poderia fazer isso lá em Ostend, ou em outro lugar, até em Londres. Curiosamente, alguns dos visitantes da Inglaterra que estava recebendo pensavam justamente nisso. Bertram e Archibald Keightley, formados em Cambridge, comentaram sua insatisfação com a Loja de Londres. Um "torpor de morte" caíra sobre ela, e eles achavam que sua presença o dissiparia. Eles também estavam insatisfeitos com a postura de Sinnett; ele estava determinado a tornar a teosofia um passatempo da aristocracia, uma ideia que teve na Índia, e eles, como Blavatsky, achavam que ela deveria estar disponível para todos. Não foi à toa que Sinnett se opôs à ida dela a Londres. Nessa época, seu livro *Incidents in the Life of Madame Blavatsky* tinha sido lançado, uma obra que, de certo modo, dá início à "indústria da desinformação" à volta dela. Até certo ponto, ele ajudou a reabilitar sua reputação — recebeu boas críticas —, embora John Symonds tenha considerado a obra "uma das piores biografias já escritas", um julgamento com o qual alguns leitores podem concordar.[21] (Com certeza, alguns contemporâneos de Sinnett o fizeram: Alice Leighton Cleather disse que o livro visava a "destruir inteiramente a boa-fé de HPB", retratando-a como uma "médium medíocre, e ainda por cima fraudulenta".[22]) Mas ele também renovou o interesse pelo escândalo Coulomb-Hodgson. A própria Blavatsky tinha dúvidas sobre o projeto, no qual colaborou com Sinnett, e ficou novamente insatisfeita com os relatos de seu contato com os Mestres e sua obsessão pelos fenômenos. Nessa época, Sinnett estava determinado a ser ele próprio uma fonte esotérica, e ter a "velha senhora" por perto novamente só lhe causaria problemas.

Mas o que HPB queria era justamente criar problemas. Ela acusou Sinnett de levar a Loja de Londres a um estado de "letargia", prevendo que em mais um ano ela estaria "coberta de limo e musgos".[23] Ela, porém, era uma pedra rolante, e quer ele gostasse, quer não, ela iria atravessar o Canal. Outros membros da Loja de Londres praticamente imploraram a ela para que fosse; ela ficou comovida pela necessidade deles e concordou. Seu plano era sair de Ostend para Londres no final de março, permanecendo durante o verão. A condessa Wachtmeister tinha decidido vender sua propriedade na Suécia e iria encontrá-la depois disso. No entanto, surgiu outra crise.

Por diversas vezes, Blavatsky se lamentara com a condessa sobre o seu destino. Ela foi "difamada, caluniada, não por estranhos, mas por aqueles... mais próximos de mim, que eu realmente amo". Ela estava "cansada da vida e dos esforços daquela pedra de Sísifo" e "arrasada porque... não existe um canto neste planeta onde eu possa ser deixada para morrer em paz".[24] Talvez outro anjo a tenha ouvido. Pouco antes de embarcar para a Inglaterra, HPB foi encontrada inconsciente em sua cadeira. Naquele dia, ela estivera se sentindo "zonza e pesada", e um médico diagnosticou uma disfunção renal. Wachtmeister apareceu com uma "irmã de caridade", mas ela brandiu seu crucifixo e disse a HPB que não era tarde para se arrepender, e foi de pouca ajuda. Mary Gebhard se saiu melhor, mas HPB não conseguiu se manter consciente, e um médico belga observou que ele "nunca tinha visto casos de uma pessoa com rins tão atacados quanto os de HPB viver tanto quanto ela". A condessa disse que sua amiga fora "compelida a se manter numa forma que deveria ter se desintegrado dois anos antes em Adyar", um comentário que, mais uma vez, lembra-nos de Gurdjieff.[25] Ashton Ellis, médico e teosofista londrino, foi chamado. Ele massageou seus órgãos, o que parece ter ajudado. Mas todos acharam que o fim estava próximo e concordaram que ela deveria fazer novamente seu testamento. Ela o fez e deixou "tudo" para a condessa. Quando um advogado contestou isso, Mary Gebhard lembrou que "tudo" não daria para cobrir as despesas do funeral.

Naquela noite, a condessa pôde sentir "o leve e peculiar odor da morte", e a própria HPB disse à sua amiga que estava contente por morrer e que "finalmente o Mestre a deixaria livre". Parece que ele tinha outros planos. Quando Wachtmeister acordou na manhã seguinte — tendo adormecido durante sua vigília —, HPB estava sentada na cama, pedindo o desjejum, aparentando uma completa recuperação. O Mestre aparecera à noite para ela, disse, e lhe dera mais uma oportunidade: morrer ali em Ostend ou viver mais alguns anos e terminar *A Doutrina Secreta*. Segundo Wachtmeister, o médico só conseguia repetir "Mas ela deveria estar morta". Blavatsky, por sua vez, pediu café e cigarros.

A LONDRES PARA A QUAL BLAVATSKY rumou em maio de 1887 era a Londres da iluminação a gás, da rainha Victoria, de Sherlock Holmes, do doutor Jekyll e do senhor Hyde, e, pouco depois de sua chegada, de Jack o Estripador.[26] Sua saúde não estava boa, e em Dover, depois da travessia a partir de Ostend, ela precisou ser carregada para fora de sua cabine e para dentro do trem. HPB não foi a única coisa que precisou ser carregada. Blavatsky raramente viajava com poucas coisas — Wachtmeister fala dos diversos pacotes que a acompanhavam nas viagens de trem —, e a esse fardo somava-se o manuscrito crescente de *A Doutrina Secreta*, que, nesse momento, era uma pilha de um metro de altura com páginas densamente escritas. Bertram Keightley lembra que HPB trabalhou até o fim e que, assim que um item era empacotado, ela exigia que fosse desempacotado para que pudesse conferir uma referência.

Essa escrita incessante começou quase imediatamente após a chegada deles a Maycott, a casa da teosofista Mabel Collins no subúrbio londrino de Norwood, onde HPB passou seus primeiros meses na Inglaterra. Collins, viajante, romancista e jornalista, é conhecida hoje como a "escriba" do clássico teosófico *Luz no Caminho**, publicado em 1885. O lugar era pequeno — HPB comparou aqueles que moravam lá com "arenques num barril" —, e os poucos visitantes de Blavatsky precisavam se sentar na sua cama. As relações com Mabel Collins também não eram das melhores. Ao contrário de HPB, Collins tinha uma vida sexual ativa, o que incluía o lesbianismo, e num dado momento HPB repreendeu-a por ter casos com duas recrutas da teosofia ao mesmo tempo. Yeats conta como Blavatsky, incomodada pela promiscuidade de Collins, censurou-a, insistindo que, para obter a iniciação, a pessoa deve esmagar a natureza animal e viver na castidade, ao que ela acrescentou no momento adequado "mas não posso permitir que você tenha mais do que uma" — amante, no caso. Uma ruptura

---

* Publicado pela Editora Pensamento, São Paulo, 1962. (fora de catálogo)

mais grave aconteceu quando Collins, flagrada numa disputa pela liderança dentro da sociedade, retratou-se de sua declaração de que *Luz no Caminho* fora "ditado" por um dos Mestres de HPB — mais precisamente Hilarion Smerdis — e disse que ela mesma fora seu único canal.[27] E então, ela estava assumindo todo o crédito pela obra, lançando dúvidas sobre os Mestres e HPB. Blavatsky revidou, chamando-a de "vampiro místico" e fazendo declarações que lhe acarretaram uma ação judicial.[28] Quando o advogado de HPB mostrou ao conselheiro de Collins uma determinada carta — cujo conteúdo ainda é desconhecido —, a ação foi retirada; até o final, HPB teve o curioso hábito de se envolver nessas contendas judiciais, que só desperdiçavam seu tempo e drenavam suas energias. Mais tarde, Collins acabou sendo expulsa da Sociedade.[29]

Em setembro de 1887, HPB mudou-se para a casa dos Keightleys no número 17 da Landsdowne Road, no Holland Park de Londres. Nessa época, teve início a Loja Blavatsky da Sociedade Teosófica, e muitos membros do grupo de Sinnett deixaram-no para se filiar a ela. Um de seus primeiros atos foi criar uma revista, *Lucifer*, que HPB editava, e cujo título, como mencionado antes, sugeria sua própria imagem como uma espécie de "anjo caído". (Previsivelmente, a Igreja Anglicana baniu-a das bancas.) Um dos primeiros números anunciou a nova "tolerância zero" de HPB com relação a fenômenos. Como no passado, os fenômenos eram aceitos apenas como "milagres, obras do demônio, truques vulgares ou trabalhos de 'fantasmas'"; agora, ela não teria participação neles. Em vez disso, ela estava interessada em ensinar ideias. "Um ocultista", escreveu, "pode produzir fenômenos, mas não pode fornecer ao mundo nem cérebros nem a inteligência... para compreendê-los e apreciá-los." Era hora, disse, de "deixar as ideias da teosofia se destacarem por seus próprios méritos intrínsecos".[30] Blavatsky tinha uma postura nada dogmática com relação a seu trabalho como editora; ela até serializou o romance satírico de Franz Hartmann, *The Talking Image of URUR*, que ironizava os teosofistas e se referia à própria Blavatsky como "um papagaio mediúnico".

Uma coisa que ela pretendia fazer se destacar por seu próprio mérito intrínseco era *A Doutrina Secreta*, cuja pilha crescente de papel ela entregara aos Keightleys para que eles a organizassem. Ela lhes disse "faça o que quiserem com isto". Tendo em vista o tamanho e o estado caótico do manuscrito — ele estava, segundo comentou Bertram Keightley, "sem plano, sem estrutura ou organização" —, foi uma sugestão perigosa. Era, conforme acreditavam os Keightleys, uma grande obra filosófica, mas seria preciso uma revisão cuidadosa, pois tal como estava nesse momento — literalmente — era, segundo comentou a condessa Wachtmeister, "outra *Ísis sem Véu*, só que bem pior".[31] Como Wachtmeister sugeriu educadamente, HPB era "constitutivamente... despreparada para a tarefa de expor, ordenada e pacientemente, seus ensinamentos".[32] Os Keightleys assumiram a tarefa e contrataram uma datilógrafa — alma corajosa — para produzir uma cópia clara. Quando finalmente conseguiram enviar um texto coerente para a gráfica, as mudanças de HPB foram implacáveis. Ela teve de arcar com uma conta de trezentas libras pela correção das provas tipográficas — uma importância significativa na época —, e o linotipista ficou "arrancando os cabelos, estarrecido".[33]

Na Landsdowne Road, HPB recebia muitas visitas, e nas noites de quinta-feira a Loja Blavatsky realizava suas reuniões lá, basicamente uma sessão de perguntas e respostas com a Madame. Alice Leighton Cleather lembra-se de uma "sala de visitas dupla" na qual "uma mulher robusta de meia-idade" (Blavatsky estava com 56 anos) achava-se sentada diante de uma mesa pequena, jogando paciência. Seus quartos estavam repletos de lembranças da Índia e de outros bricabraques exóticos, uma espécie de repetição do Lamastério. Ela disse a Cleather que trabalhava 24 horas por dia: "neste corpo o dia todo, no outro, a noite toda".[34] Ela disse a Yeats, outro visitante, a mesma coisa. "Escrevo, escrevo, escrevo", disse, "assim como o Judeu Errante anda, anda, anda."[35] Yeats achou que ela tinha um "ar de humor e de poder audacioso", e alguns de seus comentários sugerem que devia ser divertido ficar perto dela. Yeats recorda-se que o relógio cuco dela "piou" para ele, embora parecesse evidentemente quebrado. Depois de explicar que ela o havia confundido com um visitante que achava que a Terra era plana, ela lhe disse para não quebrar seu relógio. (Wachtmeister fala de um relógio similar com "feixes de luz elétrica" irradiando dele.[36]) Quando Yeats comentou sobre seus jogos de cartas, ela respondeu que "uma pessoa genial precisa fazer alguma coisa; Sarah Bernhardt dorme no seu caixão".[37] Ele a descreve sentada diante de uma mesa coberta com baeta — o tecido que reveste as mesas de bilhar — no qual ela rabiscava símbolos ocultistas com giz. Ela era "impaciente com a piedade abstrata" e não tinha tempo a perder com tolos. Ela disse a um devoto crédulo que a Terra tinha a forma de halteres e que o outro globo estava grudado a ela pelo Polo Norte. Outro foi informado de que "Sim, você tem a centelha divina, e se não tomar cuidado vai ouvi-la roncar".[38] Mas também havia sabedoria. "Nada importava, exceto aquilo que acontecia na mente", disse ao poeta. "Se não conseguimos dominar a mente, nossas ações têm pouca importância."[39] Outro visitante foi seu velho camarada, o coronel, que acreditava que "o mero fato de ela estar viva já era um milagre", um sinal, talvez, de que o domínio de que ela falou a Yeats estava ao seu alcance.

O OUTONO DE 1888 viu desdobramentos significativos no trabalho de Blavatsky. Um deles foi a fundação do que ela chamou de Seção Esotérica da ST. Um anúncio do fato apareceu em *Lucifer*. A Seção Esotérica, dizia, focalizaria o "estudo mais profundo da filosofia esotérica", e sua direção e sua liderança ficariam apenas nas mãos de HPB.[40] Suas atividades e seu material deviam ser mantidos em segredo. Blavatsky escreveu uma série de instruções confidenciais que eram copiadas – não impressas – pelos membros e distribuídas para os outros. Havia um processo de filtragem, e só os candidatos sérios eram analisados. Segundo um membro, os "testes" incluíam visitas de um Mestre aos "planos interiores".[41] Blavatsky disse que o motivo para ter criado a Seção Esotérica (ou SE) – incentivada nessa ideia por W. Q. Judge – foi que havia muita coisa que ela não podia comunicar, fosse em *Lucifer*, fosse em A *Doutrina Secreta*. Daqueles que se filiaram, se ela conseguisse "colocar no caminho certo e verdadeiro meia dúzia, mais ou menos", ela poderia morrer feliz.[42] Essa foi sua tentativa de concretizar o desejo do Mestre para que ela formasse uma nova escola de "verdadeiros teosofistas", com "quantos místicos ela pudesse conseguir".

A meta geral da SE era "preparar e adequar o aluno para o estudo do ocultismo prático, ou Raja Yoga". Isso não significava, porém, aprender a produzir fenômenos ou a desenvolver poderes psíquicos. Exceto em circunstâncias especiais, estes eram proibidos. A meta era o "conhecimento do EU, dos processos psicofisiológicos (acontecendo no plano oculto) do corpo humano em geral", que exigiam controle e disciplina das "paixões inferiores" e do "EU PESSOAL". A própria HPB, disse, era apenas a porta-voz do verdadeiro líder da seção, que era um dos adeptos, apesar de os candidatos serem aconselhados a não se preocupar com qual deles seria, pois isso não importava. O importante era que todo o trabalho fosse realizado sob a lei ocultista que garantia que a pessoa recebe a iluminação segundo seus méritos. Isso dependia da capacidade do candidato de assimilar os ensinamentos e de torná-los parte de sua vida, de seu trabalho pela humanidade e da Fraternidade Universal, e não para ganhos pessoais.[43]

Não foram muitos os que passaram, pelo menos no começo. No primeiro grupo de "Instruções", Blavatsky fez os membros se lembrarem da "estranha lei do Ocultismo" que assegura que, assim que a pessoa se dedica a seguir o caminho, "tudo que está latente" nela se levanta e a confronta. Todos os vícios, as vaidades, a sensualidade e as ambições que normalmente mantemos ocultos aparecem mais poderosamente do que antes, e a pessoa é compelida a liquidá-los antes de dar outro passo. Foi uma ideia que ela tomou emprestada de Bulwer-Lytton, que fala do "Morador do Limiar" em *Zanoni*, e que Rudolf Steiner também usaria, e que, em tempos mais modernos, aparece no conceito junguiano de "a sombra".[44] HPB sentiu-se compelida a lembrar seus candidatos sobre isso, pois, conforme lamentou, "nos três últimos meses... vários dos candidatos mais promissores falharam afrontosamente".[45]

As "Instruções Esotéricas" de HPB começavam com uma discussão detalhada dos axiomas "conhece-te a ti mesmo" e "assim em cima como embaixo", em sua relação com a anatomia cósmica e humana.[46] Para muitos, porém, o outro desdobramento importante e mais exotérico dessa época acabou sendo, na verdade, bem esotérico. Em outubro de 1888, foi lançado o primeiro volume de *A Doutrina Secreta*; o segundo volume saiu em janeiro do ano seguinte. Como não encontraram uma editora comercial, com o dinheiro dos Keightleys e com a condessa à frente, foi criada a Theosophical Publishing Company. Uma primeira tiragem de quinhentos exemplares foi vendida por assinatura — o que hoje chamaríamos de "pré-compra" —, e outra tiragem foi feita do mesmo modo. Mas se os leitores de *Ísis sem Véu* tinham achado a primeira obra de vulto de HPB difícil, essa segunda *magnum opus* era ainda mais assustadora. Era mais volumosa do que sua antecessora; mesmo assim, era "apenas um fragmento pequeno da Doutrina Esotérica conhecida dos membros mais elevados das Fraternidades Ocultas". No entanto, seu conteúdo era desconcertante. Até a própria HPB disse que lê-la "página por página... iria acabar em confusão", uma observação que poderia ser aplicada a outras obras esotéricas.[47] Alguns, porém, podem pensar que lê-la de qualquer maneira terá essa consequência, e talvez não possamos culpá-las.

A *Doutrina Secreta* pretende ser um comentário sobre estâncias do misterioso *Livro de Dzyan*, um texto desconhecido escrito numa língua desconhecida, senzar, que, como sabemos, HPB estudou, juntamente com o inglês, enquanto esteve com Koot Hoomi. É o "velho livro" a que ela se refere no começo de *Ísis sem Véu* e é a fonte das "tradições de sabedoria" ocidentais e orientais que chegaram até nós. O que os dois volumes de *A Doutrina Secreta* — "Cosmogênese" e "Antropogênese" — contam é uma história cósmica do homem e do universo. As "Rondas", "raças-raízes" e "sub-raças" das *Cartas dos Mahatmas* e de *O Budismo Esotérico* de Sinnett tornam a aparecer, mas agora em complexos detalhes, e é uma pena que alguns dos comentários de HPB sobre os méritos das diferentes raças, tanto contemporâneas quanto antigas, sejam o que a maioria das pessoas conhece sobre *A Doutrina Secreta*, se é que as pessoas sabem algo sobre ela. Em nossa época hipersensível, isso não deve surpreender; somos rápidos em julgar os outros segundo nossa própria visão contemporânea, por mais anacrônica que ela seja. Porém, o fato de algumas das ideias de Blavatsky terem sido adotadas por pensadores declaradamente racistas, e que os teosofistas usavam a suástica, um antigo símbolo solar, décadas antes dos nazistas, certamente não ajudou.

Sem dúvida, HPB era "filha de sua época", e raça era uma ideia central de boa parte do pensamento do século XIX, inclusive a dela. Não é de surpreender que alguns de seus comentários sobre "sub-raças" provoquem arrepios. Porém, ela não pode ser considerada responsável pela maneira como alguns ocultistas de orientação filosófica racista empregaram mal algumas de suas ideias. Essas ideias em si, na verdade, formam apenas uma pequena parte de sua visão global de mundo, e só apareceram em sua forma mais extrema após sua morte. Não tenho dúvidas de que, se Blavatsky estivesse viva na época, teria lutado muito para dissociar a teosofia desses abusos, assim como ela fez com outros.

Talvez o exemplo mais conhecido dessa apropriação racista da teosofia e das ideais centrais da obra de HPB seja a "ariosofia" associada a Guido von List e a Jörg Lanz von Liebenfels, que surgiu na Áustria no começo do século XX, nos anos que antecederam a Primeira Guerra Mundial. Guido von List era um poeta, jornalista, montanhista e ocultista vienense dedicado a reviver o paganismo alemão por meio do poder místico das antigas runas. Em 1902, após uma operação de catarata, List ficou quase cego durante onze meses. Nessa época, ele teve uma visão do "futhark armanen". Era um "alfabeto" com dezoito runas

— antigas letras alemãs — que, segundo disse, abriu seu "olho interior". Em *The Secret of the Runes* [O Segredo das Runas, 1906] e outros livros, List promoveu o "armanismo", uma filosofia *völkisch*, ética, "ariana" e pangermânica, baseada na antiga veneração dos "reis-solares", a casta sacerdotal da nação ário-germânica. List atraiu muitos admiradores, entre os quais Jörg Lanz von Liebenfels, um ex-monge cisterciense que também era, com Franz Hartmann e muitos outros, membro da Guido von List Society. Liebenfels, também vienense, fundou uma revista, *Ostara*, nome da deusa pagã da primavera. Inspirado nos Cavaleiros Templários e no paganismo alemão, e tomando emprestado elementos da teosofia, Liebenfels promoveu um ocultismo racial, antissemita, que ele chamou de "ariosofia", a "sabedoria dos arianos". Essa filosofia estava centrada na crença de que os arianos "loiros e de olhos azuis" eram *Gottmenschen*, "homens-deuses", mestres naturais da Terra, com as "raças inferiores" e os "homens-fera, verdadeiras bestas de pele escura", sendo seus súditos naturais. Em 1904, Liebenfels publicou um livro, *Theozoologie*, explicando esse ponto com detalhes e sugerindo a esterilização e eliminação dos "sub-homens" doentios. (É estranho observar que o mago Aleister Crowley, em seu texto "inspirado" *O Livro da Lei*, "ditado" a ele no mesmo ano por um ser extradimensional conhecido por "Aiwass", estava recebendo conselhos bem similares.[48])

Um leitor regular de *Ostara* era um artista desempregado chamado Adolf Hitler que depois saiu de Viena e foi para Munique. Lá, em 1918, um ocultista de origem alemã e turca chamado Rudolf Von Sebottendorf criou a *Thulegesellschaft*, ou "Sociedade Thule". "Thule" é uma cidade mítica além do Polo Norte, numa terra de clima ameno que os gregos chamavam de "Hiperbórea", "além do vento norte", um nome que a própria Blavatsky iria tomar emprestado. A Sociedade Thule era um "grupo de estudos" de ascendência ário-germânica com tendências antissemitas e de extrema direita, e sua posição foi influenciada por List e Liebenfels. Ela teve muito sucesso e atraiu figuras importantes, como o filósofo evolucionista Ernst Haeckel, cujas ideias influenciaram tanto C. G. Jung quanto Rudolf Steiner. Outro membro dessa sociedade semissecreta foi Rudolf Hess, que se tornaria um nazista de alto escalão. Uma coisa que a *Thulegesellschaft*, os nazistas e a Sociedade Teosófica tinham inegavelmente em comum era a suástica. Ela aparece no emblema da Thule, adornada com uma adaga, e também no "selo teosófico", juntamente com, é de se dizer, um *ankh* egípcio, a Estrela de Salomão, a Serpente Ouroboros e o símbolo sânscrito do som místico *Om*.

Outro membro da Sociedade Thule foi Anton Drexler, que em 1919 fundou o Partido dos Trabalhadores Alemães (cuja sigla em alemão era DAP). Embora Hitler não tenha se filiado à Sociedade Thule, ele se filiou à organização de Drexler, que, após a filiação de Hitler a essa agremiação política, tornou-se o Partido Nacional Socialista dos Trabalhadores Alemães, ou nazista. Outro leitor de *Ostara* foi Dietrich Eckart, colega de Drexler, que acolheu Hitler sob suas asas e, talvez mais do que qualquer outro, foi responsável por dar início à sua ascensão ao poder. Mais tarde, quando os nacional-socialistas estavam no poder, tanto Liebenfels quanto Sebottendorf tentaram chamar para si o crédito pela ascensão do Führer. Hitler tirou *Ostara* das bancas, baniu Liebenfels do cenário editorial e mandou prender Sebottendorf. Os vínculos entre Hitler, a Sociedade Thule, Liebenfels, List e muitos mais formam a essência do "nazismo esotérico", agora um gênero estabelecido do ocultismo ocidental moderno.[49]

Independentemente do que possamos pensar sobre as ideias de Blavatsky, ela não pode ser responsabilizada pelo modo como List e Liebenfels possam ter utilizado algumas delas, nem por qualquer efeito indireto que sua obra possa ter exercido sobre acontecimentos posteriores da história alemã, se é que exerceu algum. De várias maneiras, Blavatsky está na mesma posição ocupada pelo filósofo Nietzsche, antes que estudiosos sérios o isentassem de sua apropriação pelos nazistas, uma falsa associação que levou algum tempo para se dissolver. Alguém precisa fazer o mesmo por HPB; a pecha de "racista" apegou-se a ela, enquanto sua influência mais positiva — digamos, como a exercida sobre Gandhi, que examinaremos logo adiante — costuma ser ignorada. Como tenho tentado deixar claro neste livro, um ponto fundamental da agenda de Blavatsky foi a formação de uma Fraternidade Universal, uma ideia atraente para Gandhi e que não está, creio, na maioria dos programas racistas. E também deveria estar claro que dois ocidentais brancos vivendo entre hindus, siques e cingaleses, aprendendo e celebrando com eles, evitando seus irmãos anglos, também não é algo particularmente racista.[50]

Como Ísis sem Véu, *A Doutrina Secreta* não admite um resumo fácil, e o leitor assustado com seu porte deve tentar ler a excelente síntese de Michael Gomes.*[51]

---

* *A Doutrina Secreta – A Obra Clássica de H. Blavatsky Resumida e Comentada*, Editora Pensamento, São Paulo, 2012. (N. do E.)

Ela estabelece, conforme nos diz Blavatsky, três proposições fundamentais, cada uma delas proporcionando bastante material para se pensar. São elas:

1. A existência de uma realidade absoluta, que precede toda manifestação e transcende nossa capacidade de dizer qualquer coisa significativa sobre ela. É a *sunyatta*, ou "vazio" do budismo Mahayana, o "Neti-Neti", "nem isto, nem aquilo" dos Upanishads, a "teologia negativa" de Meister Eckhart e o *Ungrund* de Jacob Boehme. Em essência, é a "raiz sem raízes" de tudo.

2. A eternidade do universo como um "plano sem limites", no qual uma irrevogável "lei da periodicidade", a "maré e o fluxo" da criação/destruição estão incessantemente em funcionamento, trazendo mundos à manifestação e tirando-os dela.

3. A identidade de cada alma com a Superalma, um aspecto universal da raiz desconhecida da existência que compele todas as almas — ou "mônadas" — a realizarem a jornada evolutiva por meio de todas as condições e de todos os estados da existência, uma repetição da referência anterior de HPB ao aforismo cabalístico "uma pedra torna-se uma planta; a planta, um animal; o animal; um homem; o homem, um espírito; e o espírito, um Deus". Isso significa que cada um de nós — não a nossa "personalidade", mas nossa "individualidade" — passa por todas as formas de existência, até atingirmos a união completa com o espírito.

A própria existência, diz HPB, oscila entre os dias e as noites de Brahma, em que *manvantaras* tornam-se os dias cósmicos e *pralayas*, as noites cósmicas, cada um com uma duração incalculável. No princípio, havia o nada absoluto, como o estado de não existência que os cosmologistas postulam antes do *Big Bang*. Depois, as vibrações da eternidade despertam para uma nova vida e a essência primordial se separa em sete raios que modelam o universo. Esses raios são, na verdade, seres inteligentes, os *Dhyan Chohans*. Pela energia de *Fohat*, eles confeccionam um novo universo, e a eternidade é "o parque de diversões de inúmeros universos manifestando-se e desaparecendo incessantemente". Nosso mundo é o resultado de uma espécie de condensação cósmica na qual a matéria estelar passou por um tipo de redemoinho, coletando na nebulosa aquilo que se tornará nosso sistema solar.

A Terra, como mencionado, passa por sete Rondas, e, durante cada uma, são criados seres diferentes. A primeira raça-raiz viveu num continente chamado de "Terra Sagrada Imperecível" e era formada por espírito puro, assim como a segunda raça-raiz, a hiperbórea, que habitou uma terra próxima ao Polo Norte, que na época tinha um clima ameno. A terceira raça-raiz viveu na Lemúria, cujos fragmentos genéticos acham-se hoje, entre outros lugares, na Austrália, em algumas ilhas da Oceania e na Ilha de Páscoa. (Nossos primeiros corpos físicos densos surgiram na terceira sub-raça há 18 milhões de anos. E a separação entre os sexos se deu no início da quinta sub-raça, pois o homem, ainda era hermafrodita até o final da quarta sub-raça.) Durante a quarta Ronda, seres superiores desceram à Terra. A quarta raça-raiz apareceu na Atlântida; tinham corpos e sentidos mais parecidos com os nossos, eram mestres na tecnologia e tinham poderes psíquicos. Muitos dos atlantes, porém, tinham uma queda pela "magia negra" e alguns apetites sexuais incomuns: uma união entre atlantes e certas "fêmeas animais" resultou em mutação genética e gerou os gorilas, os chimpanzés e outros símios antropoides atuais. Alguns atlantes eram gigantes e foram responsáveis pelas construções localizadas em antigos sítios arqueológicos como Stonehenge, mas abusaram de seus poderes e conhecimentos e mergulharam na decadência enquanto a própria Atlântida afundava no mar, numa série de catástrofes durante um longo período, entre 200 e 13 mil anos atrás. Ao fugirem de seu mundo perdido, alguns atlantes viajaram até o lugar que hoje conhecemos como Egito, alguns foram à América e fundaram civilizações nesses lugares.[52] Mas em pouco tempo foram superados pela quinta raça-raiz, a Ariana. A sexta sub-raça da quinta raça-raiz — cada raça-raiz é subdividida em sete sub--raças — iria nascer, segundo HPB, em sua época na costa ocidental dos Estados Unidos, até outra sub-raça que apareceu algum tempo antes dos próprios aria-nos encontrar o destino de seus predecessores. A meta desses vastos ciclos de civilização e raças é o florescer último da humanidade numa sétima raça-raiz, a derradeira nessa Quarta Ronda.

Naturalmente, esse é um perfil muito geral, e há muito mais coisas a acrescentar. Aplaudo de antemão o leitor intrépido que for até a fonte. Meu único conselho é que, se lermos *A Doutrina Secreta* como a "verdade" literal — como alguns fundamentalistas cristãos leem a Bíblia —, podemos estar prestando um desserviço a essa obra. Aproveite-a ao máximo, vendo-a como a tentativa de

Blavatsky de criar um novo mito para a era moderna, ou como uma imensa história fantástica de ficção científica, algo como *Star Maker* [Fazedor de Estrelas], de Olaf Stapledon.

❋   ❋   ❋

Não surpreende saber que a maioria dos críticos do livro diz que tanto o senzar quanto *O Livro de Dzyan* são desconhecidos dos estudiosos — ou de qualquer pessoa — e provavelmente tiveram origem na mente fértil da própria Blavatsky. Max Müller considerou *A Doutrina Secreta* uma mistura requentada de hinduísmo e budismo mal digerido. O estudioso Gershom Scholem achou que *O Livro de Dzyan* baseava-se no *Siphra Dtzenioutha*, um "pomposo" texto do Zohar.[53] Um estudioso contemporâneo do budismo chamou a obra de HPB de "uma mescla de horrendas besteiras... que qualquer estudioso budista ou tibetano deve evitar...", mais ou menos a postura-padrão.[54] Mas nem todos os acadêmicos concordam. O sinologista Giovanni Hoffmann acreditava que as "Estâncias de Dzyan" originam-se no *Livro de Correspondências Secretas* (Yu-Fu-King) do taoista Ly-Tzyn, do século IV.[55] E os estudiosos do budismo David e Nancy Reigle dizem que *O Livro de Dzyan* de Blavatsky baseia-se nos Livros Tântricos de Kiu-Te.[56] Tal como muitas outras coisas sobre HPB, o debate continua.

Um leitor de *A Doutrina Secreta* que reconheceu sua importância foi o jornalista, editor e espiritualista W. T. Stead, amigo de Bernard Shaw e H. G. Wells, e mais tarde uma das vítimas do *Titanic*. Stead conheceu Blavatsky na Landsdowne Road e ficou impressionado. Quando *A Doutrina Secreta* apareceu, ele pediu a Annie Besant, na época uma famosa livre-pensadora e ateia, para escrever uma crítica sobre o livro; nenhum de seus outros escritores conseguiu se aproximar dele. Besant era um estopim político; já tinha sido presa por apoiar o controle da natalidade e foi uma das principais ativistas nas manifestações "Domingo Sangrento" e "A Menina dos Fósforos", de 1887 e 1888. Quando ela recebeu o livro de Blavatsky, mostrou-se incrédula, mas, à medida que o leu, "os fatos desconjuntados foram vistos como parte de uma poderosa totalidade, e todos os meus enigmas, quebra-cabeças e problemas pareceram desaparecer"; sua crítica, que apareceu no *The Pall Mall Gazette* em 25 de abril de 1889, foi positiva.[57] Um autor sugere que Besant entrou para a teosofia logo após um romance fracassado com Shaw.[58] De qualquer maneira, com um amigo socialista que também se tornara teosofista, Besant visitou HPB. Besant viu HPB enrolando seus cigarros e a conversa foi "mundana", nada mística. Quando ela estava prestes a sair, HPB virou-se para ela e disse "Oh, minha cara senhora Besant, seria bom se você pudesse ficar entre nós". Sua noção de tempo foi perfeita. Besant se derreteu e ficou entre eles, a ponto de tornar-se depois líder da ST, sendo, como tal, muito importante na independência da Índia do domínio do Raj, uma história que conto em outro lugar.[59] A conversão de Besant, de progressista militante a aspirante teosófica, foi tão completa que ela até proporcionou a HPB sua última residência, pelo menos nesta terra.

Mas talvez o mais célebre dos visitantes de HPB nessa época tenha sido Mohandas Gandhi, que descreveu a teosofia como "o melhor do hinduísmo".[60] O primeiro contato de Gandhi com a teosofia deu-se em Londres, em 1889, quando ele estava estudando direito e tentando, de modo geral, adaptar-se aos costumes ocidentais, especificamente britânicos.[61] Ele acreditava, como muitos jovens indianos de sua época, que seu povo devia abrir mão dos velhos costumes, esforçando-se para ser como os ingleses. Ele conheceu os Keightleys — a quem se refere como "dois irmãos teosofistas", na verdade, tio e sobrinho — e eles o apresentaram ao Bhagavad Gita.[62] Eles estavam lendo a popular tradução inglesa de Edwin Arnold e sugeriram ao jovem estudante que eles poderiam lê--lo juntos no original. Gandhi ficou envergonhado por admitir que nunca o lera no original nem em qualquer outra língua. Mas estava determinado a fazê-lo, e o Gita tornou-se o livro mais importante de sua vida; mais tarde, ele disse que sua doutrina do *Ahimsā*, "não violência", tinha raízes nele. Em novembro de 1889, os Keightleys levaram Gandhi para conhecer HPB; na mesma visita, ele também conheceu Annie Besant, cuja recente conversão à teosofia fora quase um escândalo. Gandhi não se filiou à sociedade nessa ocasião, mas, um ano e meio depois, em 26 de março de 1891, ele se tornou membro associado da Loja Blavatsky.[63] Gandhi disse mais tarde, em 1893, durante sua estadia em Johannesburgo, África do Sul, que, embora não tivesse se filiado a uma loja teosófica, teve muitas discussões com teosofistas, compareceu a leituras de livros teosóficos e até discursou em algumas de suas reuniões.[64] O interesse de Gandhi pela teosofia estava em sua meta de uma fraternidade universal. Ele tinha pouco interesse por seu lado ocultista, e na verdade até o criticava, e sua visão da Sociedade mudou ao longo do tempo. No entanto, a leitura de Blavatsky inspirou

Gandhi a estudar o hinduísmo e a rejeitar a ideia, ensinada pelos missionários cristãos, de que a religião de seu país era simples superstição. Foi essa crença no valor de sua própria tradição que o sustentou ao longo de sua carreira. Estranhamente, algumas das últimas palavras de Gandhi foram da teosofia. Em 30 de janeiro de 1948, dia em que foi assassinado, o jornal de Gandhi, *Harijan*, publicou algumas de suas reflexões sobre a teosofia e sobre aquilo que ele via como sua ênfase excessiva no ocultismo. Ele chegara à conclusão, porém, de que a "teosofia é o hinduísmo na teoria, e o hinduísmo é a teosofia na prática".[65] Foi também por meio da teosofia que Gandhi conheceu a obra de Leon Tolstói, que o influenciou quase tanto quanto o Gita.[66]

Antes de HPB se mudar para a casa de Besant no número 19 da Avenue Road no rico bairro londrino de St. John's Wood em agosto de 1890 — o contrato da casa da Landsdowne Road tinha vencido —, outras duas obras emergiram de sua caneta irrepreensível. Em *A Chave para a Teosofia* — um livro que Gandhi leu —, Blavatsky tentou responder às muitas perguntas que lhe tinham sido feitas sobre a natureza do homem, o carma, o renascimento, o espiritualismo, o ocultismo, a política e dezenas de outras coisas, nos pacotes de cartas que ela recebia. Está escrito na forma de perguntas e respostas e deve ser, como HPB quis que fosse, a primeira parada para quem quiser captar a essência de seus ensinamentos. Ali, o foco e a clareza são nítidos e a meta é afastar confusões e levar o leitor a pensar por si mesmo. Depois das profundezas, geralmente desafiadoras, de *A Doutrina Secreta*, a *Chave* de Blavatsky tem um ar de pensamento sólido e de bom senso saudável. A ênfase recai sobre o esforço individual. Depois de declarar que a teosofia não é uma religião, ela se volta contra a prece. Ela "mata a autoconfiança e estimula um egoísmo ainda mais feroz", pois tais pedidos são dirigidos a um "Deus antropomórfico, que é apenas a sombra gigantesca do homem, mas que nem é o melhor do homem". "Essa ideia de passar toda a vida num ócio moral, tendo seus trabalhos e deveres mais difíceis feitos por outro, é muito revoltante para nós", escreveu, e, de qualquer modo, "sendo pessoas ocupadas, mal podemos nos dar ao luxo de perder tempo enviando preces verbais para uma pura abstração", sendo "o homem interior" o "único Deus de que podemos tomar conhecimento". Falando de nossa "falha constante para encontrar satisfação permanente na vida, que atenderia às necessidades de nossa natureza superior" — uma reflexão que merece repetidas considerações

—, ela diz a seus leitores que a teosofia é, "essencialmente, a filosofia daqueles que sofrem e que perderam toda a esperança de serem auxiliados a sair do lodo da vida por quaisquer outros meios". A própria teosofia é "o depósito de todas as verdades murmuradas pelos grandes videntes, iniciados e profetas", e o "canal pelo qual uma quantidade maior ou menor de verdade... é despejada no mundo". O dever é a chave. É "a dívida para com a humanidade como um todo, para os outros seres humanos", e o próprio teosofista "deve ser um centro de ação espiritual... de sua vida individual e cotidiana devem irradiar essas ações [e] forças espirituais que sozinhas podem regenerar os outros homens". "Egoísmo, indiferença e brutalidade nunca poderão ser o estado normal da raça... O progresso só pode... ser atingido com o desenvolvimento de qualidades mais nobres", e a teosofia é um meio de se obter isso.[67]

Esse desenvolvimento foi o tema de sua última obra importante. Como *A Doutrina Secreta*, *A Voz do Silêncio* — um texto breve, devocional, incomum para Blavatsky — é uma transcrição de excertos de uma obra escrita originalmente em senzar. Foi escrita na França, em Fontainebleau, durante férias curtas de Londres. *O Livro dos Preceitos de Ouro*, do qual *A Voz do Silêncio* foi extraído, é, segundo diz Blavatsky, "parte da mesma série da qual as estâncias de *O Livro de Dzyan* foram tiradas".[68] Suas máximas podem ser encontradas, diz, em formas diferentes nos livros em sânscrito, como os Upanishads, e os preceitos originais estão gravados nesses "quadrados oblongos e finos" que são "preservados nos altares dos templos" ligados aos centros do budismo Mahayana, que ela aprendeu em sua estadia no Tibete. Hoje, a Mahayana é a maior e a mais popular escola do budismo — o budismo tibetano é um de seus ramos —, mas, na época de Blavatsky, ainda era muito misteriosa, e *A Voz do Silêncio* é uma das primeiras obras celebrando o "caminho do Bodhisattva". Artistas de cinema e outras celebridades que praticam hoje o budismo tibetano e que reconhecem o Dalai Lama como líder espiritual têm uma dívida de gratidão para com Blavatsky. Se o coronel Olcott levou o budismo para os budistas, sua camarada o transmitiu para praticamente todos os demais.

Nem é preciso dizer, como faz com *A Doutrina Secreta*, que a maioria dos acadêmicos budistas nega que *A Voz do Silêncio* se origine de qualquer coisa que não a imaginação de Blavatsky. Porém, alguns nomes influentes discordam. D. T. Suzuki, que levou o Zen, uma forma do budismo Mahayana, para o

Ocidente, disse sobre *A Voz do Silêncio*: "Eis o verdadeiro budismo Mahayana", comentando que HPB "de algum modo foi iniciada no lado mais profundo dos ensinamentos Mahayana, oferecendo depois aquilo que ela considerou adequado para o mundo ocidental".[69] Edward Conze, notável estudioso e tradutor budista que levou alguns dos textos centrais do budismo Mahayana para os leitores anglófonos, disse a Mircea Eliade, historiador da religião, que HPB era uma reencarnação de Tsong Kha Pa, reformador do budismo do século XIV e fundador da escola Gelugpa, à qual pertence o Dalai-lama.[70] Em 1960, Christmas Humphreys, fundador da Sociedade Budista de Londres, publicou sua influente antologia *The Wisdom of Buddhism* [A Sabedoria do Budismo], que incluiu trechos de *A Voz do Silêncio*. E o Lama Kazi Dawa-Samdup, cuja tradução do *Bardo Thödol* W. Y. Evans-Wentz publicou como *O Livro Tibetano dos Mortos*, comentou que "há evidências internas adequadas" do "conhecimento íntimo de Blavatsky dos ensinamentos lamaístas superiores, nos quais ela afirma ter sido iniciada".[71]

O fato de Conze, Humphreys e Evans-Wentz serem teosofistas sugere aos estudiosos que seu testemunho é tendencioso. Para o mundo não acadêmico, pode sugerir que HPB merece mais crédito do que aquele que recebeu, um sentimento expressado pelo atual Dalai-lama ao escrever o prefácio para uma edição centenária da obra: "acredito que este livro influenciou fortemente muitos buscadores e aspirantes sinceros a procurarem a sabedoria e a compaixão do Caminho do Bodhisattva".[72]

Mas até alguns apoiadores de HPB dizem que ela não precisaria ter estado em mosteiros Mahayana para tê-la escrito. K. Paul Johnson sugere que o amigo do coronel Olcott, o explorador de Bengala e espião inglês Sarat Chandra Das, que viajou pelo Tibete na década de 1880, trouxe consigo centenas de manuscritos, e esse material poderia ter sido usado por Blavatsky em seus escritos "tibetanos".[73] Porém, para a maioria dos leitores, creio que a questão sobre a fonte do material de HPB ser de primeira mão ou de outra natureza é secundária. O que as torna marcantes é a qualidade das ideias e a sinceridade com que ela as expressa.

O PRINCIPAL TEMA DE *A Voz do Silêncio* é o contraste entre dois caminhos: o da compaixão pelos outros e o da salvação do próprio indivíduo. Os seguidores do budismo Mahayana diferem dos adeptos do theravada — a forma do budismo mais conhecida na época de Blavatsky — em sua determinação de abrirem mão de sua própria libertação — de entrarem no Nirvana — até que todos os seres sencientes se libertem também. (Para os budistas theravada — ou, como HPB os chama, pratyeka — a pessoa só pode salvar a si mesma, e não aos demais.) Como mencionado, aqueles que se encontram no limiar do Nirvana e preferem permanecer no mundo (*samsara*) para ajudar os demais a atingir a mesma meta são bodhisattvas. *A Voz do Silêncio* estimula seus leitores a fazer isso. Não é um caminho fácil. Como o de HPB, é "um caminho de sofrimento", de "renúncia" e de "dor". Como ela disse em *A Chave para a Teosofia*, "Nossas alegrias e prazeres nada nos ensinam", "a meta final não pode ser atingida de qualquer modo senão pelas experiências da vida, e a maioria destas consiste em dor e sofrimento", algo que a própria Blavatsky conhecia em primeira mão.[74] Nossa terra, diz, é um "Vestíbulo de Sofrimento... a entrada sombria que leva à fraca luz que precede o vale da verdadeira luz". Mas ao trilhar esse caminho — ou melhor, ao tornar-se o próprio caminho — a pessoa se torna "um soldado no exército daqueles que trabalham pela libertação ou salvação da humanidade". A pessoa começa a trilhar o caminho buscando a quietude e o isolamento dos sentidos, tornando-se "tão surda para os rumores quanto para os sussurros, para bramidos de elefantes e para o zumbido prateado do vaga-lume dourado". A pessoa precisa, em essência, ficar cega para *maya*, a ilusão do mundo, e buscar a verdadeira visão que vem de dentro. É assim que podemos escolher entre a "doutrina do olho", cujos seguidores ignoram os sofrimentos dos outros enquanto procuram se salvar, e a "doutrina do coração", cujos seguidores acolhem o sofrimento dos demais como se fossem seus. Como sua vida sugere, HPB escolheu a "doutrina do coração", e, se ela a aprendeu sob a tutela de KH ou de outra pessoa, foi um caminho que ela trilhou durante uma década e meia, pelo menos, conhecendo bem seus contornos.

SUAS VIAGENS NESSE CAMINHO, porém, pelo menos em sua forma terrena, estavam chegando ao fim. No último dia de Blavatsky na Landsdowne Road, a condessa levou-a a passear no Hyde Park, onde, segundo uma versão dos acontecimentos, ela tinha encontrado o Mestre pela primeira vez, quase quarenta anos antes. Quando voltou, ela lamentou que, entre as tantas pessoas que vira passeando, não havia "nem uma alma entre elas". Uma viagem a Brighton para respirar um pouco de ar do litoral foi a última que fez para fora de Londres — no ano anterior, ela atravessara o Canal pela última vez, para conhecer a torre do M. Eiffel em Paris —, e agora ela parecia estar se recolhendo cada vez mais para dentro de si mesma. Seu espírito, porém, foi um pouco iluminado por sua nova casa, embora nem todos tenham ficado satisfeitos. Alice Cleather teve um pressentimento quanto à mudança, achando que a "personalidade imperiosa e um tanto intolerante" de Annie Besant tinha lançado uma mortalha sobre o novo endereço de HPB, o que não foi um bom presságio para o futuro.[75] Se a própria Blavatsky teve alguma dúvida, ela não a comunicou. Conforme escreveu para Vera, a propriedade na Avenue Road era grande; ela possuía uma sala espaçosa no andar térreo e estava acrescentando um salão para palestras. Ele acomodaria trezentas pessoas, e seu teto de madeira polida deveria ser coberto por pinturas alegóricas, simbolizando as grandes religiões do mundo e o zodíaco. Foi lá que a nova Sede Europeia da ST foi inaugurada em 3 de julho de 1890. HPB estava sentada numa grande poltrona diante das quase quinhentas pessoas que compareceram — muitas mais do que o salão podia acomodar, e entre elas a esposa do arcebispo da Cantuária — e ouviu discursos de Sinnett e Besant. Besant estava superando Sinnett rapidamente naquela que em breve seria uma disputa aberta pelo controle da Sociedade. Ela se tornara presidente da Loja Blavatsky, e ele permaneceu sozinho na liderança da Loja de Londres. A própria HPB era um "verdadeiro papa teosófico", tendo sido eleita presidente de todos os ramos europeus. Como sempre, os títulos pouco representavam para ela, algo incomum entre ocultistas, que geralmente gostam de ofuscar os outros com suas condecorações esotéricas.

Foi também ali que HPB fundou um grupo esotérico dentro de sua Seção Esotérica. O Grupo Interno consistia de doze membros, seis homens e seis mulheres. Besant, a condessa Wachtmeister, a senhora Cooper-Oakley, Laura Cooper (sua irmã), Alice Cleather e Emily Kislingbury formavam a metade feminina; Archibald Keightley (seu sobrinho Bertram estava nos Estados Unidos), Walter Old (também conhecido como o astrólogo "Sepharial"), Herbert Coryn, E. T. Sturdy, Claude Wright e G. R. S. Mead formavam a masculina. Alguns membros mudaram com o tempo. E. T. Sturdy tornou-se cético e saiu. Num dado momento, o médico legista, maçom e ocultista londrino Wynn Westcott, um dos fundadores da Ordem Hermética da Aurora Dourada, uniu-se ao grupo.

(Um dos membros da Aurora Dourada seria Yeats, cujo interesse por magia cerimonial, que HPB desprezava, aproximou-o dela.) O Grupo Interno se reunia numa sala especial de sete lados com teto de vidro, ligada ao quarto de HPB. Cada parede estava revestida de um metal específico, e diversos "espelhos mágicos", do tipo usado pelo Círculo Órfico, decoravam-nas. Só Blavatsky e os membros do grupo podiam entrar nela. Ali, o grupo se sentava diante de HPB num semicírculo, sempre nas mesmas cadeiras, com os homens à sua direita e as mulheres à esquerda, e ela os orientava em meditações.[76]

Mead, que se tornou secretário de HPB e foi um brilhante estudioso do esoterismo e da espiritualidade com méritos próprios, falou dela nessa época como um "adorável feixe de contradições inexplicáveis", uma "intrigante mistura de sabedoria e loucura", uma "esfinge em traje variegado".[77] Embora suas energias estivessem se esvaindo e sua saúde declinasse visivelmente, HPB ainda conseguia dar lições quando precisava. Quando estava zangada, "balbuciava qualquer coisa que lhe viesse à mente".[78] Numa ocasião, ela repreendeu Mead na frente de Charles Johnston — marido de sua sobrinha Vera — por causa de algum *peca-dillo* e deixou Mead arrasado. "Era o jeito dela; julgar seus discípulos na frente de pessoas absolutamente estranhas", refletiu Mead. "Diz muito sobre ela o fato de eles continuarem a amá-la."[79] Como de costume, havia um monte de gente falando bobagens perto dela, e HPB deixava claro o que pensava deles. Numa ocasião, quando um visitante resmungou alguma coisa sobre uma de suas ideias favoritas, Blavatsky sussurrou em voz audível para Besant: "Puxa, Annie, pode fazê-lo parar, por favor?". Essa era a Madame, inimitável.

Enquanto levava seu Grupo Interno às profundezas esotéricas, nos seus últimos dias Blavatsky não se esqueceu do mundo exterior. Em agosto, durante sua última viagem para longe de sua nova sede, HPB foi até o East End londrino, repleto de favelas, cenário dos assassinatos do Estripador e uma das áreas mais pobres do país. Crime, penúria e desemprego eram comuns — uma década depois, Jack London escreveria sobre essa região em *People of the Abyss* [O Povo do Abismo] —, e Blavatsky foi lá para abrir uma casa para operárias. Lá, seus esforços de bodhisattva foram literalmente concretos, e o lugar seria depois administrado por Besant e Laura Cooper. Quase vinte anos antes, HPB vira-se em circunstâncias difíceis no lado leste de Nova York, e, sem dúvida, as lembranças daqueles dias retornaram a ela enquanto ela ficou sentada durante os inevitáveis discursos. Depois disso, porém, suas únicas excursões foram breves passeios pela Prince Albert Road e pelo Regent's Park, levada em sua cadeira de rodas especial pela condessa. Num dos passeios, HPB quase caiu da cadeira ao se dobrar para ajudar uma criança que elas quase atropelaram.

Ela trabalhou até o fim. Produziu seu *Theosophical Glossary* [Glossário Teosófico], um manual prático para quem mergulha nas profundezas de *Ísis sem Véu* ou de *A Doutrina Secreta*, e também editou algumas de suas histórias ocultistas, que um editor arrojado iria reeditar; HPB é um achado para fãs de maravilhosas histórias ocultistas. Mas, como Mead e outros perceberam, ela deu a impressão de que estava organizando as coisas e preparando seu rebanho para a sua partida. Seus seguidores a viam cada vez menos. As noites abertas, com visitantes entrando e saindo enquanto pérolas místicas eram lançadas em meio à confusão tinham acabado. Ela podia estar desejando a quietude, agora que estava ficando pronta para prosseguir, mas mesmo em seus últimos dias ela se manteve envolta em controvérsias.

Surgiu uma última discussão jurídica. Elliot Coues, que fundara um ramo da ST em Washington, D.C., provocou furor quando, associado a Mabel Collins, espalhou a história de que, de algum modo, HPB tinha forçado Collins a dizer que seu *Luz no Caminho* fora ditado pelos Mestres. Então, ele tentou obter o controle da ST nos Estados Unidos, pedindo a ajuda de HPB para tirar a liderança de W. Q. Judge. Blavatsky não quis participar da querela e Coues acabou sendo expulso. Coues revidou publicando artigos que denunciavam a teosofia como "tapeação" e HPB como uma "fraude", e, em 20 de julho de 1890, *The Sun* publicou uma longa "entrevista" com Coues na qual ele reuniu todas as calúnias já proferidas contra Blavatsky, inclusive a acusação de que ela tivera um filho ilegítimo, dessa feita com o príncipe Emile de Wittgenstein, amigo da família de longa data. HPB respondeu com uma carta em *The Path*, negando as acusações e denunciando Coues; em setembro, deu entrada em processos contra Coues e *The Sun*. No final, descobriu-se que a "entrevista" de Coues fora totalmente escrita por ele, e, em 26 de setembro de 1892, *The Sun* publicou uma retratação, afirmando que não havia evidências que sustentassem as declarações de Coues. Este tinha recolhido boa parte de suas "evidências" contra HPB com seu inimigo mortal, William Emmette Coleman (Capítulo 6), que forneceu a Coues as desinformações sobre o caso com o príncipe Wittgenstein, baseando-se na duvidosa carta de D. D. Home para o doutor Bloede (Capítulo 4). Coleman também entregou a Coues os originais das infames cartas HPB--Coulomb, que ele comprara de George Patterson, o missionário escocês que as publicara antes. As cartas nunca mais foram vistas, e diz-se que teriam sido perdidas ou destruídas enquanto estavam na posse de Coues. Apesar de ainda serem mencionadas como uma prova de que Blavatsky era uma fraude, sua perda torna impossível qualquer julgamento definitivo sobre sua autenticidade.[80] Alguns apoiadores de HPB sugerem que Coues, percebendo que as cartas eram falsas, destruiu-as para ocultar a falsificação.

Infelizmente, HPB nunca viu a retratação de *The Sun*, e por isso não teve a oportunidade de apreciar sua vitória. Na época em que foi publicada, ela estava morta havia mais de um ano. O inverno de 1891 fora intenso, e em abril uma epidemia de gripe atacou Londres. Todos na Avenue Road ficaram doentes, especialmente HPB. Besant estava nos Estados Unidos, levando a última mensagem de HPB para a convenção da ST de lá. A temperatura de HPB se elevou e ela ficou com dificuldades para engolir. Laura Cooper cuidou dela. Ela ficava na cama na maior parte do tempo, mas em 6 e 7 de maio levantou-se e caminhou um pouco ao redor do quarto. Ela enrolou seu último cigarro no dia 7 de maio, para seu médico, que lhe disse que ela mostrava coragem ao encontrá-la sentada na cama jogando Paciência. Na noite anterior à sua morte ela se mostrou inquieta, mas naquela manhã, 8 de maio de 1891, ela pareceu mais sossegada. Por volta das 11h30, porém, ela piorou. Depois de sentar-se em sua grande poltrona, Walter Old e Claude Wright se ajoelharam diante dela, segurando suas mãos delicadas, algo que a teria enfurecido se ela estivesse bem — Mead conta como ela "gritou, realmente alarmada", quando uma vez um devoto zeloso tentava se ajoelhar diante dela.[81] Isabel Cooper-Oakley ficou no lugar de sua irmã e estava apoiando a cabeça de HPB com seu braço. Por volta das duas da tarde, o final estava próximo. Suas últimas palavras foram "Isabel, Isabel, mantenha o vínculo intacto; não deixe que minha última encarnação seja um fracasso", um pedido difícil de levar a cabo. Essa imensa vitalidade e sua força de vontade, que a tinham mantido ativa quando outros certamente teriam ruído, estavam chegando ao fim. Sua respiração ficou mais lenta, e ela morreu tão discretamente que ninguém sabe ao certo quando isso aconteceu.

Ou quase ninguém.

O coronel estava na Austrália naquela época e tinha visto sua camarada pela última vez em 26 de dezembro de 1889. Na ocasião, ele tinha acabado de voltar do Japão, onde lhe pediram para liderar todas as seitas budistas do país; só ele, acreditavam, poderia reunir as diferentes escolas. Foi uma honra que ele teve de recusar, pois Mestre Morya não iria permitir que ele renunciasse à presidência da ST. E então, do outro lado do planeta, ele sentiu que sua velha camarada estava lhe enviando uma mensagem, dizendo-lhe que seu caminho, pelo menos neste mundo, estava chegando ao fim. No dia seguinte, 9 de maio, Olcott escreveu em seu diário que tivera o pressentimento da morte de Blavatsky, um comentário que ele repetiu no dia seguinte. Em 11 de maio, ele recebeu o telegrama com a notícia. Ambos estavam bem distantes de Chittenden. O Mestre finalmente a libertara.

O dia 8 de maio, dia da morte de Madame Blavatsky, é celebrado pelos teosofistas do mundo todo como o Dia do Lótus Branco. Apesar de praticamente nada ser confirmado a respeito de sua vida, uma coisa é certa: o mundo é um lugar bem menos interessante sem ela.

Dez

OS MESTRES REVELADOS?

O corpo de HPB foi cremado no Crematório Woking em 11 de maio de 1891. Assim como o fogo marcara sua chegada ao mundo — lembramos de sua jovem tia Nadya pondo fogo no sacerdote durante o batismo de sua sobrinha —, parece adequado que tenha marcado sua saída com ele. A cremação ainda era uma prática controvertida na época. A primeira cremação da Inglaterra tinha sido feita em Woking apenas alguns anos antes, em 1885 — uma década depois da cremação do barão de Palm na Pensilvânia —, e a prática só fora declarada legal no ano anterior. Por isso, mais uma vez, a "velha senhora" estava causando encrenca.

Porém, o problema que a morte de HPB causara de fato não tinha muita relação com a forma de dispor de seu *rupa*, ou corpo físico. Assim como acontece praticamente com todos os grupos e sociedades ocultistas após a morte de seu líder, o falecimento de Blavatsky deu início a uma disputa entre os membros do mais alto escalão da teosofia para assumir seu lugar na hierarquia. Mais do que qualquer outra coisa, o que isso significava era assegurar um contato pessoal com os Mestres. Embora os mais próximos a ela soubessem que a autoridade de HPB estava baseada em sua própria personalidade, para os teosofistas menos destacados, a linha direta com Morya, Koot Hoomi e o resto era o que assegurava a credibilidade esotérica do teosofista. Como HPB não estava mais presente para transmitir as mensagens, quem iria preencher essa lacuna? O coronel ainda era presidente da ST e continuaria a sê-lo até sua morte em 1907, quando Annie Besant iria sucedê-lo. Mas sua posição sempre fora mais administrativa do que a de uma autoridade espiritual, apesar de seu profundo compromisso com o budismo e de seus evidentes poderes de cura. Embora tenham sido feitas tentativas de desalojá-lo do poder, ele se manteve relativamente seguro. Outros, porém, dispararam furiosamente para conseguir a menor vantagem que fosse na corrida para chegar até os Mestres. O resultado foi um exercício que demonstrou, segundo Alice Leighton Cleather, "extraordinária pequenez e estreiteza de visão" de muitos dos primeiros seguidores de HPB.[1] Para uma sociedade construída sobre a ideia de uma fraternidade universal, seus membros mais importantes tiveram séria dificuldade para se entender uns com os outros.

Sinnett, como sabemos, já tinha tentado manter contato direto com os adeptos da "velha senhora", mas fora repelido. Com a chegada de HPB a Londres e o início da Loja Blavatsky, ele já tinha sentido que estava perdendo terreno em seu próprio quintal. E então estava claro que Annie Besant estava preparada para o trono. Ela já havia sido nomeada coeditora de *Lucifer* e presidente da Loja Blavatsky; com a morte de Blavatsky, ela se tornou também líder da Seção Esotérica. A sensação de "desastre próximo" que Alice Cleather sentira quando Blavatsky se mudou para a Avenue Road pode ter sido o fruto de uma retrospectiva — suas reminiscências da época só foram publicadas mais de trinta anos após o acontecimento —, mas não seria preciso precognição para ver que Besant se elevaria rapidamente a uma posição de poder. Fossem quais fossem suas credenciais teosóficas, Besant era uma mulher de ação e uma oradora inspirada. E ela ainda estava com quarenta e poucos anos, ou seja, era relativamente jovem. A teosofia sempre parecera mais uma atividade feminina do que masculina. Com a exceção de Rudolf Steiner, que acabou saindo para fundar seu próprio movimento, as personalidades dominantes da teosofia foram mulheres, em sua maioria. A própria HPB, Besant, Anna Kingsford e, mais tarde, Katherine Tingley e Alice Bailey. Claro, havia Sinnett, Judge, C. W. Leadbeater e, naturalmente, Olcott. Porém, nenhum deles tinha o poder pessoal de HPB ou Besant.

Mas apesar de Besant ter claramente uma personalidade dominante, isso em si não bastava para assumir o lugar de HPB. Alice Cleather lamentou que "quando HPB nos deixou, não houve mais nenhuma possibilidade de comunicação direta com a Grande Loja dos Mestres", mas nem todos concordaram.[2] Na verdade, uma pessoa que tinha outras ideias era William Quan Judge, que havia se mantido como vice-presidente da Sociedade.

Quando os colegas fundadores se mudaram para a Índia, Judge ficou nos Estados Unidos, formando uma poderosa seção teosófica lá e publicando um jornal importante, *The Path*. Judge se aproximou mais de HPB em seus últimos anos, e então, com sua morte, ele decidiu que chegara a hora de desafiar Olcott em nome da liderança da Sociedade. Embora reconhecesse os valiosos poderes de organização do coronel, Judge declarou que ele, por outro lado, era o herdeiro "espiritual" de HPB, e que as decisões sobre as futuras direções da Sociedade deveriam ser tomadas por ele. No começo, ele recebeu apoio de Besant. Quando ela foi para os Estados Unidos — estava lá quando Blavatsky morreu —, ela e Judge tornaram-se bons amigos. Nesse momento, como líder da Seção Esotérica — um desdobramento com o qual Olcott havia concordado mas que, na verdade, nunca lhe agradara —, ela estava aberta para as críticas de Judge ao coronel, que, segundo ele disse, estava perdendo o rumo espiritual com seu foco na administração. Judge deveria ser aquele que levaria a Sociedade de volta ao seu caminho apropriado, e, para demonstrar sua tese, Judge apresentou cartas dos Mestres dizendo mais ou menos isso. Besant até encontrou uma comunicação entre seus documentos pessoais, informando-a de que "o plano de Judge está correto". Besant ficou tão impressionada com isso que, em agosto de 1891, em seu discurso de despedida da Sociedade Secular Nacional, apresentada no Salão da Ciência — ela não poderia pertencer a uma sociedade secular se continuasse a ser teosofista —, declarou que a própria HPB estava enviando a ela mensagens do mundo espiritual.[3]

Olcott tinha ido a Londres para obter o apoio de Besant contra Judge e estava presente quando ela fez essa declaração. Besant pode ter ficado impressionada com as "cartas" de Judge, mas não o coronel. Nas poucas vezes em que Judge tinha feito contato com os Mestres fora por intermédio de Olcott. Como era possível Judge comunicar-se diretamente com eles agora? O que tornou as coisas ainda mais suspeitas foi o fato de as cartas estarem estampadas com o "selo" do Mestre Morya. Porém, esse selo fora idealizado pelo próprio Olcott e dado a HPB em 1883, tendo se "extraviado" depois. Olcott ameaçou expor a aparente fraude de Judge. Este respondeu ameaçando contar a verdade sobre o selo do Mestre, que a maioria dos membros supunha ser autêntico, ou, no mínimo, feito no Tibete.[4]

Os dois tinham chegado a um impasse, e este se transformou rapidamente em farsa quando Judge, por intermédio dos Mestres, tentou convencer Besant de que, se ela fosse à Índia, Olcott iria envenená-la. Talvez convencida dos avisos de Judge, em 1892 Judge e Besant planejaram forçar Olcott a renunciar, obtendo o apoio de KH, que escrevera a Judge aprovando seu plano. O Mestre

Morya, porém, discordava, e disse a Olcott para ficar calmo.[5] (Lembremo-nos de que os Mestres discordaram inicialmente quanto aos Coulombs, e por isso essa diferença de opiniões não deve ser surpreendente.) Olcott acabou renunciando por pouco tempo, mas rapidamente voltou ao cargo. A Seção Europeia parecia favorecer Judge, mas também queriam que Olcott permanecesse no poder. O equilíbrio pendeu a favor de Olcott quando Besant o visitou em Adyar em 1893, ignorando os avisos de Judge sobre a morte certa. Olcott a conquistou e ela deu início a um procedimento contra Judge, acusando-o de fraude. Mais tarde, a acusação foi retirada porque a comissão reunida para julgar Judge admitiu que, como a crença na realidade dos Mestres não era obrigatória para os membros da Sociedade, não havia bases para a acusação de fraude. Vale dizer que a pessoa só pode ser acusada de falsificação se a existência do artigo autêntico for aceita, e a realidade ou não dos Mestres é algo que cada teosofista deve decidir por si mesmo; não faz parte das regras da Sociedade. Assim, Judge evitou as acusações de fraude por meio de uma brecha que questionava a existência dos Mestres, a *raison d'être* da ST. Essa situação absurda não passou em branco pela imprensa, e, numa série de artigos intitulada "Ísis sem véu mesmo", a *Westminster Gazette* não demorou para mostrar que as próprias cartas que Besant acusou Judge de forjar eram aquelas que ela disse solenemente à plateia no Salão da Ciência que tinham sido enviadas por HPB do lado de lá do véu.

Juntamente com as cartas questionáveis do Mestre M, mais tarde Judge afirmou que fizera contato com HPB por meio dos poderes psíquicos da norte-americana Katherine Tingley. Judge encontrara Tingley em Nova York, num local que servia sopa para os pobres, em 1894. Como Besant, Tingley se dedicava a diversas atividades filantrópicas e estava administrando a cozinha em apoio a trabalhadores em greve. Ela se converteu quase na mesma hora à teosofia.

Judge rompeu com o corpo principal da ST em 1895, levando seus vários milhares de seguidores para a nova Sociedade Teosófica da América. Ele morreu em 1896, e Tingley o sucedeu como líder da seção norte-americana. Como Judge, Tingley tinha ideias grandiosas, e, numa visita à Índia, ela arranjou uma visita a um dos Mestres, um encontro que ela descreveu em seu livro *The Gods Await* [Os Deuses Aguardam]. Ela se encontrou com o "Professor" de HPB, que foi como o chamou, em Darjeeling. Ele trajava uma roupa simples no estilo tibetano e estava entalhando um pequeno pino de madeira que seria usado por seu *chela* na canga de seus bois. O Professor disse a Tingley que "os átomos do corpo humano tornam-se mais pesados... com os fardos da mente", mas disse que seu *chela* tinha adquirido o equilíbrio mental simplesmente com o ato de arar conscientemente seu campo.[6]

Assim como havia acontecido antes entre HPB e Anna Kingsford, mas numa escala maior, durante uma década Tingley e Besant travaram um combate etérico incansável pelo domínio da teosofia. Tingley renomeou a Seção Americana de "a Fraternidade Universal e Sociedade Teosófica" e embarcou numa turnê mundial para atrair apoio para seu novo movimento. Sua cruzada não teve muito sucesso, e Besant retaliou com sua própria turnê, conquistando vários milhares de novos recrutas só nos Estados Unidos. Graças aos tortuosos caminhos do carma, em dado momento, Tingley comprou a velha casa de Besant na Avenue Road — Besant já tinha se mudado para a Índia. No entanto, o verdadeiro sucesso de Tingley foi o estabelecimento daquela que deve ter sido uma das mais antigas "comunidades alternativas" dos Estados Unidos, sua "cidade branca" teosófica, Lomaland, em Point Loma, San Diego, cuja pedra fundamental foi lançada em 1897.

Ali, a "Mãe Púrpura", como Tingley gostava de ser chamada, presidia um enclave espiritual que incluía educação, artes, arquitetura, agricultura e outras necessidades para um estabelecimento autossustentável, que chamaríamos "pouco convencional", bem como sua própria versão da espiritualidade teosófica. O gosto arquitetônico eclético de Tingley — que incluía domos muçulmanos, templos hindus, portais egípcios e teatros gregos — parece ter sido um presságio do tipo de extravagância arquitetônica que ficaria associado ao sul da Califórnia nos anos seguintes, e suas primeiras fazendas comunitárias fizeram uma contribuição igualmente duradoura ao introduzir o abacate na dieta californiana.[7] Um dos aliados mais próximos de Tingley era o suíço-americano Gottfried de Purucker, que escreveu diversas obras teosóficas. Outro era o escritor Talbot Mundy, autor de aventuras místicas impressas em papel-jornal, cujos livros, como *Om: The Secret of Ahbor Valley* [Om: O Segredo do Vale Ahbor], estão repletos de ousadia a la Indiana Jones e de misticismo teosófico. (Seu romance *The Nine Unknown* [Os Nove Desconhecidos] baseia-se numa antiga lenda indiana sobre uma sociedade secreta dedicada à preservação do conhecimento esotérico na qual a própria HPB buscava informações.) Embora tenha tido sucesso no início, Lomaland foi reduzindo lentamente o ritmo, principalmente em função das opulentas excentricidades da "Mãe Púrpura", até terminar após sua morte, em 1929.[8]

Embora Besant fosse claramente a favorita para o trono teosófico, era preciso um vínculo direto com os Mestres para tornar isso um *fait accompli*. Seguindo a tradição teosófica, para conseguir isso, Besant precisava de um homem. Na verdade, pode-se dizer que por trás de toda mulher bem-sucedida na teosofia havia um homem competente, mas menos dominador. HPB tinha Olcott. Anna Kingsford tinha Edward Maitland. Katherine Tingley tinha W. Q. Judge. No caso de Besant, foi Charles W. Leadbeater.

Leadbeater é um dos personagens mais pitorescos e duvidosos da história da teosofia e provavelmente seja mais conhecido como o homem que descobriu Jiddu Krishnamurti, que foi um santo teosofista até rejeitar a Sociedade em 1929. Escolhido por Leadbeater como a encarnação de Maitreya, o avatar da Nova Era, depois de rejeitar a teosofia, Krishnamurti se tornou um influente mestre espiritual, tendo inspirado figuras tão distintas quanto o compositor Igor Stravinsky e o físico David Bohm. A "descoberta" de Leadbeater, porém, que envolvia tanto sua capacidade de "ler" auras quanto sua predileção por rapazes mais jovens, levou a acusações de pederastia, bem como à aclamação como mentor de um novo "mestre do mundo". Em duas ocasiões anteriores, no mínimo, a tutela entusiasmada de adolescentes teosóficos levou-o a maus lençóis, e só foi graças à elevada estima de que a teosofia desfrutava na Índia que o salvou de um processo movido contra ele pelo pai de Krishnamurti, envolvendo pedofilia e deificação, algo único nos anais do Raj.

Leadbeater foi ordenado na Igreja Anglicana em 1878, leu os livros de Sinnett e filiou-se à ST em 1883. Seu entusiasmo levou-o a tentar entrar em contato com os Mestres por intermédio de um médium chamado William Eglinton, e quando essas tentativas falharam ele procurou a própria HPB. Ela transmitiu seu pedido e obteve uma resposta: Leadbeater deveria acompanhar HPB na sua volta a Adyar. Leadbeater estava na plateia e se espantou com o aparecimento de HPB na reunião da Loja de Londres quando ela e Anna Kingsford se confrontaram. Durante sua viagem, Leadbeater afirmou ter tido uma visão de Djwal Khool a bordo do navio. Foi a primeira de muitas dessas visões, pelo menos segundo Leadbeater. Leadbeater ficou em Adyar, passando por um curso relâmpago sobre teosofia, ao estilo de Blavatsky. Como a condessa Wachtmeister, ele passou pelas provas e não demorou para aprender as bases da clarividência com o próprio KH. Depois disso, como disse Peter Washington, "os Mestres não conseguiam ficar longe de Leadbeater", visitando-o quase todos os dias. HPB não ficou contente com o progresso de seu novo *chela*. Os próprios Mestres afirmaram insistentemente que ela era a única fonte de contato entre eles. Agora, esse clérigo renegado tagarelava regularmente com eles. Como veremos, mais do que qualquer outra pessoa, Leadbeater foi o responsável por deixar a porta astral escancarada e por estimular o contato puramente "espiritual" com supostos adeptos que resultou na variedade de "Mestres ascencionados" que preenchem muitos dos livros da Nova Era de hoje.

Como Olcott, Leadbeater adotou o budismo, e no Ceilão tornou-se o primeiro ministro cristão a tornar-se budista. Foi no Ceilão que conheceu um garoto, Curuppumullage Jinarajadasa, e ficou tão atraído por ele que praticamente tentou raptá-lo. Só foi detido pelo pai do rapaz e seu revólver, mas, quando explicou que suas intenções eram puramente pedagógicas, os pais de Jinarajadasa permitiram que ele levasse o menino para a Inglaterra, onde Leadbeater prometeu que ele seria educado. Apesar de adorar o Oriente, Leadbeater sentiu-se péssimo no Ceilão, e escreveu para Sinnett pedindo-lhe para encontrar algum trabalho agradável para ele em Londres. Sinnett sugeriu que se tornasse o tutor de seu filho, mas outro motivo para o convite era que ele queria usar os poderes psíquicos de Leadbeater para entrar em contato com os Mestres. Nessa época, eles tinham interrompido sua correspondência, e Sinnett estava ansioso para recomeçá-la. Aparentemente, Sinnett tinha tentado usar outros paranormais e médiuns, mas com poucos resultados. Durante algum tempo, Leadbeater deu aulas para o filho de Sinnett, bem como para Jinarajadasa e George Arundale (sobrinho de Francesca Arundale, de quem HPB fora hóspede), mas então aconteceu alguma coisa e pediram-lhe para sair. Não ficou claro o que seria essa "alguma coisa", mas é provável que as instruções de Leadbeater incluíssem algumas atividades extracurriculares duvidosas. Mais tarde, tanto George Arundale quanto Jinarajadasa seriam presidentes da Sociedade Teosófica de Adyar, nome adotado por Olcott e depois por Besant para diferenciar sua organização da sociedade norte-americana de Judge.

Leadbeater conheceu Besant em 1890, e não demorou para os dois se tornarem colegas mais íntimos; ambos eram formais demais para serem "camaradas". De certo modo, seu relacionamento era o inverso daquele entre HPB e Olcott. Nessa versão, era Leadbeater que achava o sexo bestial — o que é irônico, tendo em vista seu histórico com relação a garotos. No mínimo, tinha uma aversão paranoica a mulheres, e a única com quem conseguia manter um contato próximo era Besant. Em 1895, Leadbeater e Jinarajadasa estavam morando na Avenue Road, e, com HPB fora do caminho, o clérigo pôde dar asas à sua visão psíquica. Ele o fez, e depois de ensinar a própria Besant — cujas habilidades psíquicas eram menos poderosas do que seu talento oratório —, ela pôde acompanhá-lo em visitas clarividentes aos Mestres.

O que se seguiu foi uma série de livros que estabeleceu, de certo modo, o tom para a teosofia pós-HPB. Por intermédio dos Mestres, Leadbeater e Besant viajaram até o passado remoto da Terra visitando a Atlântida e a Lemúria. Eles descreveram a verdadeira vida de Cristo, descobrindo que ele fora, na verdade, um adepto egípcio. A ciência moderna também se abriu para eles, e, em seu livro *Occult Chemistry* [Química Oculta], os dois exploraram o novo mundo do átomo, entrando clarividentemente em sua estrutura complexa. O livro *Thought Forms** pode ser considerado a inspiração para a arte abstrata. Um de seus leitores mais importantes foi o artista russo Wassily Kandinsky, que também foi leitor atento de Rudolf Steiner. As descrições feitas por Leadbeater e Besant dos pensamentos e de suas auras como "vibrações radiantes" e "formas flutuantes" inspirou Kandinsky, geralmente aceito como o primeiro artista abstrato, e levou-o a seu próprio e influente livro *Concerning the Spiritual in Art* [Do Espiritual na Arte].[9]

Besant e Leadbeater também viajaram para as suas vidas passadas e a de outras pessoas, identificando as conexões cármicas entre seus colegas teosofistas ao longo de incontáveis éons. E também deram mais do que algumas espiadas no futuro. Numa delas, Leadbeater viu que um novo "mestre do mundo", o Senhor Maitreya — um bodhisattva vindouro —, apareceria em breve em forma humana, e ele percebeu que deveria começar a procurá-lo. Daí seu deleite quando, na margem de um rio perto da sede da ST em Adyar, ele viu a aura de Krishnamurti. Leadbeater já tinha identificado outro garoto, Hubert van Hook, filho

---

* *Formas de Pensamento*, publicado pela Editora Pensamento, São Paulo, 1969.

de um sério teosofista norte-americano, como avatar da Nova Era, acolhendo-o devidamente sob seus cuidados, mas aparentemente ele estava equivocado. O que Hubert pensou disso não ficou claro, e fica-se imaginando até que ponto ele teria avançado em suas instruções. Dessa feita, porém, Leadbeater estava certo, e Besant não tardou em concordar. Isso foi em 1909. Em 1906, Leadbeater foi expulso da ST por causa de um escândalo envolvendo alguns jovens teosofistas aos quais ele dera aulas sobre masturbação. Porém, tudo isso fora esquecido nesse momento, pelo menos por Besant.[10]

Sinnett e G. R. S. Mead, porém, não tinham se esquecido, e com aproximadamente setecentos membros da Seção Inglesa saíram da sociedade por causa de Leadbeater. Sinnett continuou a escrever; seu *Early Days of Theosophy in Europe* [Os Primeiros Dias da Teosofia na Europa] foi um dos primeiros livros sobre a história da teosofia. Ele morreu em 1921. Mead tornou-se um respeitado estudioso do esoterismo ocidental e sua obra inspirou figuras tão importantes quanto o psicólogo C. G. Jung e o poeta Ezra Pound. Depois de sair da ST, ele formou a Quest Society, que defendia uma postura eclética para o estudo da religião, da filosofia e da ciência, tal como a ST em seus primórdios. Apesar de o retorno de Leadbeater ser o estopim da renúncia de Mead, havia muito que ele já estava insatisfeito com o estilo de Besant, que considerava ditatorial. Ele morreu em 1933.

Besant e Leadbeater dariam o tom da teosofia nas duas décadas seguintes. Besant também morreria em 1933, Leadbeater em 1934, mas o ponto mais baixo da teosofia deu-se em 1929, com a famosa abdicação de Krishnamurti ao posto de avatar. Krishnamurti sobreviveu e, como mencionado, tornou-se um mestre espiritual com méritos próprios. Porém, muitos sentiram que, fosse o que fosse que Besant e Leadbeater estivessem fazendo, não era teosofia. Com seu mergulho de cabeça no *akasha* e no acesso fácil aos Mestres – acompanhados por um apetite aparentemente inesgotável por iniciações exibicionistas e pelos rituais –, a postura de Besant e de Leadbeater era bem diferente da de HPB, e aqueles que se lembravam da "velha senhora" não estavam satisfeitos com a situação. Começaram uma campanha do tipo "De volta a Blavatsky", motivados pelo que consideravam um revisionismo pouco salutar. É fato que o vínculo entre HPB e os Mestres não era propriamente transparente. Mas pelo menos ela sempre afirmou que eles eram pessoas reais, feitas de carne e sangue, existindo aqui e agora no espaço e no tempo, em algum lugar do planeta. Com Besant e Leadbeater, os Mestres se tornaram alguma coisa muito mais parecida com deuses, ou certamente algo quase que inteiramente "espiritual", e sua política de portas abertas para o astral sugeria que praticamente qualquer um poderia dizer que tinha conversado com os Mestres em Vênus ou na Atlântida na noite anterior, e não se poderia dizer muito contra isso. O resultado, como mencionado, foi uma série de "Mestres ascencionados", cada vez mais divinos, tendo pouco ou nada a ver com a fraternidade original de HPB.

A IDEIA DE "mestres ocultos" não começou com Blavatsky, evidentemente. Embora muitas "histórias ocultistas" situem-nos em eras remotas, no período moderno, pelo menos, o conceito teve início na Alemanha em 1614. Como vimos no Capítulo 1, nesse ano, estranhos documentos conhecidos como Manifestos Rosa-Cruzes apareceram, anunciando a existência de uma misteriosa Fraternidade Rosa-Cruz. Como as diversas pessoas que tentaram se filiar à Rosa-Cruz não conseguiram localizá-los, eles foram apelidados ironicamente de "os Invisíveis", e alguns defensores da ordem afirmaram que eles tinham levantado acampamento e ido para o Tibete. Essa ideia de adeptos "invisíveis" foi reprisada posteriormente na Maçonaria do barão von Hund, com seu Rito da Estrita Observância aos "superiores desconhecidos". Blavatsky encontrou histórias sobre essas figuras misteriosas na biblioteca de seu bisavô, o príncipe Pavel Dolgorukov, e a elas acrescentou outros relatos de adeptos enigmáticos e poderosos. Em *Zanoni*, de Bulwer-Lytton, ela encontrou a figura de Mejnour, um mago rosa-cruz com a idade de eras incontáveis, e em *Occult Science in India* [Ciência Oculta na Índia], do francês Louis Jacolliot, ela achou a menção aos "nove homens desconhecidos", que, segundo afirmou Jacolliot, existiam realmente na Índia e influenciavam secretamente os acontecimentos mundiais. Como dito antes, esses "nove homens desconhecidos" reapareceriam na ficção de aventura em livros baratos, como também no famoso *O Despertar dos Mágicos*, de Louis Pauwels e Jacques Bergier — o livro que deu origem ao ressurgimento do ocultismo na década de 1960 — e também como a fonte de algumas comunicações paranormais recebidas pelo psíquico Uri Geller.[11]

Depois de Blavatsky, a ideia dos "mestres ocultos" assumiu um caráter mais sinistro na obra do ocultista francês Saint-Yves d'Alveydre, que falou de um misterioso e poderosíssimo "Soberano Pontífice" que governa secretamente o mundo do seu reino subterrâneo de Agartha, mencionado no Capítulo 3. Como vimos, essa ideia de um reino subterrâneo de super-homens, preparando-se para invadir a superfície, já fora explorado por um dos primeiros romances de ficção científica de Bulwer-Lytton, *A Raça Futura*. Foi a partir de Agartha e seu Soberano Pontífice que d'Alveydre desenvolveu suas ideias sobre "sinarquia", uma forma de totalitarismo oculto que d'Alveydre promoveu com algum sucesso nos primeiros anos do século passado. O pensador tradicionalista René Guénon também falou de Agartha e de um "Rei do Mundo" que reside lá. Suas ideias a respeito de ambos foram inspiradas pelo relato de Agartha feito pelo livro do viajante polonês Ferdinand Ossendowski, *Beasts, Men, and Gods* [Bestas, Homens e Deuses], no qual ele fala das lendas sobre um reino subterrâneo na Mongólia, que lhe foram transmitidas por um guia mongol. O próprio budismo tibetano fala de uma cidade oculta, Shambhala, que o artista, viajante e teosofista russo Nicholas Roerich tentou localizar durante duas expedições ao Himalaia nas décadas de 1920 e 1930. Roerich afirmava que pelo menos uma dessas viagens teria sido supervisionada pelo Mestre Morya, e a teosofista Alice Bailey também comentou a hipótese de uma "fraternidade invisível" que viveria em Shambhala.[12] Agartha e Shambhala também aparecem em *O Despertar dos Mágicos* de Pauwels e Bergier.

Outras formas de "mestres ocultos" povoam boa parte do esoterismo ocidental. A Ordem Hermética da Aurora Dourada falava dos "Chefes Secretos", e especula-se que a origem dessa expressão remonte aos "superiores desconhecidos" do barão Hund e à misteriosa carreira do enigmático rabino Samuel Falk, um cabalista da Europa Oriental que esteve no centro de uma comunidade ocultista em Londres na década de 1740.[13] Aleister Crowley, um dos primeiros membros da Aurora Dourada, que rompeu com ela para fundar sua própria sociedade ocultista, assumiu um viés à Besant-Leadbeater e declarou que tinha feito um contato psíquico com um chefe secreto num quarto de hotel no Cairo. Crowley falou de uma inteligência extraterrestre que chamou de Aiwass e que, segundo afirmou, ditou-lhe seu notório *O Livro da Lei*. A diferença entre o "Aiwass" de Crowley e as comunicações espirituais convencionais não está clara, mas muitos dos seguidores de Crowley, como o falecido Kenneth Grant, também tentaram estabelecer contato com esse "Mestre" desencarnado.

Gurdjieff falava da misteriosa "Fraternidade Sarmoung" e do "círculo interno da humanidade". Alguns, como seu seguidor J. G. Bennett, viajaram pela Ásia Central em busca desses "Mestres de Sabedoria", acreditando que teriam alguma relação com as modernas fraternidades sufis. Ouspensky, o mais brilhante aluno de Gurdjieff, começou sua "busca pelo milagroso" tentando estabelecer contato com o que ele chamou de "escolas". No início, pensou na "possibilidade de um contato não físico... um contato "em outro plano".[14] Mais tarde, essa ideia sobre "escolas" tornou-se "mais real e tangível", e, com seu encontro com Gurdjieff num café em Moscou, ele acreditou que finalmente tinha encontrado um, ou, no mínimo, alguém que o teria feito. Depois de romper com Gurdjieff, Ouspensky passou o resto de sua vida tentando chegar à fonte esotérica dos ensinamentos de seu antigo mestre. Infelizmente, ele nunca conseguiu fazê-lo.[15]

Uma coisa que diferencia a postura de HPB para com seus Mestres daquela revelada em alguns desses relatos é que, independentemente de terem "realmente" existido ou não, em pouco tempo se percebe que, seja de quem fosse que Blavatsky estivesse falando, eles eram na verdade pessoas. Embora Blavatsky alegasse se comunicar com seus Mestres mentalmente, nunca temos a impressão de que os Mestres são "espíritos", "entidades" ou "seres superiores". São seres humanos. Seres humanos notáveis, que possuem poderes notáveis, com metas elevadas e uma missão nobre, mas ainda assim homens. E se aceitarmos a possibilidade de que tenham mesmo existido — deixando de lado a questão sobre terem mesmo sido Mestres —, não podemos deixar de nos perguntar: quem eram eles?

É estranho, mas parece que, até pouco tempo atrás, ninguém, seja teosofista, seja cético, tentou responder a essa pergunta. Ao longo dos anos, os teosofistas parecem ter aceitado o relato de Blavatsky e, com a ascensão da neoteosofia de Besant e de Leadbeater, passaram a considerar os Mestres como seres totalmente espirituais, existindo em "planos superiores". Os céticos adotaram a rota de Hodgson e consideraram-nos meras invenções. Uma tentativa de identificar os Mestres — pelo menos um deles — foi feita por Jean Overton Fuller. Em *Blavatsky and Her Teachers* [Blavatsky e seus mestres], Fuller apresenta uma lista dos dignitários que acompanharam o primeiro-ministro do Nepal durante sua visita à rainha Vitória em 1850 e sugere que o "Mestre Morya" estaria entre eles. Apesar de HPB ter dito que seu primeiro encontro físico com Morya aconteceu em Londres em 1851, durante a Grande Exposição, e não em 1850, Overton especula que ou Morya voltou a Londres no ano seguinte ou simplesmente ficou para ver a exposição. Ela foi uma das atrações mais importantes da época e atraiu pessoas do mundo todo, e por isso não teria sido incomum se um nepalês de alto escalão tivesse prolongado sua estadia em Londres para acompanhá-la, ou tivesse retornado.[16]

Porém a investigação mais abrangente e convincente sobre as "verdadeiras" identidades dos Mestres foi realizada por um historiador da teosofia, K. Paul Johnson. Seu trabalho ainda é controvertido, mas é muito estimulante e, talvez mais do que qualquer outra coisa, foi responsável por essa espécie de "ressurgimento de Blavatsky" que está acontecendo na Internet, com estudiosos, teosofistas e simples leitores interessados engajados numa discussão animada e apaixonada. (Outros envolvidos no "ressurgimento de Blavatsky" são Michael Gomes e Daniel Caldwell.) Quer tenha razão, quer não, Johnson prestou um grande serviço à HPB e à teosofia ao revigorar a discussão sobre ela e ao reavaliar sua importância para o pensamento e a cultura atuais. Se o movimento "De volta a Blavatsky" do começo do século XX deixou de atrair atenção suficiente, o trabalho de Johnson pode conseguir realizar o que esses devotos fiéis de HPB tentaram fazer.

Johnson argumenta, em síntese, que os Mestres de Blavatsky eram uma combinação de três coisas: suas joviais fantasias românticas de adeptos rosa-cruzes e de "superiores desconhecidos" da maçonaria, estimulada pela descoberta da biblioteca ocultista de seu bisavô; sua fértil automitologização; e os verdadeiros encontros, durante suas viagens, com uma variedade de homens e mulheres que, como ela mesma, dedicavam-se a buscar e a estudar o conhecimento esotérico. Johnson não comenta os poderes de HPB, nem a forma como as Cartas dos Mahatmas poderiam ter sido precipitadas, e, a menos que concluamos que ela não tinha poderes e que essas precipitações fossem forjadas, penso que devemos manter a mente aberta a respeito disso tudo. Porém, como a própria HPB disse em diversas ocasiões, esse é o aspecto menos importante de seu trabalho, e, como sabemos, ela mesma lamentava a atenção despertada por seus fenômenos. Não tenho ideia de como ela conseguia fazer uma xícara se materializar sob a terra sólida — se é que o fez —, para não falar de um broche numa almofada, ou se ela conseguia realizar outros de seus fenômenos, e é bem provável que nunca consiga fazê-lo. Porém, por enquanto parei de perder o sono por causa disso. Se você escreve livros que falam de pessoas assim como estas sobre as quais escrevo — Swedenborg, Rudolf Steiner, C. G. Jung —, você começa a aceitar fenômenos estranhos como parte do pacote.

Johnson diz que as ideias de HPB sobre seus Mestres mudaram ao longo de sua carreira. As pessoas que podem se qualificar como Mestre têm uma definição meio fluida que vai desde o guia espiritual "John King" até os egípcios Tuitit e Serapis Bey, e à sua última encarnação nos Mahatmas Indianos. Devemos nos lembrar de que foi Damodar Mavalankar, e não Blavatsky, que começou a chamar os Mestres de Mahatmas. A própria Blavatsky comentou mais de uma vez que, embora ela própria tivesse recebido seu treinamento no Tibete, esse não era o lar da Fraternidade, e que eles tinham bases ao redor do mundo. O hábito de Blavatsky de apresentar preâmbulos de sua vida em diversas épocas, que associavam suas atividades passadas às atuais, davam a impressão de que o Mestre M foi um indivíduo que esteve envolvido em sua vida em momentos diferentes e ao longo de muitos anos. Mas os possíveis candidatos a Mestre M incluem diversas pessoas, envolvidas com ela em épocas distintas. "M" poderia ter sido o radical italiano Giuseppe Mazzini em Londres, Paulos Metamon no Cairo e até o romancista Bulwer-Lytton: cada um foi sugerido como a "verdadeira" identidade dele. Vimos até mesmo que ela poderia estar enganada a respeito de um Mestre. Antes de ir para a Índia, Blavatsky achava que o Swami Dayananda Saraswati era um Mestre, ou que, no mínimo, trabalhava com eles. Mas, depois que ela e o coronel o conheceram, ela percebeu que ele não era. E também vimos que os próprios Mestres podiam se enganar. Elbridge Gerry Brown, editor de *Spiritual Scientist*, o jornal que publicou o "primeiro feito ocultista" de HPB, acabou se revelando como um beco sem saída.

"Mestre" parece ser um título honorífico e de respeito que HPB conferiu a diferentes pessoas durante sua vida. Não duvido que ela tivesse um Mestre "interior", algo como um anjo da guarda ou o "daimon" de Sócrates, que a orientava nos momentos difíceis e que lhe apareceu pela primeira vez na infância. Mais tarde, esse Mestre "interior", que acredito que podemos associar aos seus relatos de uma "vida dupla" e a uma espécie de "personalidade múltipla controlada", passou a ser associado aos Mestres da "vida real" sobre os quais lera na biblioteca de seu bisavô. Depois, ao começar a viajar, ela conheceu pessoas que a impressionaram tanto que ela os considerou como Mestres. Conhecemos alguns deles neste livro: A. L. Rawson, Max Théon, Agardi Metrovitch, Paulos Metamon. Se eles mesmos se consideravam Mestres ou não — ou se outras pessoas o faziam —, isso não vem ao caso. HPB sim, e seu contato com eles alimentou tanto seu espírito romântico e aventureiro quanto seu apetite onívoro por conhecimentos.

Como diz Johnson, os Mestres de HPB foram "pessoas reais ficcionalizadas sistematicamente nos relatos de Blavatsky". Isso não significa que ela "tenha mentido" sobre eles, mas que eles se tornaram "Mestres" a seus olhos, e, desse modo, parte de sua contínua automitologização. Repito, automitologizar não significa simplesmente mentir; só uma pessoa com a mente irremediavelmente literal pensaria assim. No entanto, desde jovem Blavatsky esteve numa busca, numa procura que, segundo acreditava, era guiada por um destino interior, e, em momentos diferentes, pessoas diferentes apareceram para ela como guias, instrutores e modelos de comportamento. O filósofo Nietzsche comentou que "o grande homem é o ator que representa seu próprio ideal". Isso significa que, para se tornar o que você deseja ser — que é quem você "realmente" é —, você precisa fingir que já é essa pessoa. Acreditando em sua busca, em sua missão, Blavatsky tornou-a real.

Parte dessa crença significa contar histórias, "mentiras reais", uma ideia à qual voltaremos em breve. Nesse sentido, é inútil tentar descobrir qual dos vários relatos do primeiro encontro entre Blavatsky e o Mestre M foi o "verdadeiro" — e pode até ser que Blavatsky tenha mudado *propositalmente* sua história para transmitir essa lição, e não, como os céticos de mente literal podem dizer, para "encobrir suas pegadas". O que é "real" é que ela conheceu o Mestre M, ele lhe deu uma missão e ela a aceitou. O resto é "histério", um rótulo horrível que lembra o fato de que a vida de HPB foi feita de partes mais ou menos iguais de história e de mistério, algumas das quais procurei esboçar neste livro. Se ela encontrou M em Londres ou em Ramsgate, no Hyde Park ou na Ponte Waterloo, isso não é importante, na realidade, embora os biógrafos e historiadores possam quebrar a cabeça por causa disso e tenham passado mais de um século e meio vasculhando escombros à procura de pistas. Enquanto escrevia este livro, perguntei-me algumas vezes se eu estaria na posição daquele visitante em Holland Park ao qual HPB disse, com toda a candura, que a terra tinha a forma de halteres. Eu me pergunto: as pistas "falsas", as mentiras, as aventuras fantásticas e as alegações improváveis apontam para *outra coisa* e eu sou tolo demais para perceber isso?

A afirmação mais controvertida de Johnson é que ele tem razoável certeza da identidade dos dois Mestres principais, pelo menos no período da vida de HPB quando eles estiveram mais visíveis para o público. Naturalmente, são Morya e Koot Hoomi. Seus suspeitos são o marajá Ranbir Singh da Cachemira, no papel de M; e Thakar Singh Sandhawalia, fundador e presidente da Amritsar Singh Sabha, um movimento reformista sique, no de KH. Johnson diz que em seus primeiros anos a ST focalizou o ressurgimento do ocultismo ocidental como uma alternativa viável tanto para a ciência materialista quanto para o cristianismo dogmático. Embora HPB tenha afirmado que ela sempre esteve de olho na Índia, só depois de chegar às praias do subcontinente é que o foco da ST passou a ser o ressurgimento da cultura indiana e a reforma da sociedade indiana; daí sua união inicial, mas equivocada, com a Arya Samaj. Esses interesses, conforme alega Johnson, foram motivados pela aliança entre HPB e Ranbir Singh, que apoiou abertamente seu trabalho, mas que, conforme ele argumenta, também estava secretamente alinhado a ela. A argumentação de Johnson é detalhada, mas, segundo ele, tanto Ranbir Singh quanto Thakar Singh Sandhawalia estavam comprometidos com a defesa da fraternidade religiosa. No caso do marajá, entre seus súditos, havia muçulmanos, budistas, cristãos e siques, e por isso a tolerância religiosa promovida pela ST era uma necessidade política para ele. HPB, como sabemos, esteve associada a diversos movimentos políticos progressistas, para não dizer radicais, e a ideia de ela ter se envolvido com eles na Índia não deve nos surpreender. HPB cedeu seu apoio a Singh Sabha e àquilo que Johnson chamou de "uma rede de marajás siques e hindus numa coalizão secreta contra os missionários cristãos".[17]

Apesar de HPB não ser uma espiã russa, os ingleses tinham razão ao desconfiar dela, pois seus "parceiros silenciosos" na Índia incluíam mesmo líderes poderosos, que poderiam causar problemas para o Raj. Isso aparece nas Cartas dos Mahatmas; num dado momento, KH informa Sinnett que, a um sinal dele, poderiam ser lançadas forças contra os ingleses e a "raça branca que subjuga e humilha diariamente a minha". Isso também deixa claro por que Sinnett era importante para eles. Como parte influente dessa "raça branca", que tinha lançado seu apoio por trás de sua "agente" — HPB —, ele foi um meio excelente, no início, para transmitir a mensagem deles. Johnson comenta que, com a saída de Sinnett do *The Pioneer* e o fracasso da "aventura do *Phoenix*", a tentativa de criar um jornal financiado por um marajá (mencionada no Capítulo 8), KH perdeu o interesse pelo plano. KH/Thakar Singh Sandhawalia também esteve profundamente envolvido numa conspiração para fazer com que seu primo, o deposto Dalip Singh, último marajá do império sique, voltasse da Inglaterra para o norte da Índia como governante de um Punjab independente; e foi em sua companhia que a maioria dos relatos sugere que Blavatsky teve outra reunião com Morya "na casa de um estranho" (Capítulo 2). O plano foi abortado pelos ingleses, mas, dessa vez, alega Johnson, a identidade de KH não tinha mais utilidade para Thakar Singh Sandhawalia, e ele saiu de cena. Porém, nessa época, A. O. Hume estava prestes a fundar o Congresso Nacional Indiano, um movimento que, segundo afirmou, foi inspirado por "iniciados avançados".[18] A respeito dos primeiros dias do Congresso, Gandhi disse que "os principais congressistas eram teosofistas", e por isso não é exagero dizer que a teosofia era uma ameaça para os ingleses na Índia.[19]

Johnson também é controvertido entre os teosofistas por acreditar que Blavatsky e até certo ponto Olcott estiveram envolvidos em *alguma* fraude com as Cartas dos Mahatmas, não do modo como Richard Hodgson imaginou — embora as opiniões de Johnson a esse respeito também tenham provocado muitas críticas. Johnson admite o fato de a investigação de Hodgson ter defeitos e que ele errou ao aceitar o relato dos Coulombs sem mais preocupações. Porém, ele não acredita, como alguns teosofistas, e talvez com razão, que o exame do relatório de Hodgson feito por Vernon Harrison exonere completamente HPB. Na verdade, Johnson diz que toda a "aventura tibetana" foi uma das "pistas falsas" de Blavatsky, e que no período que ela afirmou que esteve no Tibete ela estava, na verdade, no norte da Índia. A "pista falsa tibetana" foi idealizada para desviar a atenção de seus "verdadeiros" Mestres indianos a fim de proteger suas identidades, e foi um recurso que usou até com seus seguidores. Mas quando os Coulombs, em primeiro lugar, e depois Hodgson, chamaram a atenção para eles de forma inamistosa, Blavatsky percebeu que seus Mestres corriam perigo.

Mesmo antes, Blavatsky já tinha hesitado sobre o uso dos Mestres como forma de atrair recrutas para sua missão. Numa carta para Franz Hartmann, ela escreveu que quando Olcott encontrou um Mestre em Bombaim, ele "ficou alucinado", e que isso deu início a um processo descontrolado de transformação de seus Mestres, que de pessoas reais, embora incógnitas, tornaram-se "deuses na Terra". A cada novo encontro de novos membros com um Mestre, seu *status* aumentava, e Blavatsky deve ter percebido que em pouco tempo o assunto iria explodir. Mas eram os Mestres e a crença neles que atraía as pessoas para a teosofia, e, talvez ainda mais importante, estavam dando a muitos hindus um senso renovado de autoestima e de despertar cultural. A conclusão de Hodgson de que os Mestres eram uma invenção era difícil de tolerar, mas era melhor do que permitir que suas verdadeiras identidades se tornassem conhecidas, pois as repercussões políticas poderiam ser desastrosas, e Blavatsky lhes era firmemente leal. Por isso, ela suportou a culpa, seguiu o caminho do sofrimento e protegeu o segredo. Em síntese, esse é o argumento de Johnson.

Minha impressão é que os Mestres de HPB eram, de várias maneiras, aquilo que o autor rosa-cruz do século XVII Johann Valentin Andreae chamou de *ludibrium*, uma palavra latina que significa "piada séria". Andreae foi autor de *O Casamento Alquímico de Christian Rosenkreuz*, um estranho documento alquímico publicado em 1616 após os primeiros manifestos rosa-cruzes. Quando a notícia sobre os rosa-cruzes se espalhou, um "furor rosa-cruz", como o historiador Frances Yates o chamou, irrompeu por metade da Europa. Se já existissem os tabloides, as histórias sobre os misteriosos rosa-cruzes apareceriam neles, eles seriam assunto na Internet e preencheriam tuítes do Twitter — como os Mestres de Blavatsky. Assim como Olcott fez quando conheceu um Mestre, a Europa ficou alucinada com a estranha fraternidade secreta. Porém, não tardou para que esse furor azedasse e "Os Invisíveis" se tornassem alvo do ridículo e de calúnias.

Para proteger os *ideais* que os rosa-cruzes representavam, Andreae admitiu que, sim, o *Casamento Alquímico* e, por inferência, os manifestos anteriores eram uma espécie de ficção. Não havia rosa-cruzes *literais*, mas isso não era importante. A *ficção* de uma fraternidade literal foi um recurso útil para transmitir as ideias de uma "reforma geral" no coração dos manifestos. Ela também proporcionou um modelo para que indivíduos ansiosos por ajudar nessa "reforma" pudessem agir. Foram "mentiras verdadeiras" que permitiram que os "grandes homens" de Nietzsche fossem "atores que representam seus próprios ideais". Talvez os rosa-cruzes dos manifestos nunca tenham existido, mas as pessoas que foram motivadas pelos manifestos e inspiradas por seus valores tornaram-se rosa-cruzes. Duas pessoas muito importantes que se fizeram rosa-cruzes sozinhas foram o hermetista e médico inglês Robert Fludd e o filósofo e educador Jan Comenius, da Boêmia, "pai da educação geral", cujos ideais pedagógicos são reconhecidos pela UNESCO na Medalha Comenius que ela outorga por grandes realizações na educação.[20] Escrevi a respeito de ambos em outro trabalho.[21]

Andreae e seus colegas não imaginavam que seus manifestos gerariam o tumulto que geraram nem que levariam ao rancor contra os rosa-cruzes que se seguiu em pouco tempo. Alarmado com isso, ele achou melhor dizer que os rosa-cruzes eram uma espécie de brincadeira que saiu do controle, amenizando a situação. Desse modo, as ideias e crenças que informavam o experimento rosa-cruz poderiam ser salvas e postas em uso em outros lugares, que foi exatamente o que Andreae fez.[22]

Creio que os Mestres de HPB tenham sido um *ludibrium* que saiu do controle, uma piada séria que deu errado, ou que, no mínimo, causou tantos malefícios quanto benefícios. Após o caso Hodgson, HPB percebeu isso e, como disse Johnson, começou a agir com prudência tanto em relação aos Mestres quanto aos fenômenos. De qualquer modo, ambos serviram a seus propósitos e apresentaram a muita gente uma alternativa bastante necessária a uma ciência redutivista e materialista, e a uma religião esclerosada e dogmática. Infelizmente, por diversos motivos, os próprios Mestres acabaram se tornando a fonte de um novo dogmatismo — ou, no mínimo, foi o que aconteceu com as ideias a respeito deles, sobre as quais HPB não tinha controle algum. Olcott não foi o único a "ficar alucinado" com os Mestres, e nem foi ele o único além de HPB a tê-los visto "em carne e osso". A excelente coleção de Daniel Caldwell denominada *The Esoteric World of Madame Blavatsky* [O Mundo Esotérico de Madame Blavatsky] inclui muitos relatos de testemunhas oculares de encontros entre os Mestres e diversas pessoas. O que posso fazer é deixar ao leitor a tarefa de julgar sua autenticidade.

Num caso, é possível que a crença demasiadamente forte nos Mestres tenha levado à tragédia. Em 1885, Damodar Mavalankar, tendo recebido permissão para se unir aos Mestres em seu ashram — pelo menos, ele acreditou nisso —, saiu de Adyar e rumou para o Tibete. Mais tarde, HPB comentou que Mavalankar foi alguém que "se beneficiou plenamente" da teosofia, e que ele, individualmente, provou que a mudança de Nova York não fora em vão. Mavalankar teve uma posição singular no escândalo Coulomb-Hodgson, tendo sido apontado por Emma Coulomb como um dos instrumentos de HPB e acusado por Hodgson de ser um de seus cúmplices. Como muitas pessoas à volta de HPB, sua franqueza costumava ser maior do que seu bom senso, e alguns teosofistas, como Franz Hartmann, menosprezavam-no. No entanto sua dedicação é inegável, e ele ficou ao lado de HPB quando outros hindus, como T. Subba Row, abandonaram-na. Em 1º de abril ele chegou a Darjeeling, e, em 19 de abril, encontrou um lama tibetano que iria guiá-lo até o mosteiro de KH e M. Em 23 de abril, ele fez a última anotação em seu diário, dizendo que estava saindo sozinho de Kabi — um distrito de Sikkim — e que tinha mandado suas coisas com os carregadores.

Essa foi a última notícia oficial de Damodar, e, alguns meses depois, houve relatos não confirmados de que seu corpo congelado fora encontrado na neve. O coronel Olcott sugeriu que o "corpo" seria na verdade uma *maya*, uma ilusão, criada para deixar uma pista falsa, uma ideia com a qual HPB concordou. Assim como acontece com praticamente tudo que envolve essa história, há muita discussão sobre o destino de Damodar. Numa carta de 1886, o próprio KH disse que Damodar tinha chegado, mas que passara por diversos testes, uma preparação necessária para o trabalho à sua frente, e que estava se recuperando. Numa carta publicada em *Lucifer* em 1889, um *sanyasi*, Sriman Swamy, disse que vira Damodar em Lhasa, onde estava convalescendo. Embora HPB tivesse ficado contente por ouvir notícias de seu *chela*, ela negou que ele tivesse passado por Lhasa, dizendo que isso era outra "pista falsa", criada para obscurecer sua verdadeira localização. Ela disse ainda que já tinha recebido pessoalmente cartas dele, comunicando sua chegada, mas elas não foram encontradas. Na década de 1930, Gottfried de Purucker, o imediato de Katherine Tingley, afirmou que Damodar estava em Shambhala trabalhando com os outros Mestres em seu santuário sagrado secreto. Se isso era verdade, seria um endosso fantástico para "o ator que representa seu próprio ideal". Nesse caso, Damodar não só chegou aos Mestres como se tornou um deles, uma coisa que HPB acreditava que, se o destino quisesse, estaria nas cartas.[23]

Nós, sem dúvida, teremos de nos contentar com algo menos fantástico, e, com a quantidade de turistas espirituais no Himalaia nos dias de hoje, é bem provável que os Mestres e sua *troupe* tenham se dirigido para lugares menos populares. No Capítulo 5, mencionei a estranha ideia de C. G. Harrison — depois repetida por Rudolf Steiner — de que durante algum tempo Blavatsky foi mantida cativa numa "prisão oculta" e que só foi libertada por alguns místicos hindus com os quais ela ficou em dívida. Johnson afirma que, com o escândalo Coulomb-Hodgson, HPB se libertou, de certo modo, de um tipo diferente de "prisão oculta", e com isso pôde seguir depois o seu próprio caminho, não mais cativa de seus Mestres dessa época. Indiscutivelmente, seus períodos mais criativos foram aqueles antes e depois de sua estadia na Índia, quando ela produziu *Ísis sem Véu*, *A Doutrina Secreta*, *A Voz do Silêncio* e *A Chave para a Teosofia*, obras pelas quais, com a ausência dos Mestres hoje em dia, sua reputação deve se manter ou ruir. Com todo o devido respeito por aqueles que juram por sua autenticidade, que importância tem se *A Doutrina Secreta* baseou-se mesmo no misterioso *Livro de Dzyan* e se este realmente existe? É uma situação em que os seguidores de Gurdjieff também se encontram quando vinculam a importância de sua obra à existência "real" da Fraternidade Sarmoung. Como alguém que dedicou alguns anos à "obra" de Gurdjieff, nunca fez diferença para mim se as ideias e disciplinas com as quais eu estava lidando vieram de uma fraternidade secreta da Ásia Central ou da mente fértil e inventiva do próprio Gurdjieff. Eram excitantes e convincentes, e isso era suficiente. No final, optei pela mente fértil de Gurdjieff, e não pela Fraternidade Sarmoung como sua fonte. Outros, eu sei, discordam.

Embora dúvidas quanto a HPB ter chegado mesmo a estar no Tibete, conhecido Mestres "de verdade", aprendido de fato o senzar e dezenas de outras línguas incomodem, de fato, todos os que a levam a sério, no final, o que importa são os textos que ela deixou para trás e aquilo que podemos depreender de sua vida. Pessoalmente, creio que HPB tenha sido uma das mais criativas sintetizadoras do pensamento moderno e que tenha reunido uma imensa riqueza de ideias, observações e especulações a nosso próprio respeito e sobre o universo, extraídas de uma estonteante variedade de fontes, e que com isso tudo tenha produzido pelo menos dois clássicos inegáveis. Se ela só tivesse feito isso, já seria suficiente para termos uma dívida de gratidão para com ela. O fato de ter sido uma das mais aventureiras, destemidas e indomáveis mulheres do século XIX, ainda por cima, faz com que nossa dívida seja quase motivo de vergonha. As pessoas que a rodearam tiveram o benefício de ficar expostas à sua personalidade elétrica e lucraram muito com os choques — foi com certa precisão que Rudolf Steiner descreveu-a como "uma garrafa de Leyden eletricamente carregada" com a qual "centelhas elétricas — verdades ocultas — puderam ser produzidas".[24] Duvido mesmo que a condessa Wachtmeister, G. R. S. Mead ou mesmo o coronel Olcott achassem que entender direito a "doutrina secreta" era tão importante quanto manterem-se abertos a seus ensinamentos a partir de seus exemplos. E, como a maioria dos relatos mostra, nisso ela era realmente uma Mestra. Se formos procurar seus Mestres, é muito provável que não os encontremos. Mas podemos descobrir alguém ainda mais notável nesse processo: aquela "velha senhora", "camarada" e incansável flagelo das tolices, a incomparável HPB.

AGRADECIMENTOS

Ninguém familiarizado com Madame Blavatsky se surpreenderá se eu disser que este foi um livro bem difícil de escrever. Meus esforços foram imensamente facilitados por diversos ajudantes, e não posso mencionar todos individualmente. Porém, agradeço em especial a Joscelyn Godwin e a Peter Lamont por terem respondido às minhas perguntas sobre o relacionamento entre HPB e D. D. Home. Lou Lou Belle foi fundamental na obtenção de material de pesquisa, assim como a equipe da British Library, como de costume. Meus amigos John, Lisa e Greta, mais uma vez, foram muito generosos por me permitirem usar sua casa em Munique, onde parte deste livro foi escrita. James Hamilton suportou com graça diversos monólogos sobre a importância de Blavatsky. O enciclopédico conhecimento de Mike Jay sobre a história do uso de drogas ajudou a esclarecer alguns pontos, e a preocupação amigável de John Harrison foi um apoio muito bem-recebido. Meu editor, Mitch Horowitz, forneceu informações cruciais. E, mais uma vez, meus filhos, Max e Joshua, e a mãe deles, Ruth, foram, como de hábito, uma ajuda especial.

NOTAS

Introdução: QUEM FOI MADAME BLAVATSKY?

1. Kurt Vonnegut, "The Mysterious Madame Blavatsky", *McCall's*, março de 1970.
2. Christopher Bamford, Introdução para C. G. Harrison, *The Transcendental Universe* (Londres: Temple Lodge, 1993), p. 8.
3. Sylvia Cranston, *HPB: The Extraordinary Life and Influence of Helena Blavatsky* (Nova York: Tarcher/Putnam, 1993), pp. 195-96.
4. Ela aparece como "Madame Sososstris", a "famosa clarividente" que "teve um resfriado forte", mas "mesmo assim é a mulher mais sábia da Europa, com um danado de um maço de cartas". Mas Blavatsky não lia cartas de Tarô (embora fosse ligeira jogando Paciência) nem, como sugere Eliot, fazia horóscopos. E embora praticasse a clarividência de vez em quando, essa não era uma de suas especialidades.
5. Sobre Kandinsky e a teosofia, veja meu artigo "Kandinsky's Thought Forms: The Occult Roots of Modern Art" em www.theosophical.org/publications/quest-magazine/1405.
6. www.teosofiskakompaniet.net/LFrankBaumTheosophist.htm.
7. Cranston, 1993, pp. 195-96.
8. http://theosnet.ning.com/profiles/blogs/meanderings-september-19-2010. also http://theosnet.ning.com/profiles/blogs/what-everyone-should-know?xg_source =activity.
9. Peter Washington, *Madame Blavatsky's Baboon* (Londres: Secker & Warburg, 1993), p. 32.
10. Rudolf Steiner, *The Occult Movement in the Nineteenth Century* (Londres: Rudolf Steiner Press, 1973), p. 31.
11. K. Paul Johnson, *Initiates of Theosophical Masters* (Albany: SUNY Press, 1995), p. 140.
12. Maria Carlson, *No Religion Higher Than Truth: A History of the Theosophical Movement in Russia, 1875-1922* (Princeton, N.J.: Princeton University Press, 1993), p. 43.

13. James Santucci, "Does Theosophy Exist in the Theosophical Society?", em *Ésotérisme, Gnoses & Imaginaire Symbolique: Mélanges Offerts À Antoine Faivre*, orgs., Richard Caron, Joscelyn Godwin, Wouter J. Hanegraaff e Jean-Louis Viellard-Baron (Leuven, Bélgica: Peeters, 2001), p. 473.

14. Johnson, 1995, pp. 140, 158.

15. Cranston, p. 41.

16. Nicholas Goodrick-Clarke, *Helena Blavatsky* (Berkeley: North Atlantic Books, 2004), pp. 6, 5.

17. Helena Petrovna Blavatsky, *The Letters of H. P. Blavatsky to A. P. Sinnett* (Pasadena, Calif.: Theosophical University Press, 1973), p. 154.

18. Citado em Cranston, p. 64.

19. Helena Petrovna Blavatsky, *The Voice of the Silence* (Adyar, Índia: Theosophical Publishing House, 1959), p. 137. [*A Voz do Silêncio*, publicado na coleção "Clássicos Pensamento", 2010.]

20. Ver meu artigo "Don Carlos and the Witches", em *Fortean Times*, vol. 238, julho de 2008.

21. Embora em sua época tenha sido esmiuçado por autores tão ímpares quanto P. D. Ouspensky e Sax Rohmer, o criador do doutor Fu Manchu — que menciona Blavatsky e os Mahatmas em um de seus romances (*The Devil Doctor*, em *The Fu Manchu Omnibus* [Londres: Alison & Busby, 2000, p. 365]) —, o livro de Solovyov, *A Modern Priestess of Isis*, ainda é uma fonte de "informações" sobre HPB. Para Ouspensky, a obra "transborda com pequenas maledicências e consiste em descrições detetivescas de espionagem, escutas clandestinas, questionamento de empregadas, ou seja, intermináveis detalhes triviais que o leitor não pode comprovar" (citado em Cranston, p. 299). E, para Sax Rohmer, "o contraste entre essa alma gigantesca e as fraudes e a pusilanimidade atribuídas a ela não merecem nem um momento de hesitação" (*The Romance of Sorcery* [Londres: Kegan Paul, 2002, p. 262]). Mas a tradução inglesa dessa invenção fofoqueira surgiu em 1895 sob os auspícios da Society for Psychical Research como um "estudo psicológico de extraordinário interesse".

22. Joscelyn Godwin, *The Beginnings of Theosophy in France* (Londres: Theosophical History Center, 1989), p. 6.

23. Countess Constance Wachtmeister, *Reminiscence of H. P. Blavatsky and the Secret Doctrine* (Wheaton, Ill.: Theosophical Publishing House, 1976), pp. 135-36. [*A Doutrina Secreta*, publicado em 6 volumes pela Editora Pensamento, São Paulo, 1980.]

24. Colin Wilson, *The Occult* (Nova York: Random House, 1971), p. 379.

25. John Gray, *The Immortalization Commission: Science and the Strange Quest to Cheat Death* (Nova York: Farrar, Straus and Giroux, 2011), pp. 52-3. Gray se vale de *Madame Blavatsky's Baboon*, de Washington, e das duvidosas memórias do conde Witte, primo de Blavatsky. Ver Capítulo 2: Volta ao Mundo em Oitenta Maneiras, p. 38.

26. Washington, 1993, p. 45.

27. Jacques Barzun, *A Jacques Barzun Reader* (Nova York: HarperCollins, 2002), p. 217.

28. *Ibid.*, p. xix.

Capítulo Um: Da Rússia, com Amor

1. Wilson, 1971, p. 337.

2. Colin Wilson, *The Devil's Party: A History of Charlatan Messiahs* (Londres: Virgin, 2000), p. 85.

3. "(I'm Always Touched by Your) Presence, Dear" pode ser encontrado em *Greatest Hits* de Blondie e em outras compilações de Blondie.

4. Embora Madame Blavatsky só tenha se tornado "HPB" muito depois – e só tivesse se tornado Madame Blavatsky depois de se casar –, por conveniência, vou me referir a ela com esses títulos em seus primeiros anos.

5. Cranston, p. 4.

6. Citado em Cranston, p. 13.

7. Vera Zhelihovsky em Daniel H. Caldwell, *The Esoteric World of Madame Blavatsky* (Wheaton, Ill.: Quest Books, 2000), p. 5.

8. Cranston, p. 18.

9. *Ibid.*, p. 27.

10. Citado em Caldwell, p. 3.

11. *Ibid.*, p. 9.

12. Jean Overton Fuller, *Blavatsky and Her Teachers* (Londres/Haia: East-West Publications, 1988), p. 2.

13. *Ibid.*

14. Helena Petrovna Blavatsky, *H.P.B. Speaks*, vol. II, org. C. Jinarajadasa (Adyar: Theosophical Publishing House, 1951), p. 62.

15. Marion Meade, *Madame Blavatsky: The Woman Behind the Myth* (Lincoln, Neb.: iUniverse, 2000) pp. 43-4.

16. Cranston, p. 43.
17. Blavatsky, 1951, p. 63. Deve ser observado que Jean Overton Fuller acredita que as cartas Dondoukov-Korsakov foram forjadas, ou que no mínimo são inconfiáveis, e que "não há garantia para supor que o príncipe Dolgourouky possuísse uma biblioteca alquímica" ou que HPB "tenha sido tola" a ponto de sugerir que ela a lera toda antes dos 15 anos (Fuller, pp. 236-37). Outros discordam, e as pesquisas de K. Paul Johnson, Nicholas Goodrick-Clarke e outros estudiosos sobre a história da maçonaria russa, das quais Fuller pode não ter ciência, são, para mim, convincentes.
18. Goodrick-Clarke, pp. 2-3.
19. Para saber mais sobre o barão von Hund, os Cavaleiros Templários e os "superiores desconhecidos", ver meu *Politics and the Occult* (Wheaton, Ill.: Quest Books, 2008), pp. 40-52. [*História Secreta da Política Ocidental*, publicado pela Editora Cultrix, São Paulo, 2010.]
20. O filósofo russo Nikolai Berdyaev afirmou que Novikov estava preocupado principalmente com o lado moral e social da maçonaria, e que "a paixão pela alquimia, pela magia e pelas ciências ocultas era alheia à sua mente". Ver *The Russian Idea* (Hudson, N.Y.: Lindisfarne Press, 1992), p. 36. Berdyaev, porém, concorda que a maçonaria mística exerceu uma enorme influência sobre a mente russa no final do século XVIII.
21. K. Paul Johnson, 1994, pp. 20-1. Para esta seção, vali-me do importante trabalho de Johnson.

Capítulo Dois: A Volta ao Mundo em Oitenta Maneiras

1. Wilson, 1971, p. 379.
2. Berdyaev, p. 24.
3. Para conhecer melhor essa época na história da Rússia, ver meu *A Dark Muse* (Nova York: Thunder's Mouth Press, 2005), pp. 212-18.
4. As ideias de Hesse sobre o "Homem Russo" podem ser encontradas em seu ensaio "Os Irmãos Karamazov, ou O Declínio da Europa", reunidas em Hermann Hesse, *My Belief*, org. Theodore Ziolkowski (Londres: Jonathan Cape, 1976), pp. 70-85. T. S. Eliot ficou tão impressionado com esse ensaio que em 1922 ele viajou até Montagnola, na Suíça, para visitar Hesse, e referências a esse trabalho aparecem nas notas de *Terra Devastada*, o mesmo poema no qual Eliot apresenta Madame Blavatsky como "Madame Sosostris". Sobre a ideia de "pecado

sagrado", ver meu *Politics and the Occult*, pp. 57-9; sobre o "Homem Russo" e o ressurgimento do ocultismo na década de 1960, ver meu *Turn Off Your Mind* (Nova York: Disinformation Company, 2003).

5. Berdyaev, p. 23.
6. www.archive.org/stream/memoirsofcountwi00wittuoft#page/8/mode/2up, pp. 4-10.
7. Blavatsky, 1951, p. 63.
8. Crowley leu o livro depois de encontrar uma referência a ele no *Book of Black Magic and Pacts* de A. E. Waite, e as sugestões de Eckhartshausen sobre uma sociedade secreta de adeptos levou Crowley a se filiar à Ordem Hermética da Aurora Dourada.
9. Carlson, p. 17.
10. www.fuller.mit.edu/personal/war_peace/alexander_i.htm.
11. Berdyaev, p. 70.
12. Fuller, p. 4.
13. Blavatsky, 1951, p. 63.
14. www.casebook.org/dissertations/collected-donston.8.html.
15. Apesar de todos os grupos sufis e dervixes terem sido banidos por Kemal Atatürk em 1925, o *tekke* de Pera sobreviveu como museu. Em 1996, tive a sorte de visitá-lo durante uma viagem a Istambul. Na época, eu não tinha ideia de que Blavatsky também o havia visitado, embora eu soubesse que estava seguindo as pegadas de P. D. Ouspensky, que se encontrou lá com os dervixes em 1920 antes de se mudar para a Inglaterra.
16. Fuller, p. 5.
17. *Ibid.*, p. 34.
18. Meade, 2000, p. 86.
19. O. V. de Lubicz Milosz, *The Noble Traveller*, org. Czeslaw Milosz (West Stockbridge, Mass.: Inner Traditions/Lindisfarne, 1985), p. 339.
20. Joscelyn Godwin, *The Theosophical Enlightenment* (Albany, N.Y.: SUNY Press, 1994), p. 278.
21. K. Paul Johnson, p. 26; Cranston, p. 43.
22. Citado em Caldwell, 2000, pp. 44-47.
23. Agradeço a meu amigo Mike Jay, historiador do uso de drogas, por esta informação.
24. Helena Petrovna Blavatsky, *The Key to Theosophy* (Londres: Theosophical Publishing House, 1948), p. 88.

25. René Guénon, *Le Théosophisme, histoire d'une pseudo-religion* (Paris: Editions Traditionnelles, 1921).

26. Godwin, 1994, p. 289.

27. Cranston, p. 44.

28. Jean Overton Fuller, porém, argumenta que Londres foi a "pista falsa", e que Ramsgate foi o verdadeiro local do encontro. Ver Fuller, pp. 8-9.

29. *Ibid.*, p. 52.

30. Blavatsky, *Collected Writings*, vol. I, p. xlii, nota 85.

31. Fuller, p. 17; Cranston, p. 105.

32. Citado em Caldwell, 2000, p. 24.

Capítulo Três: Sete Anos no Tibete?

1. Ver meu *Politics and the Occult*, pp. 124-25.

2. Curiosamente, de diversas maneiras, a vida de Alexandra David-Néel tem paralelos com a de HPB. Ela se interessou pelo Tibete depois de assistir a palestras sobre religiões orientais na Sociedade Teosófica de Paris, tornando-se depois uma importante teosofista. Como HPB, ela trabalhou e viajou como musicista e jornalista, foi uma moça voluntariosa e filha de pais mal-ajustados, fugiu de um casamento precipitado poucos dias após a cerimônia e se manteve solteira pelo resto de sua longa vida. Morreu em 1969, poucos dias antes de seu 101º aniversário. Novamente, como HPB, embora separada e vivendo suas vidas de forma totalmente independente, seu marido apoiou-a durante toda a sua vida e financiou suas viagens. Como HPB, ela foi profundamente dedicada ao budismo tibetano, escreveu muito a esse respeito e adotou sua crença em magia e misticismo, uma filosofia em evidência em seu clássico *Magic and Mystery in Tibet* (1931). E, como HPB, ela teve acusadores que afirmaram que ela nunca esteve em Lhasa ou no Tibete e que seus relatos de viagem eram pura ficção. Também como HPB, suas viagens foram motivadas pela busca do "desconhecido". Ver Alexandra David-Néel, *My Journey to Lhasa* (Londres: Virago Press, 1988), a introdução de Peter Hopkirk, pp. ix-xvi, e a introdução da própria David-Néel, p. xvii.

3. David-Néel, *Magic and Mystery*, p. 87.

4. Há certa controvérsia entre os biógrafos pró-HPB com relação ao número exato e às datas de suas incursões tibetanas. Cranston fala de três tentativas, em 1853, 1856 e 1868; Fuller nega a data de 1853 e sugere algum momento entre 1854

e 1855. A própria Blavatsky disse que sua primeira tentativa foi em 1856, mas, como sabemos, ela nunca foi boa para datas.

5. Citado em Cranston, p. 51.

6. Washington, p. 33.

7. Cranston, pp. 50-1; Fuller, pp. 13-4.

8. Gertrude Marvin Williams, *Priestess of the Occult: Madame Blavatsky* (Nova York: Alfred A. Knopf, 1946), p. 28; Arthur Lillie, *Madame Blavatsky and Her "Theosophy"* (Londres: Swan Sonnenschein & Co., 1985), pp. 12-3. Fuller comenta que Arthur Lillie, espiritualista, foi um dos "mais antigos inimigos" de HPB; Fuller, p. 14.

9. Fuller, p. 15.

10. Coronel Olcott, "Traces of Blavatsky", citado em Cranston, pp. 57-8.

11. Fuller, p. 24.

12. Lama Anagarika Govinda, *The Way of the White Clouds* (Londres: Rider, 1984), p. 203.

13. Cranston, p. 82.

14. Ver, por exemplo, *Discipleship in the New Age, A Treatise on White Magic* e *The Externalization of the Hierarchy*, todos publicados pela Lucis Publishing Company.

15. Os comentários do major Cross, bem como os do major-general Murray, podem ser encontrados no panfleto de Walter A. Carrithers Jr., *The Truth about Madame Blavatsky: An Open Letter to the Author of "Priestess of the Occult"* em www.blavatskyfoundation.org/carrith1.htm. A autora em questão é Gertrude Marvin Williams, cuja biografia, como a de Marion Meade, mostra a vida de HPB como sendo de "conduta escandalosa" e "um distúrbio de luxúria e ignomínia". Segundo Carrithers, o livro de Williams foi "feito dos escombros que setenta anos de calúnias acumularam nas areias do tempo".

16. Blavatsky, *Voice of the Silence*, p. ii.

17. Ver meu *Politics and the Occult*, pp. 100-01. Para conhecer melhor Hermes Trismegisto e a *prisca theologia*, ver meu *The Quest for Hermes Trismegistus* (Edimburgo: Floris Books, 2011).

18. Fuller, p. 1.

19. A obra clássica sobre elementais na tradição ocidental é a misteriosa *Comte de Gabalis*, publicada anonimamente em 1670. Mais tarde, o livro foi atribuído ao abade N. de Montfaucon de Villars. O texto está disponível em www.archive.org/details/ cu31924028957467.

20. David-Néel, 1977, p. 168.

21. Govinda, p. 70.
22. *Ibid.*, p. 38.
23. *Ibid.*, pp. 94, 101-02. Sobre a hipnagogia, ver meu *A Secret History of Conscious-ness* (Great Barrington, Mass.: Lindisfarne, 2003), pp. 85-94. Ver também meu artigo na *Fortean Times* "Waking Sleep" em www.mindpowernews.com/Hypna-gogic.htm.
24. David-Néel, 1977, p. 210.
25. *Ibid.*, p. 94.
26. *Ibid.*, p. 221.
27. *Ibid.*, p. 93.
28. Heinrich Zimmer, *Philosophies of India* (Nova York: Meridian Books, 1957), p. 517; Alexandra David-Néel, 1977, p. 203.
29. Helena Petrovna Blavatsky, "Mr. A. Lillie"s Delusions", *Light* 1884, incluído em *A Modern Panarion: A Collection of Fugitive Fragments From the Pen of H. P. Blavatsky, A Facsimile of the Original Edition of 1895, Scanned and Edited 2003* (Los Angeles: The Theosophy Company, 1981), pp. 255-57, em www.theosophy.org/Blavatsky/Modern %20Panarion/Panarion.htm.

Capítulo Quatro: Uma Assombração em Chittenden

1. Cranston, pp. 102-03; Fuller, p. 27; Caldwell, 2000, pp. 30-1.
2. John Symonds, *In the Astral Light* (Londres: Panther Books, 1965), p. 36.
3. Fuller, p. 28.
4. Citado em Caldwell, 2000, p. 36.
5. Segundo alguns relatos, a *société spirite* continuou por algum tempo depois da partida de HPB. Ver Joscelyn Godwin, *The Theosopical Enlightenment* (Albany: SUNY Press, 1994), p. 279.
6. Caldwell, 2000, p. 34.
7. Godwin, 1994, p. 280.
8. Johnson, 1994, p. 57.
9. Cranston, p. 107; Fuller, p. 30.
10. Caldwell, 2000, p. 47.
11. Symonds, p. 28.
12. Washington, p. 31.

13. A história de Poe "The Balloon Hoax" apareceu na edição de 13 de abril de 1844 do *The Sun*.

14. Um século depois, eu teria sido um dos vizinhos de HPB. Em 1975, morei no número 266 da Bowery. Nessa época, a maioria dos moradores da Rua Elizabeth era de origem hispânica.

15. Jean Overton Fuller estima que os mil rublos que ela recebeu valeriam cerca de £ 23 mil em valores de 1984, época em que Fuller estava escrevendo seu livro. Hoje, equivaleriam a cerca de £ 80 mil, aproximadamente US$ 130 mil na época em que este livro foi escrito.

16. Caldwell, 2000, p. 45.

17. Ver meu *Turn Off Your Mind*.

18. Colin Wilson, *Afterlife* (Nova York: Doubleday & Co., 1985), pp. 84-9.

19. Ver meu *Politics and the Occult*, pp. 111-15.

20. Henry Steel Olcott, *Old Diary Leaves* (Nova York: G. P. Putnam's Sons, 1895), disponível online em http://archive.org/details/cu31924029168008.

21. Michael Gomes, *Colonel Olcott and the Healing Arts* (Brentwood, Essex: Doppler Press, 2007), p. 3.

22. P. D. Ouspensky, *A New Model of the Universe* (Nova York: Alfred A. Knopf, 1969), p. 4.

23. Washington, p. 41.

24. Michael Gomes, *The Dawning of the Theosophical Movement* (Wheaton: Quest Books, 1987), pp. 95-6.

25. Symonds, p. 36. Fuller, p. 56, diz que os comentários de HPB sobre Home foram erros cometidos pelo entrevistador — inocente ou conscientemente. Ela mostra vários outros na mesma entrevista.

26. Ver www.spiritualismlink.forumoption.com/t389-blavatsky-versus-dd-home e www.katinkahesselink.net/blavatsky/articles/v1/y1876_008.htm.

27. Fuller, p. 54.

28. Minha contribuição pessoal para este assunto complexo deu-se depois de ter lido dois livros do parapsicólogo cético Peter Lamont. Em *The Rise of the Indian Rope Trick* (Londres: Abacus, 2004), Lamont comenta que "a apresentação de Madame Blavatsky ao mundo espiritual foi resultado do encontro com o famoso médium D. D. Home" (p. 61). Ele se refere à carta de Home, na qual ele lamenta o poder que HPB exercia sobre seu pobre amigo, o barão. Mas, num livro posterior, *The First Psychic* (Londres: Abacus, 2006), uma biografia de Home, Lamont não menciona isso. Na verdade, sequer menciona HPB. Poder-

-se-ia imaginar que, como HPB provoca celeuma, Lamont incluiria pelo menos uma breve menção a ela em seu livro sobre Home, que, segundo seu livro anterior, estava tão preocupado com a relação ilícita entre HPB e seu amigo. Mas ele não o faz. Por que não?

A fonte de Lamont para seus comentários sobre Home e HPB foi um panfleto, "A fraude da moderna teosofia revelada: uma breve história da maior impostura já cometida sob o manto da religião", publicada em 1913. O título já nos diz que seu autor, o mágico de palco e tenaz antiespiritualista J. N. Maskelyne, não era um dos amigos de Blavatsky, e o próprio Lamont — também mágico de palco — refere-se à obra como "maligna". Em 1894, três anos após a morte de HPB, Maskelyne preencheu seu Salão Egípcio em Londres com plateias ansiosas por pagarem para assistir a uma pantomima de Blavatsky e as famosas Cartas dos Mahatmas. O próprio Maskelyne tomou os comentários de Home sobre HPB do arsenal de William Emmette Coleman, um polemista também veementemente anti-HPB. Uma leitura atenta da carta de Home sugere que não há certeza de que Home e Blavatsky tenham chegado a se encontrar — em nenhum momento Home diz inequivocamente que ele a encontrou ou a viu — e sugere que Home estava, na melhor das hipóteses, criticando-a por tabela. Mas se ele não viu de fato HPB em Paris com seu amigo, o barão, então a "evidência" dessa suposta ligação é suspeita, e Home pode estar se referindo, sem saber, ao caso havido entre o barão e Nathalie Blavatsky, ou então confundindo os dois.

Quando escrevi a Peter Lamont e lhe perguntei por que ele deixou de lado essa excelente história — ou mesmo alguma menção a HPB — em seu livro sobre Home, ele respondeu sucintamente que não se lembrava "de qualquer evidência sólida de que eles [HPB e Home] tenham se encontrado", e que ele provavelmente usou "a fonte de Maskelyne sem mais considerações". Mas poderíamos imaginar que, depois de repetir comentários sobre HPB num livro que depois ele descobriu que estavam incorretos, ele poderia incluir uma nota sobre isso no livro seguinte, que tratou especificamente da fonte de algumas das observações anteriores e incorretas. Uma nota de rodapé informando que ele não encontrou evidências de um encontro efetivo entre HPB e Home, e que a história da preocupação de Home quanto às intenções lascivas de Blavatsky para com seu amigo era duvidosa, na melhor das hipóteses, teria ajudado muito a desatar os nós dessa história.

Capítulo Cinco: Sabedoria Antiga para um Mundo Moderno

1. Symonds, p. 24.
2. *Ibid.*, p. 34.
3. www.katinkahesselink.net/blavatsky/articles/v1/y1874_002.htm.
4. Cranston, p. 130.
5. Ver especialmente seu relacionamento com a obra do "evolucionista" Ernst Haeckel, outrora popular, mas hoje praticamente desconhecido, em meu livro *Rudolf Steiner* (Nova York: Tarcher/ Penguin, 2007), pp. 79-81, 111.
6. Washington, p. 41.
7. Blavatsky, 1948, p. 88.
8. Cranston, pp. 131-32.
9. Fuller, p. 39; Wilson, 1987, p. 73.
10. Symonds, p. 53.
11. Você pode imaginar que a Guerra Civil dos Estados Unidos teve um papel nisso, mas os fenômenos em Hydesville são anteriores a ela, e a "epidemia espiritualista" também aconteceu na Europa.
12. Para um relato completo da "mão oculta" por trás do espiritualismo, o leitor deve procurar os artigos originais de Joscelyn Godwin em *Theosophical History*, N.S. III 2/5 (1990-1991): 35-43, 66-76, 107-17, 137-48. Ver também Godwin, 1994. Um bom resumo e uma boa interpretação podem ser encontrados na introdução de Christopher Bamford ao livro de C. G. Harrison, *The Transcendental Universe* (Londres: Temple Lodge, 1993).
13. Ver a introdução escrita por Dingwall ao livro de Emma Hardinge Britten, *Modern American Spiritualism* (New Hyde Park, N.Y.: University Books, 1970), p. xvi.
14. Um texto online de *Ghost Land* pode ser encontrado em www.scribd.com/doc/29505505/Ghost-Land-Emma-Hardinge-Britten.
15. Para saber mais sobre Bulwer-Lytton, ver meu *A Dark Muse* (Nova York: Thunder's Mouth Press, 2005), pp. 99-105.
16. Godwin, 1994, pp. 206-12.
17. Harrison, 1993, p. 47.
18. *Ibid.*, p. 46.
19. Ver, por exemplo, o caso de Antoine-Joseph Pernety e "a Coisa", e o "agente desconhecido" de Jean-Baptiste Willermoz em meu *Politics and the Occult*, pp. 83, 88.

20. Harrison, p. 86.
21. Como HPB afirmou que teria estudado com seu Mestre no Tibete em 1868, a cronologia não parece certa.
22. Steiner, 1973, pp. 61-2.
23. Harrison, pp. 51-5. Annie Besant, *Letters from the Masters of the Wisdom* (Adyar, India: Theosophical Publishing House, 1925), p. 10.
24. Em *Historia Vitae et Mortis*, Bacon diz que a pessoa pode renovar sua saúde abraçando um filhote de cão, que, como "animal quente", tem abundante vitalidade. O "cão branco" se tornou uma lenda local na Filadélfia, onde um café ocupa agora o número 3.420 da Rua Sansom, onde Blavatsky morou. Ver www.articles.philly.com/1988-05-07/news/ 26260563_1_writings-theosophists-hindu.
25. Brian Inglis, *Natural and Supernatural* (Dorset: Prism Press, 1992), p. 267.
26. Um dos autores, William Ivins, foi o advogado de HPB na ação que ela moveu contra a condessa Gerebko. Outro, William S. Fales, era colega de Ivins. Durante o processo, HPB foi questionada sobre ocultismo, e suas respostas levaram Ivins, Fales e mais três amigos a escrever o artigo.
27. Helena Petrovna Blavatsky, "A Few Questions to Hiraf", em Goodrick-Clarke, pp. 35-48.
28. Godwin, 1994, p. 292.
29. Blavatsky, 1948, pp. 137-38.
30. Washington, p. 54.

Capítulo Seis: Desvelando Ísis

1. Citado em Cranston, p. 145.
2. Washington, p. 55.
3. Helena Petrovna Blavatsky, *Studies in Occultism* (Pasadena, Calif.: Theosophical University Press, 1980), p. 1.
4. Cranston, pp. 149-50.
5. Pode ser importante o fato de que, em sua adolescência, o psicólogo C. G. Jung teria passado por uma segunda consciência similar, à qual, tal como Blavatsky, ele se referiu como "Nº 2". Ver meu *Jung the Mystic* (Nova York: Tarcher/Penguin, 2010), pp. 29-31. [*Jung, o Místico*, publicado pela Editora Cultrix, São Paulo, 2012.]
6. Cranston, p. 169.

7. Beatrice Hastings, *Defence of Madame Blavatsky*, vol. 1 (Worthing, Sussex: The Hastings Press, s.d.), pp. 8-11. Beatrice Hastings foi, durante muitos anos, amante de A. R. Orage (ver Capítulo 1) e colaboradora importante do influente jornal de Orage, *The New Age*. Infelizmente, ela escreveu com diversos pseudônimos e sua contribuição para esse importante órgão de pensamento não recebeu todos os créditos devidos. Mais tarde, foi amante do pintor Modigliani, para quem também posou. Com a saúde debilitada e desesperada com sua carreira literária, ela cometeu suicídio em 1943. Para conhecer Hastings melhor, ver o livro de John Carswell, *Lives and Letters* (Nova York: New Directions, 1978).

8. Adam Crabtree, *Multiple Man* (Londres: Holt, Rinehart, and Winston, 1985), p. 1.

9. Caldwell, 2000, p. 329.

10. Pode ser interessante notar que, em *The Journey to the East*, Hermann Hesse observa que "Um tempo longo dedicado a pequenos detalhes nos exalta e aumenta nossa força". Também podemos comentar que o dramaturgo August Strindberg usava um método similar para entrar em contato com as forças criativas do inconsciente. Ao escrever para um amigo, Strindberg observou que, para entrar num clima criativo, ele precisava se "enganar" com "distrações, jogos, cartas, sono... sem se preocupar com os resultados". Ver meu *A Dark Muse*, p. 203. Como Blavatsky, Strindberg acreditava em inteligências superiores que o estariam guiando, que ele chamou de "os Poderes".

11. Crabtree, pp. 120-34.

12. Symonds, p. 66.

13. Cranston, p. 154.

14. Olcott, *Old Diary Leaves*, vol. I , pp. 99-109; Cranston, p. 159.

15. *Ibid.*, p. 169.

16. *Ibid.*, p. 175.

17. Ver meu *Rudolf Steiner: An Introduction to His Life and Work* (Nova York: Tarcher/ Penguin, 2007), pp. 148-51.

18. Em seu relato sobre a época em que esteve com Gurdjieff , P. D. Ouspensky recorda um estranho incidente no qual Gurdjieff transformou sua aparência de "homem normal" em "homem de uma ordem bem diferente". P. D. Ouspensky, *In Search of the Miraculous* (Nova York: Harcourt, Brace, 1949), pp. 324-26.

19. Caldwell, 2000, p. 95.

20. Hastings, vol. 1, p. 10.

21. Fuller, p. 50.
22. Blavatsky, 2004, org. Goodrick-Clarke, p. 52; Hastings, vol. 1, p. 28.
23. Uma lista pode ser encontrada em Goodrick-Clarke, pp. 50-2.
24. Ver meu *The Quest for Hermes Trismegistus, from Ancient Egypt to the Modern World* (Edimburgo: Floris Books, 2011).
25. Deborah Blum, *Ghosthunters* (Londres: Century, 2007), p. 43.
26. Helena Petrovna Blavatsky, *Isis Unveiled*, vol. 1 (Pasadena: Theosophical Publishing House, 1972), p. 428. [*Ísis sem Véu*, publicado em 4 volumes pela Editora Pensamento, São Paulo, 1991.]
27. Theodore Roszak, *Unfinished Animal: The Aquarian Frontier and the Evolution of Consciousness* (Londres: Faber and Faber, 1976), pp. 118-19.
28. Blavatsky, 1972, p. 428.
29. *Ibid.*, p. xviii. O comentário de Blavatsky parece um notável pré-eco da observação de Alfred North Whitehead em *Science and the Modern World* (Nova York: Macmillan, 1925), de que a imagem materialista do universo revela uma Natureza que é "um negócio tolo, sem sons, sem odores, sem cores; meramente a urgência da matéria, interminável, sem sentido", p. 77.
30. Blavatsky, 1972, p. 425.
31. Em sua famosa carta a seu tradutor para o polonês Witold von Hulewicz, Rilke sugeriu que, ao interiorizar o mundo físico por meio daquilo que ele chamou de *Herzwerk* ("o trabalho do coração"), criamos um mundo "invisível", um microcosmo interior do macrocosmo exterior. Por meio dessa interiorização, Rilke acreditava que poderíamos até criar energias capazes de produzir novos mundos, "novas substâncias, metais, nebulosas e estrelas". Em *The Quest for Hermes Trismegistus*, eu relato a notável ideia de Rilke sobre a noção hermética de microcosmo — nós mesmos — alojando o macrocosmo — o universo — e a concepção astronômica de um "buraco branco", o outro lado de um buraco negro, que alguns astrofísicos sugerem que podem estar emitindo novo material estelar em algum canto remoto do universo. Eu também associo esses conceitos à crença de Rudolf Steiner, que dizia que o verdadeiro corpo físico da Terra é um fruto da consciência humana. Ver *The Quest for Hermes Trismegistus*, pp. 197-99.
32. Caldwell, 2000, p. 102.
33. Blavatsky, 1972, pp. 136-37.
34. *Ibid.*, p. 239.
35. *Ibid.*

36. *Ibid.*, p. 235.

37. G. I. Gurdjieff, *Beelzebub's Tales to His Grandson, First Book* (Nova York: E. P. Dutton, 1978), p. 134.

38. Blavatsky, 1972, pp. 270-71.

39. *Ibid.*, p. 274.

40. *Ibid.* Ouspensky, 1949, p. 24.

41. Blavatsky, 1972, p. 274.

42. Gary Lachman, "The Fate of the Earth According to Rudolf Steiner", *Gnosis 33* (outono de 1994): 22-7.

43. Blavatsky, 1972, p. 330.

44. *Ibid.*, p. 284.

45. O "éter luminífero" foi um conceito central da física até os experimentos de Michelson—Morley de 1887 produzirem fortes evidências contra ele. Com o surgimento da teoria da relatividade de Einstein, ele foi descartado.

46. Blavatsky, 1972, p. 178.

47. *Ibid.*, p. 179.

48. Ver meu *A Secret History of Consciousness*, pp. 58-67.

49. Blavatsky, 1972, p. 179.

50. *Ibid.*, p. 180.

51. Colin Wilson, *Beyond the Occult: Twenty Years' Research into the Paranormal* (Londres: Bantam Press, 1987), p. 110.

52. Novamente, ver *The Quest for Hermes Trismegistus*, capítulos 2 e 7, onde relaciono a Luz Astral com a "arte da memória", o "Mundo Imaginário" de Henry Corbin, a experiência da hipnagogia, a "consciência cósmica" e a "Faculdade X" de Wilson.

Capítulo Sete: Uma Passagem para a Índia

1. Cranston, p. 162.

2. Blavatsky, 1980, p. 99.

3. Cranston, p. 182.

4. Godwin, 1994, p. 298.

5. *Ibid.*, p. 279.

6. Cranston, p. 182.

7. Godwin, 1994, p. 322.

8. *Ibid.*, p. 298.

9. *Ibid.*, p. 300.

10. Josephine Ransom, *A Short History of the Theosophical Society* (Adyar: Theosophical Publishing House, 1938), p. 98.

11. Cranston, pp. 179-80.

12. Seja qual for nossa opinião sobre o relato de Olcott, dois itens parecem nos lembrar daquilo que sabemos sobre o Círculo Órfico e o estranho grupo ocultista que o misterioso Chevalier Louis B encontra em *Ghost Land*. No Capítulo 5, vimos que o Círculo Órfico empregava cristais e "espelhos mágicos", entre outros recursos ocultos, e que, quando Louis B foi instado a uma "lucidez mesmérica", sentiu que conseguia ver "uma área espacial quase ilimitada", e que "um vasto reino de percepção" abriu-se diante dele (pp. 134-35). Os visitantes de Olcott fizeram-no olhar para um cristal que, numa só palavra, o "mesmerizou". E na visita anterior de Liatto, o Mestre fez com que as paredes do seu quarto desaparecessem, revelando uma paisagem estranha.

13. Caldwell, 2000, pp. 73-6.

14. Symonds, p. 83.

15. Caldwell, 2000, p. 107.

16. *Ibid.*, p. 109.

17. *Ibid.*, pp. 111-12.

18. www.nytimes.com/1997/01/21/science/physicists-confirm-power-of-nothing-measuring-force-of-universal-fl ux.html?pagewanted=all&src=pm.

19. Ver meu *Politics and the Occult*, pp. 126-30, para compreender o papel da Sociedade Teosófica neste caso.

20. Carrie Nation (1846-1911) foi uma líder do movimento de temperança que ficou famosa por destruir bares com uma machadinha. Ela tinha quase 1,80 metro de altura, pesava oitenta quilos e tinha feições sérias.

Capítulo Oito: Uma Crise em Adyar

1. www.blavatskyarchives.com/muller1.htm.

2. www.blavatskyarchives.com/sinnettesoteric_buddhism.htm.

3. Ver Donald S. Lopez, *The Tibetan Book of the Dead: A Biography* (Princeton, N.J.: Princeton University Press, 2011). Quando a edição de Evans-Wentz de *The Tibetan Book of the Dead* foi publicada em 1927, a edição de E. A. Wallis Budge de *The Egyptian Book of the Dead* (1ª edição, 1895) era popular havia mais de trinta anos.

4. http://theosophy.katinkahessclink.net/canadian/Vol-68-4-Theosophist.htm.

5. Sabe-se que HPB também "precipitava" cigarros, enrolando-os e "translocando-os" misteriosamente para outro cômodo; ver Caldwell, pp. 155-57. Sabe-se ainda que ela mudou o monograma de um lenço, feito que realizou a bordo do S.S. *Ellora* a caminho do Ceilão; *ibid.*, p. 123.

6. Para citar um entre muitos exemplos, em julho de 1881, Sarab J. Padshah informou que recebera uma carta de Koot Hoomi. "Ouvi um som como se uma grande borboleta tivesse caído sobre a mesa. Era a carta. Ela caiu de certa altura." Padshah se recorda que rezou silenciosamente em sinal de agradecimento. Na manhã seguinte, HPB comentou que os Mestres o haviam observado e repetiram "palavra por palavra de meu pensamento silencioso". Caldwell, p. 170.

7. Mahatma Letter nº 2, em www.theosociety.org/pasadena/mahatma/ml-2.htm.

8. *The Mahatma Letters to A. P. Sinnett*, org. A. T. Barker (Adyar: Theosophical Publishing House, 1998), p. 39.

9. C. Jinarajadasa, *Did Madame Blavatsky Forge the Mahatma Letters?* (Adyar: Theosophical Publishing House, 1934), p. 8.

10. Juntamente com a Arya Samaj, durante algum tempo, HPB esteve associada com o Sikh Sabha, um movimento de reforma sique fundado por Sirdar Thakar Singh Sandhawalia. Em *The Masters Revealed: Madame Blavatsky and the Myth of the Great White Lodge*, K. Paul Johnson apresenta um argumento interessante sobre a influência do siquismo sobre a Sociedade Teosófica, e ele apresenta Sirdar Thakar Singh Sandhawalia como um bom candidato para o Koot Hoomi de carne e osso (pp. 148-68).

11. Alguns exemplos impressionantes envolvem outros meios de transporte. Veja o caso da Carta do Mahatma de William Eglinton enquanto ele estava a bordo do S.S. *Vega* em Caldwell, pp. 174-77. O livro de Caldwell contém vários outros exemplos, sejam de cartas dos Mahatmas, sejam de contatos feitos por eles, independentemente de HPB. Veja ainda os relatos de C. Jinarajadasa sobre "a precipitação ou a misteriosa chegada, de maneira fenomenal, de cartas em lugares quando Madame Blavatsky se achava a centenas, se não a milhares, de quilômetros de distância", e da "natureza fenomenal do aparecimento da escrita de KH numa carta dobrada em trânsito no correio"; C. Jinarajadasa, pp. 5, 24.

12. Para um bom relato das massas de evidências apoiando a telepatia e outras habilidades paranormais, ver o livro de fácil leitura e ainda relevante de Brian

Inglis, *Natural and Supernatural: A History of the Paranormal from Earliest Times to 1914* (Dorset: Prism Press, 1992).

13. Helena Petrovna Blavatsky, "Precipitation", em *The Theosophist*, vol. V, n°s 3-4 (dez./jan. 1883-1884): 64, em *Collected Works*, 1883-84-85, vol. VI (Los Angeles: Blavatsky Writings Publication Fund, 1954), p. 120.

14. A. T. Barker, 1998, p. 37.

15. Inglis, p. 286.

16. Tenham ou não valor, os comentários de Eisenbud sobre a personalidade de Serios sugerem, até certo ponto, uma ressonância com HPB: "Ele não segue as leis e os costumes de nossa sociedade. Ele ignora as amenidades sociais... Ele não demonstra autocontrole e vai balbuciar, uivar e bater a cabeça na parede quando as coisas não saírem do seu jeito".

17. Colin Wilson, *Mysteries* (Londres: Watkins Publishing, 2006), p. 380. Em *The Occult*, pp. 54-7, Wilson apresenta exemplos de "bilocação" envolvendo o dramaturgo August Strindberg e o romancista John Cowper Powys.

18. Ouspensky, 1949, pp. 262-65.

19. A. T. Barker, 1998, p. 27.

20. Ver www.esotericbuddhism.net e www.theosociety.org/pasadena/mahatma/ml-hp.htm.

21. Por sua própria complexidade, esse sistema tem poucos rivais, embora os antigos egípcios falassem de nove componentes. Ver meu *The Quest for Hermes Trismegistus*, pp. 60-2.

22. Fuller, p. 95; Joscelyn Godwin, *Arktos: The Polar Myth* (Kempton, Ill.: Adventures Unlimited Press, 1996), p. 42.

23. A relação com a oitava musical não é uma coincidência, e os leitores familiarizados com as obras de Rudolf Steiner e de Gurdjieff vão ver novamente como tanto o conceito de Steiner sobre a Terra "evoluindo" até seu estágio planetário seguinte — Júpiter — e o "Raio da Criação" de Gurdjieff emergem desse esquema.

24. Alice Leighton Cleather, *H. P. Blavatsky as I Knew Her* (Londres: Spink & Co., 1923), p. viii.

25. Michael Gomes, *Colonel Olcott and the Healing Arts* (Brentwood, Essex: Doppler Press, 2007), p. 1.

26. Não consegui deixar de mencionar uma "sincronicidade" que aconteceu enquanto estava escrevendo esta seção. Precisei conferir uma referência a Lafcadio Hearn e peguei meu exemplar de seu livro *Selected Writings* (Nova York: Cita-

del Press, 1991, org. Henry Goodman) da prateleira. Abri-o na página 408 e a primeira frase que li foi "É um exemplar em inglês do 'Catecismo budista' de Olcott".

27. Evidentemente, a própria Blavatsky tinha poderes de cura. Em seu "Reminiscências de H. P. Blavatsky", Archibald Keightley conta como HPB o "curou" de erisipela, uma infecção bacteriana também conhecida como "fogo sagrado"; *Theosophical Quarterly* (outubro de 1910): 107. Blavatsky não usou seus poderes de cura para si mesma porque, como a maioria dos "magos", ela jurara nunca usar seus "poderes" em seu próprio benefício (Wachtmeister, pp. 45-6).

28. William Butler Yeats, "Mohini Chatterjee", em *The Collected Poems of W. B. Yeats* (Nova York: Collier Books, 1989), p. 247.

29. Godwin, 1994, p. 343.

30. Caldwell, pp. 227-29.

31. Além de escrever uma biografia do alquimista suíço Paracelso, Hartmann também foi um dos primeiros membros da Ordo Templi Orientis, uma sociedade de magia sexual que mais tarde foi liderada por Aleister Crowley. Ele também apoiou o racista e protofascista ocultista Guido von List.

32. C. Jinarajadasa, *Letters from the Masters of the Wisdom* (Madras: Theosophical Publishing House, 1923), pp. 49-50.

33. Ver meu *In Search of P. D. Ouspensky*, pp. 192-93.

34. Washington, p. 73.

35. Franz Hartmann, *Report of Observations Made During a Nine Months' Stay at the Headquarters of the Theosophical Society at Adyar* (Madras: Scottish Press, 1884), pp. 24-5.

36. *Ibid.*, p. 35.

37. Para um relato conciso sobre o "caso Coulomb", ver Michael Gomes, *The Coulomb Case*, em Theosophical History Occasional Papers, vol. X, 2005.

38. Symonds, p. 149.

39. www.theosophy.org/Blavatsky/Letters%20of%20H.%20P.%20Blavatsky%20to%20A.%20P.%20Sinnett/Letters%20of%20HPB.htm.

40. Blavatsky, 1948, pp. 92-3.

41. Fuller, p. 141.

42. *Ibid.*, pp. 136-38.

43. Uma vergonhosa questão ainda é assunto de debates intensos: HPB foi ou não uma "espiã russa"? Maria Carlson alega que uma carta supostamente escrita por Blavatsky em 1872 mostra que ela ofereceu seus serviços como espiã para o

governo russo (Carlson, p. 316), mas a autenticidade da carta foi posta em dúvida por mais de um pesquisador. A própria Blavatsky teria ficado mais furiosa com a afirmação de Hodgson de que ela era uma espiã do que com a suposta "revelação" de sua fraude; isso poderia ser considerado como uma admissão de culpa ou uma mera raiva diante de uma falsidade. Como Gurdjieff, Blavatsky parece ter sido inconstante em suas alianças políticas, mudando de lado, por assim dizer, quando isso era adequado a seus propósitos "superiores". Para ter uma ideia das complexidades envolvidas, ver o artigo de K. Paul Johnson "Mikhail Katkov and HPB's Political Loyalties", www.katinkahesselink.net/his/katkov.htm.

44. Fuller, pp. 118, 159.
45. www.blavatskyfoundation.org/obituar2.htm.
46. Gomes, *The Coulomb Case.*
47. www.blavatskyarchives.com/coulomb/coulomb2a3.htm.

Capítulo Nove: Doutrinas Secretas na Estrada

1. Cranston, p. 288.
2. No final da década de 1880, a condessa Wachtmeister, Alfredo Pioda — membro do parlamento suíço —, Franz Hartmann e o psicólogo, espiritualista e romancista Frederik van Eeden — que criou a expressão "sonho lúcido" — colaboraram na criação de uma "clausura teosófica" em Ascona, Suíça, que seria chamada "Fraternitas". A clausura não durou muito, mas, alguns anos depois, Ascona tornou-se a sede da "comunidade alternativa" do Monte Verità, a "Montanha da Verdade", que atraiu celebridades como Hermann Hesse, Isadora Duncan, Rudolf Steiner e Rudolf Laban, entre muitos outros. Na década de 1930, Ascona também se tornou sede das lendárias Conferências Eranos, realizadas na Casa Gabriella, residência da *socialite* e teosofista holandesa Olga Fröbe-Kapteyn e presididas por C. G. Jung. Ver meus livros *Politics and the Occult* (pp. 136-38) e *Jung the Mystic* (pp. 73, 165-66).
3. Constance Wachtmeister, *Reminiscences of H. P. B. and the Secret Doctrine* (Wheaton, Ill.: Theosophical Publishing House, 1976), p. 26.
4. *Ibid.*, p. 27.
5. *Ibid.*, pp. 8-9. Ver também Cleather, p. 3.
6. Wachtmeister, p. 42.
7. *Ibid.*, p. 18.

8. British Library, Additional MSS.45287, *Letters* XLII, XLIII, pp. 95-7.

9. Seu relacionamento com Vsevolod Solovyov, mencionado na Introdução, é um desses casos. Embora ela tenha dito que o Mestre deu uma olhada nele e não teria nada que ver com ele, ela permitiu que ele a visitasse várias vezes — em Paris e em Würzburg —, importunando-a com pedidos para ensinar-lhe os fenômenos e com sugestões para que ela se tornasse uma espiã russa. Deveria ter ficado claro desde o início que Solovyov, escritor de ficção histórica, estava à procura de sensações para criar fama, ao contrário de seu irmão mais conhecido, Vladimir Solovyov, que era um filósofo espiritual sério; ver *The Meaning of Love* (West Stockbridge: Lindisfarne, 1985), *War, Progress, and the End of History* (West Stockbridge: Lindisfarne, 1990) e *The Crisis of Western Philosophy* (West Stockbridge: Lindisfarne, 1996). No entanto, HPB estava ocupada demais ou concentrada demais em seu próprio trabalho para dar atenção a ele, até acabar percebendo que ele não era um material adequado. Porém, a essa altura, o mal já estava feito, e o fato de tê-lo rejeitado como *chela* levou à publicação de sua escandalosa "revelação", lançada, significativamente, apenas depois de sua morte. Pode ter alguma importância o fato de a acompanhante de Solovyov nessa visita a Würzburg ter sido Yuliana Glinka, uma agente russa e a pessoa que provavelmente levou o falso tratado antissemita *Os Protocolos dos Sábios de Sião* da França para a Rússia. Ver James Webb, *The Occult Establishment* (La Salle, Ill.: Open Court, 1976), pp. 241-49.

10. A discussão sobre a validade do relatório de Hodgson é animada e ainda está aberta. Ver www.blavatskyfoundation.org/obiteruary.htm, www.theosociety. org/pasadena/hpb-spr/hpb-spr1.htm e www.theosociety.org/pasadena/hpb-spr/hpbspr-h.htm, como pontos de partida.

11. Cranston, p. 275.

12. *Ibid.*

13. www.blavatsky.net/gen/refute/sprpress.htm.

14. *Ibid.*; e Gomes, *The Coulomb Case*, p. 21. Para conhecer uma história concisa e reveladora das críticas contra a obra de Hodgson, o livro de Gomes é essencial. Já em 1903, Samuel Studd da Sociedade Teosófica de Melbourne investigou a obra de Hodgson e considerou-a "não convincente", a mesma conclusão a que chegaram Beatrice Hastings, K. F. Vania, Walter Carrithers, John Cutter, Leslie Price, Vernon Harrison e outros. Embora K. Paul Johnson tenha dito que a obra de Harrison não exonera completamente HPB, certamente indica falhas

e inconsistências numa investigação que foi aceita como precisa praticamente por todos os biógrafos de HPB que não eram teosofistas.

15. Deborah Blum, *Ghost Hunters* (Nova York: Penguin, 2006), p. 92.

16. *Ibid.*

17. Inglis, p. 389.

18. Blum, pp. 218-21.

19. Sylvia Cranston comenta que, como Einstein, Freud e Darwin, Blavatsky parece ter precisado de suas doenças para realizar a melhor obra possível (Cranston, pp. 312-13). Cranston também poderia ter incluído nessa lista o romancista John Cowper Powys, autor da obra-prima mística *A Glastonbury Romance*, que parece ter obtido inspiração em suas úlceras, e Friedrich Nietzsche, que transformou a experiência da convalescença numa filosofia. Ver Morine Krissdóttir, *Descents of Memory: The Life of John Cowper Powys* (Londres: Overlook Duckworth, 2007) e Friedrich Nietzsche, *Human, All Too Human*, trad. R. J. Hollingdale (Cambridge, G.B.: Cambridge University Press, 1986), pp. 8-11.

20. Ver meu *Rudolf Steiner*, pp. 66-9.

21. Symonds, p. 183.

22. Cleather, p. viii.

23. *Cartas de H. P. Blavatsky para A. P. Sinnett*, p. 205; ver "Lethargy in the London Lodge," em www.phx-ult-lodge.org/Letters%20of%20HPB.htm.

24. Wachtmeister, p. 52.

25. *Ibid.*, p. 61. Segundo alguns relatos, quando foi feita a autópsia no corpo de Gurdjieff, seu médico comentou que "seu intestino estava num tal estado de decomposição que ele deveria ter morrido anos antes"; Colin Wilson, *The War Against Sleep* (Wellingborough: Aquarian Press, 1980), p. 74.

26. Já falei sobre o intrigante comentário de Aleister Crowley de que a própria Blavatsky era o Estripador. É estranho, mas Jack o Estripador aparece num artigo que HPB escreveu para sua revista *Lucifer*, "Psychic and Noetic Action", mais tarde reproduzido em *Studies in Occultism* e disponível *on-line* em www. theosociety.org/pasadena/hpb-sio/sio-pan.htm. Outro vínculo estranho entre HPB e o Estripador é o relacionamento entre a teosofista Mabel Collins e Robert D'Onstan Stephenson, que foi indicado como candidato à verdadeira identidade do Estripador. Ver www.katinkahesselink.net/his/farnell4.html e www.theosnet.ning.com/profiles/blog/show?id=3055387%3ABlogPost%3A7 6416&commentId=3055387%3AComment%3A77121&xg_source=activity. É interessante saber que Stephenson, que praticava algo como "magia negra",

contribuiu com um artigo sobre "African Magic" para a edição de novembro de 1890 de *Lucifer*.

27. A disputa envolveu a tentativa de Elliot Coues obter o controle da Sociedade Teosófica nos Estados Unidos; Cranston, pp. 270-78.

28. Ver Kim Farnell, *Mystical Vampire: The Life and Works of Mabel Collins* (Oxford: Mandrake Press, 2005).

29. Em outra ocasião, HPB teve de se desculpar com a senhorita Leonard depois de tê-la acusado, em uma carta, de seduzir Mohini Chatterjee, que tinha feito um voto de castidade. Ao que parece, Mohini provocara a atenção da jovem.

30. Cranston, p. 325.

31. Wachtmeister, p. 78.

32. *Ibid.*, p. 30.

33. *Ibid.*, p. 80.

34. Cleather, p. 67.

35. W. B. Yeats, *Autobiographies* (Londres: Macmillan, 1980), p. 179.

36. Wachtmeister, p. 43.

37. Yeats, 1980, p. 174.

38. *Ibid.*, p. 180.

39. *Ibid.*, p. 177.

40. Cleather, p. 15.

41. *Ibid.*, p. 16.

42. Cranston, p. 365.

43. *Collected Writings*, vol. 12, pp. 488-89.

44. Ver meu *A Dark Muse*, p. 102.

45. www.esotericinstructions.net, pp. 1-2. Os leitores interessados em explorar as "Esoteric Instructions" de HPB podem encontrá-las nesse site.

46. www.esotericinstructions.net, pp. 3-4.

47. www.theosociety.org/pasadena/invit-sd/invsd-1.htm.

48. Em *The Book of the Law*, lemos que "os senhores da terra são nossos irmãos" e que "não temos nada em comum com os párias e os desajustados: que morram em sua miséria". "A compaixão é o vício dos reis; esmaguem os desgraçados e os fracos: essa é a lei do forte." "Não tenha pena dos caídos... golpeie com força e discrição, e ao inferno com eles." Sugestões similares povoam o texto de Crowley.

49. O livro que ainda é o clássico sobre o assunto é *The Occult Roots of Nazism*, de Nicholas Goodrick-Clarke (Nova York: NYU Press, 1993). Em nome da con-

fusão, devo acrescentar que Gurdjieff também foi acusado de inspirar o uso da suástica pelos nazistas. Ver o livro altamente desinformativo de Louis Pauwels, *Gurdjieff* (Nova York: Weiser, 1972). A Hiperbórea tornou-se um tema central do esoterismo de orientação racial do tradicionalista italiano Julius Evola; ver seu *Revolt Against the Modern World* (Rochester: Inner Traditions, 1995). Evola, como René Guénon e outros tradicionalistas, é anti-HPB.

50. Os leitores interessados devem consultar os comentários de HPB sobre "dever" em www.theosociety.org/pasadena/key/key-12.htm.

51. Helena Petrovna Blavatsky, *The Secret Doctrine*, resumida por Michael Gomes (Nova York: Tarcher/Penguin, 2009).

52. Apesar de todos os caminhos que levam à Atlântida começarem em *Timeu* e *Crítias* de Platão, a influência central sobre as ideias de HPB a respeito do continente perdido foi o *best-seller* de Ignatius Donnelly de 1882, *Atlantis: The Antediluvian World*, que apresentou pela primeira vez a ideia de que sobreviventes da Atlântida teriam fundado civilizações no Egito e nas Américas. A Atlântida recebe muito menos atenção em *Ísis sem Véu* do que em *A Doutrina Secreta*, e não se pode deixar de pensar que, tendo lido o livro de Donnelly, HPB teria achado suas ideias boas demais para deixá-las de lado em sua nova obra.

53. Gershom Scholem, *Major Trends in Jewish Mysticism* (Nova York: Schocken, 1961), pp. 398-99.

54. Agehananda Bharati, "Fictitious Tibet: The Origin and Persistence of Rampaism", em www.serendipity.li/baba/rampa.html.

55. Wouter J. Hanegraaf, *New Age Religion and Western Culture* (Leiden: Brill, 1996), p. 453.

56. Ver seus *The Books of Kiu-Te or the Tibetan Buddhist Tantras: A Preliminary Analysis* (San Diego: Wizard's Bookshelf, 1983) e *Secret Books: Twenty Years' Research*, de Blavatsky (San Diego: Wizard's Bookshelf, 1999).

57. Annie Besant, *An Autobiography* (Adyar: Theosophical Publishing House, 1939), p. 310.

58. Wilson, 1971, p. 337.

59. Ver meu *Politics and the Occult*, pp. 125-32.

60. Louis Fischer, *The Life of Mahatma Gandhi* (Nova York: HarperCollins, 1997), p. 437.

61. James Hunt, *Gandhi in London* (Nova Déli: Promilla & Company, 1978), p. 34.

62. Mohandas Gandhi, *Autobiography* (Nova York: Beacon Press, 1993), p. 67.

63. Pyarelal Nair, *Mahatma Gandhi*, vol. 1 de *The Early Years* (Ahmedabad, Índia: Navajian Publishing House, 1965), p. 259.

64. Gandhi, 1993, p. 321.

65. Tima Vlasto, "Gandhi, Theosophy, and Union Square Park in NYC", 29 de julho de 2009; disponível em www.examiner.com/holistic-science-spirit-in-national/gandhi-theosophy-and-union-square-park-nyc.

66. Hari Kunzru, "Appreciating Gandhi through His Human Side", *New York Times*, 29 de março de 2011; disponível em www.nytimes.com/2011/03/30/books/in-great-soul-joseph-lelyveld-re-examines-gandhi.html?_r=.

67. Blavatsky, 1948, pp. 27, 23, 25, 14, 21, 77; o texto completo está *on-line* em www.theosociety.org/pasadena/key/key-hp.htm.

68. Blavatsky, 1959, p. 106. O texto completo está *on-line* em www.theosociety.org/pasadena/voice/voice.htm.

69. *Eastern Buddhist* (série antiga) 5:377; *The Middle Way*, agosto de 1965, p. 90.

70. Mircea Eliade, *Journal II, 1957-1969* (Chicago: University of Chicago Press, 1989), p. 208.

71. W. Y. Evans-Wentz, *The Tibetan Book of the Dead* (Londres: Oxford University Press, 1970), p. 7. [*O Livro Tibetano dos Mortos*, publicado pela Editora Pensamento, São Paulo, 1985.]

72. www.blavatskynews.blogspot.com/2010/05/blavatskiana-voice-of-silence.html.

73. K. Paul Johnson, *Initiates of Theosophical Masters* (Albany: SUNY Press, 1995), p. 4.

74. Blavatsky, 1948, p. 77.

75. Cleather, p. 21.

76. O número 19 da Avenue Road não fica muito longe de onde moro em Londres. Não consegui descobrir se a casa com portão de segurança que está hoje nesse endereço é a mesma na qual HPB passou seus últimos anos e nem se a sala de sete lados ou salão de palestras ainda existe.

77. G. R. S. Mead, *Concerning HPB: Stray Thoughts on Theosophy* (Adyar: Theosophical Publishing, s.d.), p. 4.

78. *Ibid.*, p. 5.

79. Caldwell, 2000, p. 322.

80. Fuller, p. 230; Cranston, pp. 370-78.

81. Mead, pp. 21-2.

Capítulo Dez: Os Mestres Revelados?

1. Cleather, p. 9.
2. *Ibid.*, p. 27.
3. Entre as "provas" da própria Besant para filiar-se à ST encontram-se a denúncia pública do controle de natalidade, uma causa que ela tinha defendido antes e pela qual fora presa em 1877 com seu amigo e colega de campanha Charles Bradlaugh.
4. Washington, pp. 102-03.
5. *Ibid.*, p. 103.
6. Katherine Tingley, *The Gods Await*, Capítulo 4, "My First Meeting with Blavatsky's Teacher" (Pasadena: Theosophical University Press, 1992); disponível em www.theosociety.org/pasadena/kt-gods/tga4.htm.
7. Ver en.wikipedia.org/wiki/Lomaland e também www.sandiegohistory.org/journal/ 74summer/lomaland.htm.
8. Para obter mais informações sobre Katherine Tingley, ver meu *Politics and the Occult*, pp. 133-36.
9. Ver meu artigo "Kandinsky's Thought Forms and the Occult Roots of Modern Art", disponível em www.theosophical.org/publications/quest-magazine/1405.
10. Washington, pp. 121-23.
11. Ver meu *Turn Off Your Mind*, pp. 158-59.
12. Para obter mais informações sobre Jacolliot, d'Alveydre, Guénon, Ossendowski e Roerich, ver meu *Politics and the Occult*.
13. *Ibid.*, pp. 63-5.
14. Ouspensky, 1949, pp. 4-5.
15. Ver meu *In Search of P. D. Ouspensky*, p. 245.
16. Fuller, pp. 7-8.
17. K. Paul Johnson, "Blavatsky and Her Masters", em *The Inner West*, org. Jay Kinney (Nova York: Tarcher/Penguin, 2004), p. 241.
18. Citado em Mitch Horowitz, *Occult America* (Nova York: Bantam Books, 2009), p. 190.
19. Fischer, p. 437.
20. www.ibe.unesco.org/en/areas-of-action/international-conference-on-education-ice/ comenius-medal.html.
21. Ver meu *Politics and the Occult*.
22. *Ibid.*

23. www.davidpratt.info/damodar.htm.

24. Steiner, p. 6. A garrafa de Leyden é um aparato para armazenamento de cargas elétricas. Foi inventada em 1745 por Pieter van Musschenbroek.